COLECCIÓN
ESTUDIOS PARA LA INTEGRACIÓN REGIONAL

EL MULTILATERALISMO EN EL MUNDO ACTUAL: ALCANCES Y PERSPECTIVAS

INSTITUTO EUROLATINOAMERICANO DE ESTUDIOS PARA LA INTEGRACIÓN

COLECCIÓN
ESTUDIOS PARA LA INTEGRACIÓN REGIONAL

EL MULTILATERALISMO EN EL MUNDO ACTUAL: ALCANCES Y PERSPECTIVAS

INSTITUTO EUROLATINOAMERICANO DE ESTUDIOS PARA LA INTEGRACIÓN

Dirección

Carlos Francisco Molina del Pozo

Coordinación

Liliana Bertoni

Jamile Bergamaschine Mata Diz

COLEX 2023

PRESIDENTE

Carlos Francisco Molina del Pozo

Catedrático de Derecho Administrativo y Catedrático Jean Monnet «Ad Personam» de Derecho de la Unión Europea, Universidad de Alcalá de Henares (Madrid). Presidente del IELEPI

DIRECTORES

Liliana Bertoni

Abogada, Profesora. Universidad de Buenos Aires (UBA) Facultad de Derecho, Directora del Departamento de publicaciones del IELEPI.

Jamile Bergamaschine Mata Diz

Profesora de la Facultad de Derecho de la Universidad Federal de Minas Gerais. Directora del Centro de Excelencia Europeo UFMG. Doctora en Derecho Público/Derecho Comunitario por la Universidad Alcalá de Henares. Codirectora del Departamento de publicaciones del IELEPI.

Ronan Cirefice

Abogado. Doctor en Derecho por la UAH. Profesor de Universidad. Codirector del Departamento de publicaciones del IELEPI.

COORDINADORAS

Liliana Bertoni

Abogada, Profesora. Universidad de Buenos Aires (UBA) Facultad de Derecho, Directora del Departamento de publicaciones del IELEPI.

Jamile Bergamaschine Mata Diz

Profesora de la Facultad de Derecho de la Universidad Federal de Minas Gerais. Directora del Centro de Excelencia Europeo UFMG. Doctora en Derecho Público/Derecho Comunitario por la Universidad Alcalá de Henares. Codirectora del Departamento de publicaciones del IELEPI.

ÍNDICE BIBLIOGRÁFICO DE AUTORES

Accioly, Elizabeth

Abogada. Doctora en Derecho Internacional, Facultad de Derecho, Universidad de San Pablo. Profesora invitada en el Curso de Maestría UNICURITIBA, Brasil. Diplomada en Estudios Europeos, Instituto Europeo, Facultad de Derecho de Lisboa, Portugal Profesora titular de la Licenciatura en Derecho y del curso de Maestría Universidad Europea de Lisboa. Lisboa, Portugal.

Barba, Álvaro

Máster en Relaciones Internacionales FLACSO (Sede Argentina). Miembro del Servicio Exterior de Uruguay. Embajador de Carrera. Actual Embajador de Uruguay en Cuba.

Cerifice, Ronan

Abogado. Doctor en Derecho. Profesor de Derecho Internacional Público, Derecho de la Unión Europea y Derecho de la Integración. Universidad Santiago de Cali, Colombia.

Da Silva Rocha, Alice

Abogada, Doctora en Derecho Internacional Económico de la Université d'Aix-Marseille III. Profesora Titular en el PPG-Directora del Centro Universitario de Brasília- CEUB. Asesora del Instituto de Gestión de Salud del Distrito Federal (IGESDF). Brasilia, DF.

Fernandez Reyes, Jorge

Abogado, Director de la Maestría y el Posgrado en «Integración y Comercio Internacional» de la Facultad de Derecho de la Universidad de Montevideo y Profesor de la Maestría y del Posgrado. Montevideo, Uruguay.

Ferraz Daniel, Amin

Abogado, Doctor en Derecho Internacional, Universidad de Valencia, España. Máster en Derecho Empresarial, Universidad de Coimbra (Portugal). Investigador invitado de la OMC, Ginebra (Suiza), año 2004. Profesor titular PPGD UNICEUB, Brasília, DF.

Ferrer Vieyra, Enrique (H)

Abogado. Embajador del Servicio Exterior Argentino. Funcionario representación OMC (2012-2016). Director de Asuntos Económicos Multilaterales (2016). Coordinador y negociador de los Acuerdos sobre Comercio y Desarrollo Sostenible Cancillería Argentina. Buenos Aires (Argentina).

Icolari, Maria Assunta

Profesora Asociada de Derecho Tributario, Departamento de Ciencia Jurídicas y Políticas de la Università degli Studi Guglielmo Marconi. Roma (Italia).

Pérez Peña, César

Abogado. Magister en Relaciones Internacionales. ex becario Derecho Internacional Comité Jurídico Interamericano. OEA Máster Oficial en Derecho Internacional Público y en Relaciones Internacionales del Instituto de Investigaciones de la Fundación Ortega y Gasset (Madrid). Profesor Derecho Internacional Universidad de Las Américas. Asesor Jurídico Secretaría General de Presidencia (Chile) 2014-2018. Santiago de Chile (Chile).

Scotti, Luciana

Abogada, Medalla de Oro de la Facultad de Derecho, Doctora en Derecho Internacional, Magister en Relaciones Internacionales UBA, orientación Dcho. y Organizaciones Internacionales / Economía internacional. Investigadora Categoría I. Profesora Adjunta regular de Derecho de la Integración y Derecho Internacional Privado, Facultad de Derecho UBA. Vicedirectora del Instituto de Investigaciones Jurídicas y Sociales «Ambrosio Gioja» UBA. Buenos Aires (Argentina).

Solano Ortiz, Alejandro

Abogado, Máster en Relaciones Internacionales FLACSO (Sede Argentina). Miembro del Servicio Exterior de Costa Rica. Embajador de Carrera. Actual Embajador de Costa Rica en Austria.

© Editorial Colex, S.L.
Calle Costa Rica, número 5, 3º B (local comercial)
A Coruña, C.P. 15004
info@colex.es
www.colex.es

I.S.B.N.: 978-84-1359-743-0
Depósito legal: C 33-2023

SUMARIO

COMENTARIO GENERAL SOBRE EL MULTILATERALISMO Y SUS ORÍGENES. EVOLUCIÓN DEL MULTILATERALISMO EN LAS RELACIONES INTERNACIONALES

Embajador Álvaro Barba

PRÓLOGO

Carlos Francisco Molina del Pozo

PRESENTACIÓN DE LA OBRA

Liliana Bertoni

ENFOQUES SOBRE EL MULTILATERALISMO, UNA VISIÓN ACTUAL

Jorge Fernández Reyes

EL MULTILATERALISMO DE NACIONES UNIDAS EN VIENA. DESAFÍOS Y OPORTUNIDADES

Alejandro Solano Ortiz

EL MULTILATERALISMO EN LA BÚSQUEDA DE UN EQUILIBRIO ENTRE EL COMERCIO Y EL AMBIENTE

Enrique Ferrer Vieyra

MULTILATERALISMO Y LA NECESIDAD DE DEFINIR CRITERIOS JURÍDICOS UNÍVOCOS EN LA TRIBUTACIÓN AMBIENTAL. ¿UNA SOLUCIÓN PARA LA INTEGRACIÓN EUROPEA?

María Assunta Icolari

TRATADO DE ESCAZÚ, AVANCES DE CHILE EN EL MULTILATERALISMO ACTUAL

César Pérez Peña

¿MULTILATERALISMO EN CRISIS? ALCANCES Y DESAFÍOS PARA EL DERECHO INTERNACIONAL PRIVADO

Luciana B. Scotti

RELEITURA DA ATUAÇÃO DE INSTITUIÇÕES DE DESENVOLVIMENTO EM CONTEXTOS DE AJUDA HUMANITÁRIA

Alice Rocha da Silva y Gabriel de Oliveira Borba

24 DE FEBRERO DE 2022: ¿UN NUEVO VIEJO ORDEN MUNDIAL?

Daniel Amin Ferraz

O PAPEL DA PESC E DA PCSD NA NOVA ORDEM MUNDIAL

Elizabeth Accioly

EL MULTILATERALISMO FRENTE A UN RENOVADO POPULISMO: UN RETO PARA LA UNIÓN EUROPEA

Ronan Cirefice

COMENTARIO GENERAL SOBRE EL MULTILATERALISMO Y SUS ORÍGENES

EVOLUCIÓN DEL MULTILATERALISMO EN LAS RELACIONES INTERNACIONALES

Embajador Álvaro Barba

A lo largo del tiempo y en la evolución histórica de las relaciones interestatales queda ampliamente demostrado que la integración económica multilateral es más beneficiosa y equitativa que las negociaciones bilaterales. Sin embargo, las continuas paralizaciones de las Rondas en el seno multilateral de la OMC, motivaron que se retomaran y prosperasen nuevamente y se vieran como más ágiles y eficaces las relaciones bilaterales.

La interdependencia y la creciente globalización, sumadas a la evolución tecnológica, brindaron desde finales del XX, rapidez y automaticidad en la integración, como nunca antes se había visto.

La evolución de las relaciones internacionales tuvo su punto de inflexión a fines del Siglo XIX por el Pacto Brian-Kellog, donde finalizaban gradualmente las confrontaciones bélicas y el secretismo en la firma de Tratados entre naciones con el fin de dirimir diferencias, dieron lugar a las negociaciones diplomáticas y la creación de los organismos multilaterales de carácter global.

Un primer intento fallido fue la creación de la Sociedad de las Naciones, donde las principales potencias del momento no formaron parte.

Pero una vez finalizada la Segunda Guerra Mundial, la creación de la Organización de las Naciones Unidas, su Consejo de Seguridad (Estados Unidos de América, Rusia, China, Reino Unido y Francia) y la Asamblea General del resto de los países del mundo dio resultados positivos y alentadores para el comienzo de un nuevo mundo de paz.

A lo que se sumaron los organismos subsidiarios, como el GATT *(General Agreement of Trades & Taxes)*, sustituido por la OMC (Organismo Mundial de Comercio) entre otros que ayudaron a mejorar las relaciones económico y comerciales entre los países.

Fue entonces que el mundo se dirimía entre la aplicación de dos grandes teorías en las relaciones internacionales, la Realista, que procuraba el equilibrio de poder, armamentismo y desconfianza mutua, y aquella de la Interdependencia Compleja, más conocida como «soft power», que propiciaba lo opuesto a la anterior, volcando los recursos para el fomento del comercio internacional.

Con la caída del Bloque Soviético en 1989, el mundo pareció volcarse hacia el «soft power». Sin embargo los reacomodamientos políticos y la degradación de los partidos políticos en algunos países, fomentaron la aparición de los «outsiders» como lideres políticos que en muchos de los casos devinieron en Presidentes o Primer Ministros de varios países.

Todo ello enrareció el escenario regional y mundial e impulso el resurgimiento de nacionalismos internos en detrimento de los compromisos multilaterales de integración regional.

Sin embargo, acontecimientos recientes y nuevas reuniones de carácter multilateral en el escenario global abren un camino de esperanza hacia la búsqueda de soluciones multilaterales a los graves y acuciantes problemas internacionales.

Considero por ello oportuno la realización de un análisis académico sobre la actualidad, la evolución y perspectiva de las acciones multilaterales de los Estados, tal como se ha hecho en este libro impulsado desde el Instituto Eurolatinoamericano de Estudios para la Integración (IELEPI) presidido por el prestigioso catedrático Dr. Carlos Francisco Molina del Pozo y coordinado por las Dra. Liliana Bertoni y la Dra. Jamile Mata Diz, ambas a cargo de la dirección de la revista de dicho instituto.

Recomiendo su lectura y hago votos para una exitosa edición del mismo.

Embajador Álvaro Barba

PRÓLOGO

Carlos Francisco Molina Del Pozo

Liliana Bertoni y Jamile Mata Diz coordinadoras de esta obra, que tengo el gusto de dirigir y que se edita dentro del marco de las actividades conmemorativas del treinta aniversario de la creación y puesta en funcionamiento del Instituto Eurolatinoamericano de Estudios para la Integración (IELEPI) y, específicamente, como tarea de la *Revista Anuario* del Instituto que ambas profesoras dirigen conjuntamente.

Las Doctoras citadas me han invitado a escribir algunas palabras iniciales en esta interesante obra de actualidad que trata, precisamente, sobre el multilateralismo y cuyo enfoque acierta en incluir el tema como una de las mejores opciones para resolver los acuciantes problemas que hoy enfrenta la Sociedad internacional en su globalidad.

La salud de las personas atacada brutalmente por la llegada de pandemias, el cuidado y atención del medio ambiente para lograr su continua protección, las consecuencias ya visibles y constatables del cambio climático, la transición energética irremediablemente iniciada, de la misma manera que la búsqueda de un camino o senda que sea capaz de superar la crisis económica y financiera por la que viene atravesando el mundo en esta primera veintena de años del siglo XXI, sumada a la crisis energética presente hoy en la mayor parte de los países del planeta, tanto en las potencias altamente industrializadas con alto requerimiento energético como en los países de desarrollo creciente, han puesto de manifiesto y dejado entrever situaciones que, con relativa urgencia, necesitan ser revisadas y reformuladas para hacer frente al desarrollo de los tiempos futuros.

La pandemia provocada por el Covid-19 que, llegó y se instaló como una de las más virulentas, expandidas y prolongadas de cuantas ha sufrido la Humanidad a lo largo de su historia, ha supuesto un desafío radical en todos los ámbitos y, de manera particular, en la prosperidad económica que afectó al estado de bienestar que se había alcanzado, de igual forma que, en los sistemas políticos, los cuales ante situaciones inesperadas, críticas y de difícil solución, sobre todo por lo repentino e imprevisible, llegaron a afectar, incluso, a la misma legitimidad del poder.

Si a todo cuanto hemos narrado, le sumamos el constante surgimiento de conflictos bélicos por distintas regiones del mundo, que no consiguen otra cosa que alejar a la sociedad internacional del sistema de paz establecido una vez terminada la segunda guerra mundial, pareciera entonces que, lamentablemente, el multilateralismo arraigado e imperante en nuestro entorno, se ha visto seriamente alterado, conmocionado y, finalmente, debilitado.

Sin embargo, estas observaciones que acabamos de manifestar nos permiten detectar y advertir que, las acciones futuras que deben ser adoptadas para encaminar y recrear la vida con la normalidad y naturalidad de antaño, tanto en los órdenes nacionales como internacionales, de modo que puedan recrearse los moldes adecuados para vertebrar la estructura necesaria que posibilite la instauración de una nueva sociedad, no tienen, en absoluto, cabida ni tampoco podrán ser eficaces, simplemente, a través de la utilización de puras decisiones individuales. En este sentido, baste recordar ahora la falta de coordinación que, en numerosos países del mundo, conspiró contra una ordenada y pronta superación del Covid-19.

Con toda claridad, nos hallamos inmersos en un proceso de cambio y esto es algo que debemos reconocer, un proceso en el cual las decisiones individuales no podrán, razonablemente, llegar a mostrar la senda más idónea a seguir. Estamos completamente convencidos de que las acciones futuras deben ser indudablemente multilaterales, y ello para que sean capaces de alcanzar, de manera eficaz y eficiente, a todos los ámbitos de las relaciones internacionales. Parece evidente que el mencionado cambio debiera ser guiado por un accionar de carácter multilateral y multifacético, de gran magnitud, para que fuese posible que pudiera alcanzar y beneficiar a todos los ciudadanos de cualquier país por igual.

Prof. Dr. Dr. H.C. Carlos Francisco Molina del Pozo
Presidente del Instituto Eurolatinoamericano de Estudios para la Integración (IELEPI)

PRESENTACIÓN DE LA OBRA

Cuando iniciamos el Proyecto de estudio y análisis sobre el multilateralismo para armar el presente Dossier temático del Anuario del Instituto Eurolatinoamericano de Estudios para la Integración Regional (IELEPI) nos preguntamos como premisa inicial, el qué y el porqué o para qué de esta temática.

Entendimos que era necesario *ab initio* delimitar el significado del término para que quedara en claro a que nos referimos cuando hablamos de multilateralismo.

A mi entender el multilateralismo es un conjunto de acciones entre múltiples actores en la búsqueda de consenso sobre uno o varios temas que puede, en el caso de las relaciones interestatales consolidarse en un Acuerdo o Tratado de carácter internacional.

Documentos internacionales que consolidan la deliberación y concertación política creando normas de carácter internacional que obligan a los firmantes.

Puede sostenerse entonces que el multilateralismo es en el orden internacional uno de los pilares sobre el que se construye el orden y el Derecho internacional a partir de la producción conjunta de pautas y soluciones a fin de lograr una convivencia pacífica y ordenada bajo leyes y valores comunes destinados a una sociedad internacional que se conoce cada vez más dinámica, interconectada e interdependiente.

El Dossier que en estas líneas estamos presentando, con la contribución del Profesor César Pérez Peña que referencia y analiza el «Acuerdo Regional sobre el Acceso a la Información, la Participación Pública y el Acceso a la Justicia en Asuntos Ambientales en América Latina y el Caribe», conocido como «Acuerdo de Escazú».

Aporta a este Dossier un claro ejemplo de la exitosa negociación llevada a delante en ámbitos multilaterales en pos del fortalecimiento de la democracia, los derechos humanos, la protección ambiental de la Región y el compromiso y cumplimiento de los Estados de la agenda global más importante de nuestro tiempo: el desarrollo sostenible.

Complementando estas actividades llevadas adelante en pos de la consolidación de un Acuerdo o Tratado internacional, las acciones multilaterales de los Estados pueden tener un propósito determinado, un objetivo particular que, en el mundo internacional, en la comunidad global, puede verse representado en la creación de un organismo u organización multilateral de carácter global, para tratar determinados temas de interés o preocupación común en el orden mundial.

Claro ejemplo de ello son todas aquellas organizaciones como la ONU, la OEA, el GATT y luego la OMC, la OMS entre otras, creadas en el apogeo del sistema multilateral durante la segunda mitad del siglo pasado cuando los Estados consideraron que la cooperación internacional institucionalizada podría conducir a soluciones conjuntas que contribuyeran a reorganizar y reconfigurar el escenario internacional de posguerra.

Por aquel entonces los Estados priorizaron objetivos básicos como la paz y la seguridad internacional que luego permitieron construir un mundo económico internacional más amplio e interconectado con una visión de conjunto sobre la estructura económica.

La economía política y las políticas económicas se articularon dentro de los organismos multilaterales a fin de proporcionar una visión sistémica de las distintas áreas que contribuyen a la construcción de una economía sana. Una economía que con un diseño estratégico del desarrollo pueda lograr un aceptable crecimiento económico.

Una excelente contribución a las páginas de la obra que estamos aquí presentando, y un buen ejemplo de lo que acabamos de plantear respecto de la Instituciones de carácter global, podemos encontrarla en el aporte realizado por el Embajador Alejandro Solano Ortiz que nos introduce en las actuaciones multilaterales en el seno de las Naciones Unidas en Viena permitiendo comprender la dinámica de las organizaciones internacionales de carácter global.

Continuando con nuestra introducción al tema del multilateralismo, entendemos que las acciones multilaterales de los Estados pueden también dar lugar a la creación de organizaciones multilaterales de carácter regional.

De allí que podemos decir que el integracionismo es la consecuencia de las acciones multilaterales de un conjunto de Estados soberanos que han decidido unirse y trabajar de manera conjunta integrándose con un fin determinado, que por lo general es de carácter económico comercial.

Dando lugar a los distintos tipos de integraciones económicas con fines determinados, como la creación de una zona de libre comercio, una unión aduanera o algo más profundo y de mayor compromiso como la constitución de un Mercado Común.

En ámbitos académicos sobre todo dentro de las ciencias políticas y las relaciones internacionales ha habido distintas aproximaciones conceptuales y enfoques para explicar el fenómeno del multilateralismo buscando analizar el comportamiento de los Estados y de las organizaciones internacionales en sus ámbitos de actuación.

En este camino existen dos grandes enfoques que aluden a estos movimientos en el escenario internacional, uno el funcional y otro el normativo que, a lo largo del desarrollo del presente Dosier, distinguidos profesores y actores del ámbito internacional, autores de esta obra, han analizado y desarrollado en extenso.

En ello destacamos la colaboración del Profesor Jorge Fernández Reyes que en la búsqueda de conocer el alcance y las perspectivas del multilateralismo en el mundo actual aborda de manera exhaustiva las distintas definiciones y conceptualizaciones existente sobre el multilateralismo

Y que desde este acápite recomendamos su lectura para dar forma a la respuesta de nuestro primer interrogante en la búsqueda de una aproximación conceptual del multilateralismo.

Tratando de indagar en nuestro segundo interrogante donde nos preguntamos, porque retomar y reforzar las acciones multilaterales de los Estados.

Observando el escenario internacional encontramos que en la actualidad la complejidad de los acontecimientos ha puesto, sobre todo en esta etapa postpandemia tanto a los Estados como a las organizaciones internacionales en alerta, y ante la necesidad de reaccionar en tiempo real ante las amenazas y conflictos que se generan a diario y de manera continua deteriorando los términos establecidos.

La profundidad de la crisis que el mundo entero atraviesa con intensidad en los distintos ámbitos desde el año 2020, transformó los escenarios de actuación. Crisis que, por sus características, sin precedentes, resquebrajo el sistema multilateral de manera exponencial.

El multilateralismo, sus formas y continuidad se encuentran hoy en medio de un arduo debate donde también se cuestionan y se han visto alterados los principios claves del orden internacional, y ello ha afectado tanto al sistema de las organizaciones multilaterales de carácter global como a las organizaciones subregionales y al Derecho que los asiste a ambas.

En este sentido nos ilustra la Profesora Luciana Scotti, cuando se pregunta en su trabajo por el alcance de la crisis del multilateralismo y los desafíos que significa esta situación para el Derecho Internacional Privado.

La situación de crisis generaliza ha ahondado en los ámbitos nacionales donde la pandemia supuso un desafío radical a los sistemas políticos, al sistema de toma de decisiones, que en más de los casos resultaron inadecuadas para superar las circunstancia anómalas e inesperadas que presentó la pandemia.

En este contexto, cabe preguntarse en qué medida esta actuación multilateral, altamente influenciada y condicionado por las tendencias globales y perforada desde siempre por los sistemas políticos, pueda enfrentar los cambios y la necesaria transformación estructural para otorgar eficiencia a las soluciones integrales que hoy se necesitan.

Para ejemplificar este planteo en las siguientes páginas, uno de nuestros autores, el profesor Ronan Cerifice se preguntó cómo podrá el multilateralismo hacer frente a un renovado populismo europeo, considerando que ello se convertirá en un gran reto para Unión Europea.

Sin lugar a dudas, la sociedad contemporánea se ha visto impactada por dos acontecimientos altamente disruptivos: una pandemia y un conflicto bélico impensable e injustificable en nuestros tiempos.

Una pandemia, la del Covid-19, la más extendida y virulenta de nuestros tiempos, superadora de aquellas crisis epidémicas previas que también tuvieron alcances globales como las del SARS en 2003 y la gripe aviar en 2009 y el ébola en 2014. Ninguna de ellas tan perjudiciales al normal desenvolvimiento de nuestra sociedad contemporánea, como la pandemia del Covid, que en solo unos pocos meses, principalmente aquellos primeros meses de pandemia, donde las expectativas y perspectivas eran absolutamente inciertas, condujeron a desordenar casi doscientos años de organización mundial instalando una desorientación general en la cual pasamos del mundo de las certezas al paradigma de la incertidumbre sin darnos cuenta.

A esta situación de inestabilidad en el orden internacional, como explica el profesor Daniel Amin en su trabajo, se sumó el día 24 de febrero de 2022, un importante embate al multilateralismo. El mes de febrero de 2022, nos dice el autor, será una fecha para recordar, porque el mundo comenzó a transitar un importante cambio y quizá pueda ser el comienzo de la transición hacia lo que califica como de «Un Nuevo viejo, orden mundial».

El surgimiento de este injustificado conflicto bélico entre dos países quebró el sistema multilateral y de resolución pacifico de las controversias como principio regulador de las relaciones internacionales.

Y esta situación ha contribuido al ya iniciado proceso de cambio en las relaciones de carácter multilateral, donde este conflicto bélico compromete ya las relaciones internacionales a nivel mundial. Posicionando nuevamente en primer lugar el debate y lucha en la búsqueda de una recomposición de los liderazgos mundiales y una nueva distribución y legitimidad del poder.

La preocupación y la necesidad de análisis del actual conflicto bélico entre Rusia y Ucrania motivó a dos de los autores de este Dossier, la Profesora Alice Silva da Rocha y Gabriel Olivera Borba, quienes entendieron que este conflicto abre la oportunidad para una relectura de la actuación de las instituciones multilaterales de carácter global. Especialmente, sostienen los autores, debe ponerse atención al papel del Banco Mundial en este conflicto.

Por su parte, la profesora Elizabeth Accioly acompaña en su análisis esta preocupación existente ante el conflicto bélico y en su artículo busca analizar la Política Exterior y de Seguridad Común de la UE (PESC) y la Política Común de Seguridad y Defensa (PCSD), y el rol de ambas en lo que también esta autora considera podría desembocar en la formación de un «Un Nuevo Orden

Mundial». Preguntándose finalmente si la UE, desde su clara posición de defensa a las acciones multilaterales, podrá desempeñar un papel relevante en este nuevo ajedrez global.

La inquietud por saber cuáles serán los ejes direccionales de la próxima etapa se encuentra hoy en el centro de las preocupaciones mundiales. El pronóstico del surgimiento de un nuevo orden mundial es una constante.

Se analiza hoy, en ámbitos políticos y académicos, el surgimiento o configuración de «un nuevo orden mundial» post pandemia y, si bien es prematuro calificarlo de esta manera, la realidad nos indica que ya está en marcha.

Se han globalizados los problemas y las nuevas situaciones post pandémicas por distintas razones y acontecimientos sobrevinientes.

El claro ejemplo de preocupación generalizada dentro del orden internacional lo brinda la situación actual de la producción de energía que está experimentando una gran transformación, pero en tanto las energías renovables van ocupando un lugar cada vez más importante en el proceso de ayudar a los países a desarrollar sistemas energéticos modernos y seguros, los costos de la provisión de servicios energéticos han sufrido un incremento sustancial a nivel mundial. A lo que se suma, en el caso de Europa, la escasez consecuencia del conflicto bélico cercano a ese continente.

Por otra parte a raíz de los desequilibrios económicos producidos por la ininterrupción de la actividad durante la pandemia se vieron afectadas las estrategias económicas de todos y cada uno de los Estados de la comunidad internacional y parecieran entonces haber llegado a su fin la era de la «prosperidad inaudita».

El fin de la era de «prosperidad inaudita» como la califica a EDMUND PHELPS en su libro, el fin del turismo masivo impulsado por pasajes aéreos «low cost», que permitía un gran desplazamiento a distintos lugares del mundo. En definitiva, debemos reconocer que estamos transitando por una época de cambios acelerados que posiblemente nos introduzcan definitivamente en un cambio de época.

Lo cierto es que los desafíos que enfrentamos como sociedad son enormes: la lucha por el cambio climático, por la recomposición de la matriz energética, la reconversión de los sistemas productivos, la necesidad de dar sustentabilidad a la vida en el planeta, necesitan acciones multilaterales para poder efectivizar el cambio y dar lugar a la transición ecológica que la Unión Europea ha comenzado a consolidar a partir de un plan de autonomista estratégica ya en marcha.

Y respecto a este camino hacia el cambio, encontramos en este Dossier sobre multilateralismo que he tenido el gusto de coordinar junto a la Dra. JAMILE MATA DIZ, sumamos a estas páginas un importante aporte del Embajador Enrique Ferrer Viera, que posiciona al «multilateralismo como actor principal en la búsqueda de un equilibrio entre el comercio y el ambiente», donde describe y analiza los principales esfuerzos realizados en la materia y precisa el rol del multilateralismo para llegar a una solución, si bien no definitiva, que sea consensuada y respetada por todos los principales actores de la escena internacional respecto de este y otros temas de fundamental relevancia para la convivencia de la sociedad internacional.

En la búsqueda de un equilibrio entre la productividad, el comercio y el cuidado ambiental, partiendo del supuesto de que la salud y las condiciones económicas presentes, en la nueva realidad mundial, impactan en la vida diaria de todos y cada uno de los ciudadanos, entiende la profesora María Assunta Icolari que las acciones multilaterales podrán contribuir a definir criterios unívocos en la tributación ambiental, en la búsqueda de una Unión Europea más justa y sustentable.

Finalmente, me resta decir que las páginas de este Dossier temático sobre Multilateralismo que hemos coordinado con la Dra. Jamile Mata Diz y quien suscribe, bajo la dirección del Catedrático Carlos Molina del Pozo, a quien agradecemos el apoyo que nos ha brindado desde un principio para llevar adelante este Proyecto de publicación.

Proyecto que contó como siempre con la cercana colaboración del equipo de trabajo del IELEPI y la invalorable contribución de excelentes autores.

En estas páginas hemos intentado introducir al lector en el conocimiento de un tema que es fundamental para enfrentar los desafíos existentes para la recomposición de nuestras sociedades. Que ya transitan por un significativo proceso de cambio.

Cualquier solución o respuesta que busquemos a los acuciantes problemas que el **siglo XXI nos desafía afrontar, constituyen grandes retos colectivos, como el cambio climático, las grandes migraciones poblaciones, la salud mundial, el creciente proceso de globalización digital y las respuestas deben ser conjuntas y conciliatorias, y en ello la sociedad** civil está llamada a convertirse en un agente activo en la formulación de esta la nueva realidad.

Las nuevas propuestas deben ser parte de las acciones multilaterales, es por ello que resulta significativo, conocer, abordar y profundizar los estudios sobre multilateralismo, sus procesos históricos, conflictos, dilemas, desafíos perspectivas.

Liliana Bertoni
Directora del departamento de publicaciones del IELEPI

ENFOQUES SOBRE EL MULTILATERALISMO, UNA VISIÓN ACTUAL

Jorge Fernández Reyes

Palabras Clave: Relaciones internacionales – Multilateralismo – Objetivos – Valores – Perspectivas futuras.

Resumen: Es en el marco de las «relaciones internacionales», y en especial en la «política exterior» de los Estados soberanos que se ha desarrollado conceptualmente el fenómeno del «multilateralismo», y en principio es en base a la oposición al «plurilateralismo» o con mayor precisión al «unilateralismo» que se ha producido doctrinariamente el análisis del mismo, abarcando diversas áreas temáticas, al igual que su expresión a nivel mundial, como continental y regional.

La idea entonces, teniendo presente los límites del presente artículo, es realizar un análisis del estado de situación del «El Multilateralismo en los inicios del Siglo XXI», teniendo presente dos hechos que han conmovido y siguen conmoviendo a la comunidad internacional porque aún no están definitivamente resueltos, esto es, la pandemia mundial producto del COVID 19 y la invasión bélica de Rusia a Ucrania, lo que —a nuestro criterio— en ambos casos profundiza la crisis de las instituciones multilaterales en la búsqueda de la paz mundial, la seguridad internacional, y la salud humana en todo el planeta.

Asimismo, en el contenido del artículo y sin perjuicio de la visión global de la situación actual del «multilateralismo» producto de las circunstancias antes señaladas, abordaremos la visión y las perspectivas de los países de América del Sur y su compromiso con el «multilateralismo».

I. Precisiones previas

El Siglo XXI ha sido realmente removedor para la civilización humana, dado que no solamente nos introdujo definitivamente en la era tecnológica más profunda que haya conocido la humanidad, sino que además de todos aquellos desafíos que se pueden resumir en la Agenda 2030 de Objetivos de Desarrollo Sostenible de las Naciones Unidas, nos ha sorprendido con dos eventos increíbles, uno de ellos por lo imprevisto, como es la pandemia mundial que se inicia a fines del año 2019, y el otro por lo inaudito e inexplicable como es la invasión de Rusia a Ucrania.

Independientemente del fuerte cuestionamiento de que estaban siendo objeto los organismos internacionales (i.e. multilaterales) en general desde largo tiempo atrás, principalmente por el escaso cumplimiento de sus objetivos primigenios y la ausencia de resultados en el desarrollo de sus actividades, los dos eventos antes mencionados han debilitado aún más a los sistemas multilaterales en su institucionalidad orgánica y normativa, y por ende al «multilateralismo» del punto de vista conceptual y en su funcionamiento.

En ese sentido, basta recordar las palabras del secretario general de la Organización de las Naciones Unidas en el Foro de la Paz de París en noviembre de 2018, cuando señalaba que el mundo actual se mostraba caótico y parecido al que precedió a las dos Guerras Mundiales, y que el cambio climático, la migración, la desigualdad y la tecnología aumentaban el peligro de la confrontación a nivel mundial o también a nivel regional.

Finalmente destacaba la importancia y la vigencia del multilateralismo como ámbito de coordinación y articulación entre las naciones para enfrentar los retos y desafíos del futuro, y hacía expresa referencia en ese sentido al contenido del Preámbulo de la Carta de las Naciones Unidas y la Declaración Universal de los Derechos Humanos.

Es en este complejo contexto actual del fenómeno del «multilateralismo» o de los «sistemas multilaterales» que se ensayan en este artículo algunas consideraciones sobre su situación en la actualidad y las perspectivas de futuro.

II. El multilateralismo

El fenómeno del «multilateralismo» o de los «sistemas multilaterales» a nivel mundial y regional, se ubica necesariamente en el marco de la «teoría de las relaciones internacionales» de los Estados, y específicamente en el desarrollo de su política exterior, y esto es porque la participación a nivel «multilateral» a nivel mundial y regional es una de las formas de implementar y desarrollar la política exterior de un Estado.

No obstante ello, nos parece importante antes de abordar el tema desde ese punto de vista, ubicar conceptualmente el término «multilateralismo», es decir, procurar dar una idea de que se entiende por «multilateralismo».

Académicamente se ha estudiado el «multilateralismo» desde dos grandes enfoques, uno de ellos denominado «funcional», y el otro categorizado como «normativo».

El enfoque «funcional» se atribuye a KEOHANE, siendo la característica fundamental del fenómeno el número de Estados participantes, y que los mismos conservan un alto grado de autonomía y por lo tanto, el multilateralismo es una opción entre otras para la implementación de su política exterior, mientras que el enfoque «normativo» desarrollado por RUGGIE, incorpora la dimensión normativa al atribuirle al multilateralismo una forma orgánica institucional, es decir una institucionalidad orgánica que coordina las relaciones entre los Estados en base a los criterios generales que se aplican a cada situación con independencia de los intereses de las partes, limitando en consecuencia la autonomía de los Estados ([1]).

En esta breve introducción acerca de la visión del multilateralismo, debe tenerse presente como una manifestación recurrente, el llamado «multilateralismo contestatario», entendido éste, como la utilización de los mecanismos institucionales y normativos multilaterales por parte de los Estados, de actores no estatales, y de otros protagonistas, que procuran obviar los mecanismos institucionales y normativas existentes y buscan por medio de la creación de nuevas organizaciones o la búsqueda de respuestas a través de otros alternativas de interacción entre los Estados o con mayor amplitud a través de los distintos actores sociales.

Está claro que la noción o definición del término va a depender de cada analista en razón del contexto temporal y espacial en que ha desarrollado su opinión, y dado que el concepto va a surgir del conocimiento de la percepción de la realidad por parte del observador, él mismo naturalmente va a variar y, se va a ir transformando con los cambios que sucedan en la realidad, lo que nos permite afirmar que no existe una única expresión de pensamiento del «multilateralismo» en las «relaciones internacionales entre los Estados», y por lo tanto tampoco de la incidencia (i.e. desarrollo y vigencia) del mismo a lo largo del tiempo.

Como venimos de observar, se podría decir que el «multilateralismo» es una expresión de las relaciones internacionales en un contexto político, económico y social determinado entre los Estados Nación, no obstante ello, es dable apreciar una revisión de la participación única de los Estados, en una

---

1 Las citas fueron extraídas de LIENDERROZAS, *Elsa en Visión desde Argentina* – Publicación de la Fundación Konrad Adenauer Stiftung- www.kas.de

suerte de modernidad necesaria para el adecuado involucramiento de los distintos actores que actúan en la comunidad internacional.

Es decir, si bien la noción (i.e. clásica) se concentra en la cooperación e interacción multilateral entre Estados Nación, soberanos e independientes en cuestiones o temas de política internacional o regional, no menos cierto es que estamos asistiendo a una revisión del concepto o de la noción, en una especie de un «multilateralismo moderno» o, como veremos más adelante, con una importante impronta digital.

Históricamente se han enunciado varios aspectos del concepto que podríamos calificar como básico, no obstante lo cual, los mismos se han ido expresando en una suerte de evolución con una visión más pragmática que dogmática, apuntando a la «coordinación de las políticas nacionales de tres o más Estados a través de acuerdos o instituciones *ad hoc*» (KEOHANE, 1990); o «la búsqueda de soluciones para la convivencia internacional, mediante la elaboración y aplicación de normas y pautas de conducta, elaboradas colectivamente por los Estados para gobernar sus relaciones recíprocas en un mundo interdependiente» (LAFER, 2019) ([2]) ([3]).

La cooperación entre Estados se ha ido desarrollado doctrinariamente a partir del multilateralismo en su forma básica, y en una sumaria distinción con el «unilateralismo» como manifestación o expresión del asilamiento deliberado de una nación que no busca cooperación con otros Estados en el marco de la política internacional, y del «bilateralismo», en tanto se trata de la cooperación internacional que vincula solamente a dos países o Estados.

También se ha considerado al «multilateralismo» desde su orientación al «cumplimiento de objetivos», vale decir, además de la cooperación entre Estados, se ubica a la noción desde la organización institucional de los Estados en una institución única, bajo objetivos y reglas comunes admitidas por sus miembros integrantes de la institucionalidad creada a esos fines.

Por último, el «multilateralismo» se ha considerado desde los «valores», esto es, a partir de la cooperación y su organización institucional, los Estados comparten una visión del mundo y un sistema de valores comunes que establecen como objetivos o finalidades comunes.

Como corolario de esta breve introducción conceptual, el término multilateralismo, podría —desde nuestro punto de vista— definirse como «la cooperación entre actores estatales soberanos, que comprende en su forma más evolucionada la creación de instituciones comunes, reglas comunes y objeti-

2 KEOHANE, ROBERT – «Multilateralism and Agenda for Research», en *International journal* – V XL.V. p. 732.

3 LAFER, CELSO – *O Brasil e o multilateraslimo* en http//:www.academia.org.br/artigos/o-brasil-e-o-multilateralismo.

vos compartidos, basadas en valores aceptados por los Estados miembros o partes de la organización, sin perjuicio de la moderna y necesaria participación de otros actores de la sociedad civil».

Asimismo, debe tenerse presente que el multilateralismo conforme a lo expresado anteriormente se manifiesta de distintas formas orgánicas y normativas, y naturalmente varía o cambia de acuerdo al contexto temporal y geográfico en que se desenvuelve, e igualmente abarca distintas áreas temáticas o dimensiones tanto generales como específicas.

III. La crisis del «multilateralismo» o de los «sistemas multilaterales»

De acuerdo con lo que señalábamos en el numeral anterior, el fenómeno del «multilateralismo», desde nuestro punto de vista y a los efectos de este artículo, debe observarse desde la «teoría de las relaciones internacionales».

Sin pretender ingresar en profundidad al análisis de la evolución de las teorías que sobre las relaciones internacionales se han venido desarrollando desde la antigua Grecia, hay dos o tres autores que parece interesante recordar —aunque sea muy brevemente— en sus apreciaciones sobre el tema.

No se puede desconocer la «tesis realista de las relaciones internacionales» de Maquiavelo y Hobbes de los siglos XVI y XVII, donde el Estado es protagonista del sistema internacional, donde el interés unitario se encuentra definido en términos de poder por la capacidad militar relativa de los Estados, lo que determina una modalidad de relacionamiento basada en poder por la fuerza.

Por otra parte, la «teoría liberal» de Kant, donde las relaciones internacionales debían orientarse a lograr la paz universal a través del establecimiento de una Federación de Estados que restringiese el accionar de un Estado sobre otro, y a su vez el establecimiento de una serie de derechos universales que convertían a cada individuo en un ciudadano del mundo.

Luego de la segunda guerra mundial, se destaca la teoría de las relaciones internacionales conceptuada como «interdependencia compleja» de la globalización cuantitativa y cualitativa de Nye y Keohane, donde se destaca la complejización de las relaciones entre actores estatales y no estatales que producen efectos difusos e impredecibles, al igual que repercusiones variables.

Una secuencia histórica del origen y de la evolución del «multeralismo» se encuentra desarrollada en forma excelente por Arredondo, a cuya lectura nos remitimos por razones de espacio ([4]).

---

4 Arredondo, Ricardo – «Multilateralismo: origen, crisis y desafíos» en *Manual de Relaciones Internacionales*.

A título de resumen, considero que en la actualidad estamos asistiendo a la «complejidad» resaltada por los autores citados anteriormente, y caracterizada modernamente por: (i) los múltiples canales de contacto y relacionamiento entre los distintos actores de la sociedad; (ii) la existencia de fronteras difusas entre la política interna y externa de los Estados y las organizaciones internacionales; (iii) los nuevos temas de la agenda internacional (i.e. pobreza, narcotráfico, terrorismo, ambiente, crimen organizado, cambio climático, tensiones comerciales, etc.); (iv) la ausencia de una jerarquización de los temas de la agenda internacional; (v) el surgimiento de una difusa bipolaridad en el comercio a nivel mundial; y (vi) la búsqueda de soluciones pacíficas a los múltiples conflictos que aparecen y desaparecen en el concierto mundial.

Son estos los aspectos que ingresan modernamente a la consideración de los Estados en el marco del «multilateralismo clásico», y la respuesta institucional no ha sido adecuada a las necesidades de las sociedades del Siglo XXI, lo que naturalmente ha determinado un severo cuestionamiento, que es el que refleja la denominada «crisis del multilateralismo», y exige un repensar el sistema abandonar la base conceptual de la solidaridad y cooperación entre los Estados en la búsqueda de la paz y la seguridad internacional como el bien más preciado de la humanidad en estos tiempos modernos.

La referencia a la «crisis del multilateralismo» o de los «sistemas multilaterales», debe identificarse —a nuestro criterio— con una mayor precisión a la existencia de un «cambio» o «modificación» del rol que cumple en el marco de una «crisis global».

En ese sentido, debe tenerse presente que, una «crisis» según la Real Academia Española, es una «mutación importante en el desarrollo de otros procesos, ya de orden físico, ya históricos o espirituales», como también «la situación de un asunto o proceso cuando está en duda la continuación, modificación o cese», pudiendo considerarse como un «cambio brusco en el curso de una enfermedad [...], momento decisivo [...] con consecuencias importantes [...], escasez, carestía y una situación dificultosa o complicada» ([5]).

La referencia anterior guarda sentido, porque al finalizar la Guerra Fría en el año 1991 el «multilateralismo» tuvo un auge significativo, e ingresó exitosamente en las distintas áreas de las relaciones internacionales en el marco de la globalización.

En efecto y a título simplemente ilustrativo se puede destacar a nivel internacional, como el sistema de las Naciones Unidas volvía a consolidarse con una participación importante en la coalición internacional contra Irak por la invasión a Kuwait; con la celebración del Cumbre Mundial sobre Medio Ambiente en Río – República Federativa de Brasil en el año 1992;

5 *Diccionario de la Real Academia Española* (2001). 22.ª Edición. Buenos Aires, página 684, y sitio de la RAE – www.rae.es.

en el ámbito comercial y económico en el año 1994 con la culminación de la Ronda Uruguay del GATT (Acuerdo General sobre Tarifas y Aranceles por su sigla en inglés), oportunidad en la que se aprueban los Acuerdos de Marrakech como resultado de las negociaciones comerciales y se crea la Organización Mundial de Comercio (WTO); la importante actuación de la OTAN (Organización del Tratado del Atlántico Norte) en la eventual guerra de Serbia contra las países vecinos; y así podríamos continuar con ejemplos ilustrativos.

Por su parte, a nivel regional, esto es, en el marco del multilateralismo latinoamericano también podríamos situar algunos ejemplos puntuales sin pretender abordar ni siquiera parcialmente las manifestaciones en el sentido antes indicado: (i) en materia política, la creación del Grupo de Contadora, y luego el Grupo de Rio y Latinoamérica, más recientemente la Comunidad Latinoamericana y de Estados Caribeños (CELAC) y la Unión de Naciones Suramericanas (UNASUR); (ii) en el ámbito económico y comercial la celebración de varios acuerdos comerciales en la región, esto es, la Comunidad Andina de Naciones (CAN); la Asociación Latinoamericana de Integración (ALADI); el Mercado Común del Sur (MERCOSUR); etc.

La realidad descripta anteriormente, se ha modificado sustantivamente en estos tiempos modernos, ya que estamos asistiendo a una verdadera «crisis» del multilateralismo en sus distintas expresiones institucionales, esto es, en lo orgánico, es decir en el funcionamiento y gestión en los distintos organismos intergubernamentales; en lo normativo, vale decir, en el incumplimiento de las normas, decisiones o resoluciones adoptadas por los organismos en cuestión por parte de los Estados; y en lo más importante que ha sido el incumplimiento de los objetivos principales que dieron origen a la creación de las instituciones multilaterales.

El ejemplo más notorio, pese a los esfuerzos para revertir el «estancamiento» de las Naciones Unidas, es decir, en la expresión más significativa de la institucionalidad orgánica y normativa más importante del multilateralismo.

La referencia a las Naciones Unidas y su Consejo de Seguridad es inevitable. Se trata de la estructura de un órgano decisorio de la mayor importancia a nivel mundial, que no se ajusta a la realidad internacional, en donde se destacan diferencias insalvables entre los miembros permanentes, y que admite el bloqueo de decisiones (i.e. veto) cuando las mayorías son abrumadoras en el sentido contrario.

Lo sucedido en la invasión de Rusia a Ucrania no resiste el más mínimo análisis, ya que se trata de una invasión de un país a otro, que ha producido muerte de civiles, destrucción de bienes inmuebles y muebles, infraestructura, y también afectó severamente el medio ambiente, una verdadera demencia propia de mentes autoritarias que no reconocen los derechos humanos y naturales.

La dimensión global de la «crisis» se puede observar también en otras instituciones de carácter multilateral.

La Organización Mundial de Comercio (sucesora del GATT), cuyos principales cometidos son: (i) establecer las reglas del comercio mundial en el marco del sistema multilateral del comercio; (ii) celebrar rondas de negociaciones multilaterales para adopción de las normas del comercio mundial; y (iii) actuar como tribunal internacional de solución de los conflictos entre los Estados miembros de la organización, no ha cumplido plenamente con los objetivos planteados ([6]).

La actuación de la Organización Mundial de la Salud (OMS) en la emergencia sanitaria producto de la epidemia por la aparición del COVID 19 ha sido tardía, sin ningún rigor científico y técnico, y totalmente ineficaz para aquellos países que por razones económicas —entre otras— no tuvieron y no tienen acceso a las vacunas, ya que el sistema COVAX creado por dicha organización no solamente no funcionó sino que generó confusión y retraso para la obtención de vacunas por parte de los Estados que confiaron en el sistema.

Sin ingresar a consideraciones de corte netamente político porque no corresponden en este tipo de análisis, las «recetas» del Fondo Monetario Internacional (FMI) no han sido las más apreciadas por parte de los Estados deudores de dicha Institución y han generado más dificultades que soluciones del punto de vista económico y financiero.

En suma, las referencias realizadas anteriormente, son una muestra que pretende representar un estado de situación de las relaciones internacionales de los Estados que conformen el orden mundial moderno, y que se caracterizan por un debilitamiento y falta de credibilidad acerca de la necesidad y utilidad del sistema multilateral en los distintos ámbitos en que se manifiesta orgánica e institucionalmente.

IV. Perspectivas

Al multilateralismo se lo critica por su lentitud, la rigidez burocrática, por ser un ámbito controlado y regulado por las grandes potencias mundiales, y finalmente por la ausencia de respuestas eficiente y eficaz a los problemas globales.

Esto —a nuestro criterio— no significa que no sea necesario una respuesta de la comunidad mundial de carácter global, a los grandes problemas que aquejan a la humanidad, y que esa respuesta debe ser consensuada y naturalmente aceptada por los destinatarios, transformándose en definitiva en una respuesta eficiente y eficaz para las comunidades y los ciudadanos en general.

6 La última Ronda de Negociaciones se inició en Uruguay en el año 1986 y culminó con los Acuerdos de Marrakech en el año 1994, fracasando posteriormente la Ronda del Milenio en el año 2000 y aún en desarrollo, la Ronda del Desarrollo de Doha del 2001; por lo que solamente han existido Acuerdos Plurilaterales y Paquetes de medidas (en las Reuniones Ministeriales de Nairobi y de Bali): mientras que el Órgano de Solución de Diferencias tuvo dificultades de integración por la negativa de la administración Trump en la selección y designación de los árbitros.

La cuestión entonces ante esta realidad contemporánea de «crisis del multilateralismo», es preguntarse si puede surgir un nuevo multilateralismo, o sí estamos ante una reformulación del multilateralismo.

Siendo en principio el multilateralismo una alianza de Estados, ello no significa que necesariamente no debamos incorporar a otros actores, siempre en procura de alcanzar objetivos comunes, porque el multilateralismo debe adecuarse o adaptarse a un mundo multipolar diferente al del siglo pasado.

Parece entonces prospera la idea de reformular al multilateralismo, instaurando lo que se ha denominado por parte de la doctrina especializada en una especie de «multilateralismo cooperativo», done deben convivir Estados, Provincias, Municipios, ciudades, la sociedad civil, las organizaciones no gubernamentales, empresas y sindicatos, y ello sin perjuicio de la preponderancia estatal, pero debiendo entre todos lograr una interacción dinámica y pragmática con objetivos coincidentes, lo que en buen romance parece aproximarse a un «multilateralismo sin tratados» o «a pesar de los tratados».

El multilateralismo cooperativo incluye la diversidad de actores, pero con preponderancia estatal. Promueve la asociación, es un espacio para el diálogo y la concertación. También fomenta la colaboración y promueve la innovación. Establece mecanismos de decisorios que favorezcan la cooperación y la eficacia en la acción. Construye visiones compartidas comunes sobre las amenazas globales y regionales.

Esto no significa que no permanezcan las instancias orgánicas y normativas propias de las organizaciones internacionales existentes, que en el marco de la cooperación y colaboración elaboren propuestas y reglas para el mundo civilizado que luego los Estados deban ratificar en su ordenamiento jurídico interno ([7]).

Decía Rojas Aravena en el año 2000: «El escenario de inicios de siglo está caracterizado por la globalización como procesos y por una crisis del multilateralismo, que afecta la estructura fundamental de la institucionalidad planetaria. Es una crisis de profundidad que obliga a repensar el sistema multilateral de manera efectiva. Sin un multilateralismo eficiente la cooperación se reduce y los peligros referidos al uso de la fuerza se incrementan. La crisis del multilateralismo se evidencia En el marco del sistema de Naciones Unidas y también en las organizaciones subregionales» ([8]).

---

7 Ejemplos contemporáneos ilustran esta afirmación, y sobre ellos podemos destacar el Acuerdo de París (2015), y el Acuerdo sobre tributación internacional de la OCDE, entre otros.

8 Rojas Aravena, Francisco. *Multilateralismo; perspectivas latinoamericanas*. FLACSO, Chile. Nueva Sociedad Venezuela, página 13.

Es interesante observar la reacción de las Naciones Unidas frente a la mencionada «crisis del multilateralismo» y en ese sentido, el secretario general del organismo ha propiciado un «multilateralismo interconectado, inclusivo y eficaz», como forma de avanzar sobre un problema latente en la comunidad mundial.

Decía entonces: «Necesitamos un multilateralismo más interconectado y con una mayor coordinación entre las organizaciones regionales e internacionales, las instituciones financieras internacionales y las alianzas público-privadas. Necesitamos un multilateralismo inclusivo, que se apoye en la sociedad civil, las empresas y las autoridades locales y regionales, entre otras, y que comparta el poder de forma más amplia y justa».

Se ha dicho entonces que el multilateralismo «basado en reglas está en crisis», y por lo tanto los Estados con ideas afines deben promover un nuevo multilateralismo de países afines a este fenómeno dentro de la Organización de las Naciones Unidas.

Surge entonces en el año 2019 en el seno de un período de sesiones de la Asamblea General de las Naciones Unidad, promovida por Francia y Alemania, la «Alianza para el Multilateralismo» que pretende ser una respuesta a estas inquietudes, aunque en sustancia también parece consistir en una reacción a la política contraria al multilateralismo promovida por Estados Unidos de Norteamérica en el gobierno del Presidente Trump ([9]).

Este fundamento en algún sentido ha perdido vigencia, dado que a partir de la Presidencia de Biden en EUA, se ha revertido la posición de EUA, y como claro ejemplo de ello, es la ratificación del Acuerdo de París, la suspensión de lo no pago de la cuota a la OMS, etc.

También ha sido considerada desde el punto de vista político, como un intento de Europa de no perder influencia en el sistema internacional ante o entre los dos grandes protagonistas modernos (China y EUA).

La idea de la «Alianza» es crear un «red global de Estados con ideas afines» para que sea una plataforma para estimular la cooperación en derechos humanos, comercio, desnuclearización, cambio climático y ciberespacio, con la convicción de que un orden multilateral basado en reglas es la única garantía confiable para la estabilidad y la paz internacional, y que los desafíos comunes solo se pueden resolver a través de la cooperación y la solidaridad entre los Estados ([10]).

9 México, Chile, Ghana y Singapur, entre otros, se han unido a la propuesta y son varios los países, entre ellos, Canadá, Reino Unido y Japón, que ya han manifestado su compromiso de participar en forma activa en la propuesta.

10 A título ilustrativo y dada la importancia que ha venido adquiriendo la «Alianza», las iniciativas promovidas desde su lanzamiento son: (i) fortalecer y mejorar la implementación del derecho internacional humanitario; (ii) introducir normativa vinculante para el ciberespacio; (iii) promover el acceso global a la información confiable en favor de la democracia;(iv)

La otra iniciativa destacable en los últimos tiempos relacionada con la estrategia de repensar el sistema multilateral, se encuentra en la conformación del «Panel de Alto Nivel sobre Cooperación Digital» que es impulsado desde las Naciones Unidades por parte del Secretario General, y que consiste en términos resumidos en profundizar el «diálogo global de las múltiples partes interesadas sobre como trabajar mejor para aprovechar el potencial de las tecnologías digitales para optimizar el bienestar humano y mitigar los riesgos».

La diferencia básica en esta modalidad es que el multilateralismo se fortalece cuando se combina el multilateralismo clásico, esto es, desde los Estados, ampliando el espectro de coordinación y articulación, con la participación y opinión de las partes interesadas, entendidas éstas como la sociedad civil, las comunidades académicas, técnicas y científicas, los ciudadanos, etc.).

También es una forma de actualizar el modelo a los tiempos actuales donde la interacción del colectivo se desarrolla en clave de digitalización, y parece ser la forma de enfrentar los desafíos en forma colectiva y participativa.

En cuanto al desarrollo del multilateralismo en América Latina, las perspectivas no son prometedoras, dado que predomina una división ideológica muy fuerte entre los países, que generan posiciones enfrentadas en temas comunes, y los organismos de coordinación política han tenido importantes dificultades en su funcionamiento, y con mayor énfasis en el cumplimiento de sus objetivos principales (i.e. Comunidad de Estados Latinoamericanos y el Caribe - CELAC o la Unión de Naciones Suramericanas - UNASUR).

Similares consideraciones podemos encontrar en los mecanismos o procesos de integración de carácter económico y comercial, los que si bien a partir del resurgimiento de los regímenes democráticos (principalmente en América del Sur) parecieron generar una sintonía en la multilateralidad desde lo comercial, sin embargo, se encuentran actualmente en una «crisis de identidad» muy importante, surgiendo situaciones de conflicto que afectan sustantivamente la profundización de las históricas alianzas regionales.

Por último, en lo relativo a las alternativas a la mentada crisis del multilateralismo, han surgido las iniciativas populares como contrapartida al «estancamiento del sistema multilateral», esto es, acuerdos multilaterales de grupos de países pequeños; acuerdos de países para sustituir o crear mecanismos alternativos a los que no funcionan; o la creación de normas subregionales o regionales.

solicitar a la ONU un reporte regular sobre las consecuencias del cambio climático para la paz y seguridad internacionales; (v) promover la igualdad de género en la África Subsahariana mediante la política educativa; y (vi) promover un marco normativo internacional para regular el desarrollo de sistemas de armas letales autónomos, Ver *Alliance for Multilateralism* en https://multilateralism.org/initatives/.

Parece importante incorporar en este estado del artículo, los conceptos de autonomía relacional y neutralidad, propuestos por los catedráticos RUSSELL y TOKATLIAN([11]).

En el caso de la autonomía relacional, los autores postulan que «la autonomía ya no se define por el poder de un país para aislarse y controlar procesos y acontecimientos externos, sino por su poder para participar e influir eficazmente en los asuntos mundiales, sobre todo en organizaciones y regímenes internacionales de todo tipo».

Al respecto, podemos afirmar que el nuevo regionalismo, en el cual tanto Brasil como Argentina se han embarcado en los últimos años, ha aumentado la capacidad de negociación de estos Estados, al aumentar su grado de involucramiento e influencia en el acontecer internacional. A su vez, con relación a la neutralidad, si bien está es vista como un signo de debilidad por parte de la escuela realista de las Relaciones Internacionales, es preciso tener en cuenta el hecho de que la conflictividad de este siglo obligará a los países al mantenimiento de un compromiso sólido en defensa de la paz, la estabilidad internacional y el multilateralismo, a través de la aplicación de esfuerzos y medidas concretas tendientes a la consecución de estos fines. Este accionar en la arena internacional es definido como neoneutralismo.

«A diferencia de la neutralidad clásica, el neoneutralismo del siglo XXI requerirá un alto grado involucramiento en los asuntos internacionales» ([12]).

V. Reflexiones finales

La complejidad y la incertidumbre son dos variables presentes en el sistema internacional actual, y nadie puede desconocer la existencia de variadas y abundantes causas que avalan la afirmación precedente, donde además parece retroceder de alguna forma la globalización a una suerte de desglobalización en esta nueva época de la historia que estamos transitando en el Siglo XXI.

Ante esta realidad, deviene en forma inmediata la pregunta: ¿el mundo no estará retornando al orden westfaliano, donde el realismo de las relaciones internacionales respondía en forma preponderante a los intereses particulares de los Estados, dejando en un segundo plano a la cooperación internacional protagonizada por las organizaciones internacionales existentes?

El orden westfaliano, basado en la paz de Westfalia representó en su época, la obtención de la paz posible, la del equilibrio basada en la soberanía de los Estados Nación y la no interferencia en los asuntos internos de los Estados, alejando al Imperio y al Papado.

---

11 RUSSELL y TOKATLIAN, *Autonomía y neutralidad en la globalización* – 2010. Páginas 136 y 137.

12 RUSSELL y TOKATLIAN – *ibidem*, página 84.

Una parte no menor de la doctrina considera —aún con las reservas del sistema westfaliano puro— que ese es el camino que ha elegido la comunidad internacional a través de sus principales y poderosos protagonistas, privilegiando la «soberanía» y el «nacionalismo», con la impronta del «proteccionismo» en el ámbito comercial.

Esto conlleva un debilitamiento progresivo de las organizaciones multilaterales, aunque no su desaparición o extinción, dado que el fenómeno de la cooperación internacional dirigida o condicionada no puede ser dejada de lado.

Como vimos anteriormente, las relaciones internacionales han ido evolucionando a lo largo del tiempo, han ido cambiando, y en esa evolución no debe perderse la importancia de una interacción en la comunidad internacional en base a la cooperación y colaboración, por sobre el poder y la fuerza, y ese claramente debería ser el camino más adecuado evitando de esa forma expresiones de fuerza y poder, que siembran muerte, destrucción y afectación de la naturaleza.

Tampoco es válido aceptar cuestionamientos del sistema multilateral por parte de líderes aislacionistas, precursores de un falso nacionalismo y antiglobalización, a partir de sociedad enojadas y descontentas, porque ello sería desconocer los avances y progresos de la humanidad a partir de las organizaciones internacionales.

Está claro que el multilateralismo no ha sido la solución a los problemas más importantes de la humanidad, sin embargo, hay que darle el crédito en los avances logrados en distintas áreas (i.e. la pobreza, las fuerzas de paz; las condiciones de las mujeres, etc.), y la importancia que actualmente se le ha asignado a los denominados bienes públicos globales, con un multilateralismo más inclusivo y centrado en la gente, superando el tradicional enfoque geopolítico.

La idea central de una suerte de reformulación del fenómeno en el contexto político, social, económico y comercial actual se encuentra en un multilateralismo centrado en una comunión de valores, que a través de la gestión de los mismos se acerque a la solución de los problemas globales que afectan a la humanidad en su conjunto.

De otra forma, la contienda será entre un mayor «desorden mundial», por otra parte, la búsqueda y la recuperación de valores comunes de la sociedad mundial en el marco de una mayor solidaridad y cooperación.

En suma, en primer lugar, parece indudable que no podemos arriesgarnos al «no multilateralismo», porque sería olvidar las enseñanzas de la historia de la humanidad.

La defensa de la paz, la estabilidad internacional y el multilateralismo requieren de los Estados un compromiso sólido y eficaz, que implica lo que se denomina modernamente un «neoneutralismo», es decir el involucramiento de todos los Estados en los asuntos internacionales.

En segundo lugar, no podemos concluir que el «sistema multilateral del comercio» se encuentra a la deriva y sin rumbo, porque eso también sería desconocer los avances logrados durante años de aplicación de los distintos sistemas multilaterales, y regresar al orden westfaliano.

En definitiva, es importante rescatar la vigencia del sistema multilateral como un instrumento idóneo y eficaz para abordar en forma comunitaria los problemas de la humanidad, ya sea en el ámbito político, comercial, económico, cultural o social, porque en ello está la consagración de los derechos humanos.

Vale decir, es oportuno pensar en cómo se fortalece el multilateralismo o como se conciben nuevas formas de multilateralismo que, respetando las características de la política internacional actual desde las relaciones internacionales de los Estados, se promueva una interrelación constructiva desde las posiciones nacionales en aquellos temas comunes que importan a la humanidad, dentro de los que podíamos destacar sin temor a equivocarnos, en cuanto a valores humanos, la inclusividad, el respeto, el énfasis en el ser humano, y en cuanto a disciplinas jurídicas, los derechos humanos y el derecho internacional.

El reconocimiento del multilateralismo como única forma de restablecer la vigencia del derecho internacional y la preservación de la paz, así como de fortalecer el debilitado orden internacional y jerarquizar el papel que debe desempeñar la ONU.

Bibliografía

Arredondo, R., «Multilateralismo: origen, crisis y desafíos», en Colotta, M.; Degiorgis, P.; Lascano y Vedia, J.; Rodríguez, Á. (compiladores) (2021), *Manual de Relaciones Internacionales*. Buenos Aires.

Fundación Lonrad Adenauer Stiftung, *Multilateralismo – perspectivas latinoamericanas*.

Rodríguez Torresi, L., «El multilateralismo de postpandemia: nuevas estrategias de acercamiento entre la Unión Europea y América Latina y el Caribe: el caso de la alianza por el multilateralismo latina y el Caribe», en Álvarez *et al.* (2021), *El nuevo multilateralismo en la era del COVID-19 desde la perspectiva de las relaciones Unión Europea - América Latina y el Caribe*. Fundación EU -LAC.

El multilateralismo de post pandemia – Nuevas estrategias de acercamiento entre la Unión Europea y América Latina (4) en Relaciones Birregionales – Fundación EU – LAC

ROJAS ARAVENA, F., *Multilateralismo: perspectivas latinoamericanas*. FLACSO, Chile – Editorial Nueva Sociedad, 2000.

ZAMBRANO, C.,·El multilateralismo actual, crisis y desafíos – *Revista de Relaciones Internacionales, Estrategia y Seguridad* (8).

EL MULTILATERALISMO DE NACIONES UNIDAS EN VIENA. DESAFÍOS Y OPORTUNIDADES

Alejandro Solano Ortiz

Palabras Clave: Organismo; Viena; OIEA; ONUDI; CTBTO; UNODC; CCPCJ; CND; UNOOSA; UNCITRAL.

Sumario: I. Naciones Unidas, antecedentes del establecimiento de la sede. II. ¿Cómo se establece esta nueva sede? ¿Quiénes la integran y cuál es su mandato? III. Perfil de las Organizaciones Internacionales.

I. Naciones Unidas, antecedentes del establecimiento de la sede

Para comprender la dinámica de las organizaciones internacionales hay que estudiar su origen, como lo expuso el autor Manuel Díaz de Velasco en su obra Organizaciones Internacionales: «los Estados pronto fueron conscientes de que muchos de sus problemas no podían ser ya resueltos en el marco estrictamente nacional y que su solución pasaba necesariamente por la cooperación entre ellos»[1].

La Organización de Naciones Unidas, establecida por la Carta de las Naciones, la cual fue firmada por los Estados el 26 de junio 1945 y que entró en vigor el 24 de octubre del mismo año, no es el resultado de una articulación improvisada o del momento, sino que como lo explica el Profesor Díaz de Velasco, en su mismo libro, anteriormente citado: «responde a un proceso laborioso en el que se fue preparando la estructura social sobre la que había de asentarse el instrumento jurídico en que se concretó»[2].

---

1 Diez de Velasco Vallejo, M., *Las Organizaciones Internacionales*. Editorial Tecnos. Madrid 9na edición. Pg. 32.

2 *Ibidem*. Pg. 135.

Además de su sede en Nueva York, con el pasar de los años, y el crecimiento de la organización, se acuerda ir estableciendo sedes adicionales. Es así como en 1946 se establece la sede en Ginebra, Suiza, en 1980 en Viena, Austria y en 2011 en Nairobi, Kenia. Hecho este último de gran importancia, pues no solo se establece en un país en desarrollo, sino que se instala en África. Cabe señalar que además, el sistema cuenta hoy con 16 agencias especializadas que están fuera de los Estados Unidos.

El 1ro. de enero de 1980 se inaugura con la presencia del Presidente de Austria, Rudolf Kirchschläger, y del Secretario General de la ONU, el austriaco Kurt Waldheim, la tercera sede de la Organización, la segunda en Europa; nuevamente se escogía como sede a un país neutral, que luego de la II Guerra Mundial había declarado, en razón de las presiones políticas de las potencias aliadas dominantes, su neutralidad. Esa neutralidad se acordó el 26 de octubre de 1945, cuando el Consejo Nacional adopta la ley Constitucional de Neutralidad Permanente que disponía en sus primeros artículos lo siguiente:

> «Artículo 1.- Para mantener en forma permanente su independencia externa y con el propósito de lograr la inviolabilidad de su territorio, Austria, por su propia voluntad, declara su permanente neutralidad. Austria la mantendrá y la defenderá por todos los medios de que disponga.
>
> Artículo 2. Para conseguir estos objetivos, Austria no accederá a alianzas militares ni permitirá que países extranjeros establezcan bases militares en su territorio»[3].

La sede de la Organización en Austria fue una donación del Gobierno de Austria al sistema de Naciones Unidas y su costo simbólico fue de un chelín, entonces moneda de curso legal en el país. La idea de establecer una nueva sede en Austria se visualizó con el interés de consolidar una serie de organismos que entonces funcionaban de manera aislada y descoordinada. Asimismo, se crearon las condiciones para que con el tiempo nuevas organizaciones puedan irse integrando en un espacio común de trabajo multilateral.

El complejo de Naciones Unidas en Viena cuenta con una superficie de 180.000 m^2 y está amparado por Convenio Internacional bajo régimen de estatuto extraterritorial. Los gastos de mantenimiento y funcionamiento anuales son de unos 20 millones de euros, los cuales son sufragados por las organizaciones internacionales en la sede. El complejo de Naciones Unidas consta de unas 4.500 oficinas, nueve salas de conferencias y unos 3.600 funcionarios públicos internacionales procedentes de unos 100 países.

---

3 ZEMANEK, K,. *La Neutralidad hoy. Austria y las Naciones Unidas*. Universidad Viena. Viena, 1962. Pg. 572.

II. ¿Cómo se establece esta nueva sede? ¿Quiénes la integran y cuál es su mandato?

En sus primeros días, el principal organismo que se suma a esta nueva sede es el Organismo Internacional de Energía Atómica (OIEA).

Este organismo fue establecido en 1957 como respuesta a los profundos temores y las expectativas que infundían los descubrimientos y variados usos de la tecnología nuclear; su génesis es el discurso «Átomos para la paz» pronunciado por DWIGHT EISENHOWER, presidente de los Estados Unidos, ante la Asamblea General de las Naciones Unidas el 8 de diciembre de 1953.

El OIEA está estrechamente vinculado a la evolución de la tecnología nuclear, ya sea como arma o como herramienta para el desarrollo. Desde su creación se le otorgó el mandato de trabajar con sus Estados Miembros, y múltiples asociados de todo el mundo, en la promoción del uso de las tecnologías nucleares con fines pacíficos y en condiciones de seguridad tecnológica y física.

Su sede desde un inicio se fijó en la ciudad de Viena y desde sus orígenes el Organismo Internacional ha tenido una naturaleza jurídica de relativa independencia funcional dentro del sistema de Naciones Unidas. El Organismo cuenta a la fecha con 175 miembros.

Otra gran organización que tiene su sede en Viena es la Organización de Naciones Unidas para el Desarrollo Industrial. ONUDI o UNIDO (por sus siglas en inglés) fue establecida el 17 de noviembre de 1966, mediante resolución 2152 (XXI) de la Asamblea General, con el objetivo central de promover y acelerar la industrialización de los países en desarrollo. A partir del 1ro. de enero de 1986 se constituyó en una institución especializada del sistema de las Naciones Unidas, como resultado de la entrada en vigor, el 21 de junio de 1985, del Acta constitutiva, adoptada en Viena el 8 de abril de 1979.

En setiembre de 1979 se suma UNCITRAL o CNUDMI (como se le conoce en español); la Comisión de Naciones Unidas para el Derecho Mercantil Internacional es una comisión del ECOSOC, su objetivo actualizar y armonizar el marco normativo del derecho mercantil internacional.

También se encuentra en Viena la Oficina de Naciones Unidas para Asuntos del Espacio Exterior (UNOOSA, por sus siglas en inglés), la Oficina especializada de Naciones Unidas para regular y abordar todas las cuestiones relativas al espacio. Fue establecida en Viena desde 1993.

En noviembre de 1997, se suma la Comisión Preparatoria para la Prohibición de Ensayos Nucleares. Esta Comisión, sustentada sobre un marco normativo de carácter transitorio en tanto el instrumento entra en vigor, pretende crear un sistema de monitoreo y verificación de los ensayos nucleares. Como veremos, en su negociación se acordó establecer dos categorías de Estados y se estableció el requisito que hasta no tener la total ratificación de los Estados del anexo II, el instrumento no entraría en vigor. Al día de hoy sigue sin tener las ratificaciones necesarias para su puesta en vigor, aunque a través de la Comisión Preparatoria se ha trabajado en el establecimiento de una red de sensores a nivel mundial y otra serie de acciones que detallaremos.

En 2006 Viena acoge también la Oficina de Naciones Unidas contra la Droga y el Delito (UNODC, por sus siglas en inglés)[4]. Su objetivo establecer un espacio de trabajo para abordar el tema del problema mundial de las drogas y del crimen organizado.

Finalmente, una organización de carácter regional tiene su sede también en Viena y es la Organización del Tratado del Danubio, un mecanismo de coordinación entre los países que comparten la cuenca del Danubio.

Viena también acoge más de 40 organizaciones[5] que si bien muchas no tienen su sede principal en esta ciudad, cuentan con una oficina o un representante para dar seguimiento a los temas, articular programas o proyectos con otras instancias y dar impulso a una agenda de trabajo desde Viena, complementando el trabajo de su sede principal. Así, cuentan con oficina entre otras organizaciones: Oficina de Naciones Unidas para asuntos de Desarme (UNODA), Organización Internacional de las Migraciones (OIM), Red Informática Internacional sobre Blanqueo de Dinero (Inmolan), Junta Internacional de Fiscalización de Estupefacientes (JIFE), Administración Postal de las Naciones Unidas, Departamento de Comunicación Global de las Naciones Unidas, Oficina del Alto Comisionado de las Naciones Unidas para los Refugiados (ACNUR), Oficina de las Naciones Unidas de Servicios para Proyectos (UNOPS), Oficina de Servicios de Supervisión Interna (OSSI), Programa de las Naciones Unidas para el Medio Ambiente - Secretaría Interina del Convenio de los Cárpatos (PNUMA Viena SICC) y el Registro de las Naciones Unidas de los daños causados por la construcción del muro en el territorio palestino ocupado, entre otras.

Formulada esta breve referencia funcional de los organismos que tienen su sede en Viena, quisiera abordar en detalle el marco de acción de cada uno de ellos y las posibilidades que tienen nuestros países desde una perspectiva regional y nacional de abordar un trabajo bilateral o regional.

III. Perfil de las Organizaciones Internacionales

Organización Internacional de Energía Atómica. Es quizás la organización de mayor peso político y económico de las que se encuentran en esta sede de Naciones Unidas. Como su nombre lo precisa, fue inicialmente establecida

4 Ver Web UNODC. https://www.unodc.org/documents/commissions/General_Assembly/CCPCJ/GA-61-252.pdf

5 Ver Web BMEIA. https://www.bmeia.gv.at/themen/wien-als-sitz-internationaler-organisationen/

como un foro de las grandes potencias atómicas luego de la II Guerra Mundial ante los temores de un riesgo por el desarrollo sin controles de la tecnología nuclear, pero que con los años incorporó una gran membresía de Estados. Al día de hoy su objetivo no es solo de desarme y no proliferación, sino que cumple un rol esencial en el desarrollo de la energía nuclear para fines pacíficos.

El Organismo, en adelante el OIEA, tal como lo establece el Artículo II del Estatuto es claro al indicar que «El organismo procurará acelerar y aumentar la contribución de la energía atómica a la paz, la salud y la prosperidad en el mundo entero»[6].

En su artículo III relativo a las funciones, el Estatuto destaca la investigación, el desarrollo y aplicación práctica de la energía atómica con fines pacíficos, el intercambio de información científica y técnica, así como el intercambio científico.

El OIEA además es un organismo que fiscaliza a través de salvaguardias el uso responsable de la energía nuclear. Los Estados parte aceptan entre sus compromisos: la verificación a través de los inspectores del OIEA de sus programas nucleares, incluido el desarrollo de sus materiales, equipos y programas. En el inciso 5 del Artículo III del Estatuto, claramente se señala, al indicar que «así como establecer y aplicar salvaguardias destinadas a asegurar que los materiales fisionables especiales y otros, así como los servicios, equipos, instalaciones e información suministrados por el organismo, o a petición suya, o bajo su dirección y control, no sean utilizados de modo que contribuyan a fines militares».

Lo importante de este sistema de verificación es que el OIEA cuenta hoy con una serie de mecanismos, la absoluta credibilidad y el conocimiento de sus inspectores, para ejercer una efectiva fiscalización, sobre aquellas acciones que algunos Estados se plantean en términos de desarrollo de armas nucleares, ya sea de manera propia o bien a través de la proliferación (traspaso de material o del conocimiento).

Además, es importante indicar que a través de las salvaguardias del OIEA se da cumplimiento a lo dispuesto en el Tratado sobre la No Proliferación de las Armas Nucleares (TNP), con el fin de prevenir que las armas nucleares se sigan multiplicando. En virtud del artículo 3 del Tratado, cada Estado no poseedor de armas nucleares está obligado a concertar un acuerdo de salvaguardias con el OIEA. Es un punto esencial en la agenda de no proliferación.

Quizás los casos más sonados en los últimos años son los programas nucleares en Irán y en la República Democrática Popular de Corea, conocida como Corea del Norte, cuyos programas son objeto de tratamiento permanente en los órganos políticos, por el incumplimiento de sus obligaciones y el riesgo que suponen para la seguridad internacional.

---

6 ORGANISMO INTERNACIONAL DE ENERGÍA ATÓMICA. Estatuto. abril 1990. Página 5.

En el caso particular de Irán, mediante la resolución 2231 de 2015, el Consejo de Seguridad hizo suyo el Plan de Acción Integral Conjunto suscrito entre Alemania, China, los Estados Unidos, la Federación de Rusia, Francia, el Reino Unido, el Alto Representante de la Unión Europea (el E3/UE+3) y la República Islámica de Irán y le solicita al OIEA emprender la necesaria verificación y vigilancia del cumplimiento de los compromisos de Irán relacionados con la energía nuclear.

En el caso de la República Democrática de Corea, tras los ensayos nucleares en 2006, 2009, 2013, 2016 y 2017, el Consejo de Seguridad de las Naciones Unidas aprobó las resoluciones 1718 (2006), 1874 (2009), 2094 (2013), 2270 (2016), 2321 (2016) y 2375 (2017). En dichas resoluciones se le exigió a la RPDC volver en una fecha próxima al Tratado de No Proliferación y cumplir con las salvaguardias del OIEA, abandonar todas las armas nucleares y los programas nucleares existentes de manera completa, verificable e irreversible. Sin embargo, a la fecha la RPDC no ha abandonado su programa nuclear existente de manera completa, verificable e irreversible, ni ha puesto fin a todas las actividades conexas y no permite el acceso a los inspectores del Organismo[7].

En términos de organigrama, el principal órgano de decisión es su Conferencia General, la cual se reúne una vez al año para adoptar las principales decisiones, pudiendo conocer de cualesquiera cuestiones y asuntos comprendidos en el marco del Estatuto[8]. Además, cuenta con un órgano ejecutivo que es la Junta de Gobernadores, compuesta por 35 Estados, la cual se reúne 5 veces al año y entre otras acciones, examina los estados financieros y el programa y presupuesto del OIEA, formula recomendaciones al respecto a la Conferencia General, estudia las solicitudes de admisión como Estado Miembro y aprueba acuerdos de salvaguardias y la publicación de las normas de seguridad del OIEA[9].

El OIEA sustenta su trabajo sobre la base de las resoluciones, al igual que lo hacen los demás organismos internacionales. Es solo bajo la decisión de sus miembros que se definen marcos de acción, se establecen acuerdos o bien se someten situaciones país. Por años se habló del llamado «consenso de Viena» en los procesos de decisión, lo que implicaba el consenso. La realidad ha sido que en los últimos años, al contrario, se ha tenido que recurrir al voto para la adopción de algunas decisiones con un elemento fuertemente político.

---

7 Documento Conferencia General Organismo Internacional Energía Atómica. GOV/2020/42-GC(64)/18 4 de septiembre de 2020. Aplicación de Salvaguardias en la República Democrática Popular de Corea. Consultada el día 06 de junio 2022.

8 ORGANISMO INTERNACIONAL DE ENERGÍA ATÓMICA. Estatuto. abril 1990. Página 11.

9 ORGANISMO INTERNACIONAL DE ENERGÍA ATÓMICA. Estatuto. abril 1990. Página 13.

Como se ha indicado, el OIEA además de su agenda de seguridad, impulsa una intensa actividad vinculada con el uso de energía nuclear para fines pacíficos. Este es quizás el punto más importante en términos del valor agregado al trabajo, en particular para los países en desarrollo. A través de su oficina de cooperación, con un enfoque regional y sus oficinas técnicas y temáticas, el OIEA ofrece a los Estados conocimiento y desarrollo para la construcción de capacidades en el uso de la energía nuclear para ser empleada en el campo de la salud, agricultura, medio ambiente, cultura, entre otras. Además, el OIEA es uno de los pocos organismos internacionales que cuenta con laboratorios propios de investigación, uno en la ciudad de Seibersdorf, en las afueras de Viena, y otros en Mónaco, inaugurados en 1961, lo que le permite acelerar la investigación, articular alianzas con laboratorios y centros de investigación de los Estados miembros y potenciar la transferencia de capacidades.

Para ofrecer al lector un ejemplo de este aporte, quisiera mencionar el caso particular del sector salud, en el cual es esencial la aplicación de técnicas nucleares para la prevención, el diagnóstico y el tratamiento de enfermedades, en particular enfermedades no transmisibles como el cáncer y las enfermedades cardiovasculares.

Además, mediante el uso de técnicas nucleares, en los laboratorios del OIEA se ha venido trabajando en la repuesta a las enfermedades zoonóticas; es decir, aquellas enfermedades de animales que se transmiten a los humanos. El desarrollo de la tecnología del RT-PCR en tiempo real, ha permitido dar respuesta a enfermedades como la brucella (brucelosis), la fiebre del valle del Rift, el ébola, el Zika, el dengue, el coronavirus del síndrome respiratorio de Oriente Medio (MERS-CoV), el coronavirus del síndrome respiratorio agudo severo (SARS-Cov-1), Influenza aviar y otros. Recientemente estos desarrollos permitieron al OIEA prestar ayuda a muchos países en su lucha contra la pandemia de COVID-19, especialmente en la primera etapa, en la cual no había un conocimiento detallado de la enfermedad y tampoco se contaba con la vacuna.

La RT-PCR en tiempo real, o reacción en cadena de la polimerasa con transcripción inversa, es un método de origen nuclear para la detección específica de la presencia de material genético de humanos o animales y sus respectivos patógenos, incluido el coronavirus de ARN SARS-CoV-2 que causa el COVID-19. Es una de las técnicas más sensibles disponibles en la actualidad para detectar el virus SARS-CoV-2.

Como respuesta a la emergencia sanitaria, 129 países y territorios (44 de la región de África, 28 de Asia y el Pacífico, 24 de Europa y 33 de la región de América Latina y el Caribe), con 305 laboratorios/instituciones recibieron asistencia del OIEA, facilitada por la donación de casi $28 millones de dólares por parte de países donantes.

Este amplio marco de acciones hizo que el Organismo incluso cambiara su lema de «átomos de paz» a «átomos de paz y desarrollo», visualizando ahora este importante componente del uso pacífico de la energía nuclear, en particular con el fin de apoyar el cumplimiento de los Objetivos de Desarrollo Sostenible.

Resulta importante destacar que el OIEA recibió en 2005 el Premio Nóbel de la Paz por «impulsar un mundo más seguro y pacífico». Así como también, que al día de hoy, un latinoamericano es el Director General[10].

Ahora quisiera abordar el trabajo del Organismo de Naciones Unidas para el Desarrollo Industrial. Ya hemos indicado que fue establecido el 17 de noviembre de 1966, y se integró como institución especializada del sistema de las Naciones Unidas el 21 de junio de 1985.

Los antecedentes de ONUDI los encontramos en los años 50's con los estudios y análisis realizados por el ECOSOC ante la rápida industrialización de los países en desarrollo.

Al día de hoy cuenta con 170 Estados miembros[11] y su objetivo principal es promover y acelerar la industrialización en los países en desarrollo. ONUDI es una de las organizaciones clave en el sistema en la implementación de acciones para el cumplimiento del ODS 9 que busca fortalecer la infraestructura resiliente, promover la industrialización inclusiva y sostenible, y una mayor innovación.

Hasta una fecha reciente, siempre tuvo como director general a un representante de países en desarrollo; en su última elección y por primera vez, un candidato de un país desarrollado fue electo director general[12].

La misión de ONUDI, delineada en sus dos grandes conferencias, en Lima en 2013 y Abu Dabi en 2019, marcan el norte de promover y acelerar el desarrollo industrial inclusivo y sostenible, para lo cual se han identificado en sus prioridades estratégicas cuatro ejes: creación de prosperidad compartida, aumento de la competitividad, salvaguardar el medio ambiente y fortalecer el conocimiento.

Cada uno de estos ejes cuentan con una intensa agenda de acciones que conllevan la cooperación técnica, la asesoría técnica, analítica y de investigación para la toma de decisiones, actividades de apoyo legislativo y fortalecimiento de la transferencia del conocimiento, de redes de innovación y de cooperación industrial[13].

---

10 Rafael Mariano Grossi, de nacionalidad argentina. https://www.iaea.org/about/rafael-grossi

11 MINISTERIO DE RELACIONES EXTERIORES DE NUEVA ZELANDIA. Handbook United Nations – 2021-2022. Pg. 360

12 Gerd Müller de Alemania, antiguo Ministro de Cooperación de Alemania. https://www.unido.org/who-we-are/director-general-corner

13 Ver https://www.unido.org/who-we-are/unido-brief

Como todas las organizaciones, ONUDI ha tenido que responder a las nuevas exigencias de los tiempos y es así como en sus más recientes acciones ha venido trabajando en el desarrollo de programas para implementar la IV revolución industrial, procesos como los parques industriales, impulsar los encadenamientos productivos, transferencia tecnológica, capacidades productivas y formación humana y más recientemente, acciones para promover desarrollos inclusivos y sostenibles plasmados en la implementación de los acuerdos ambientales.

La llegada de una nueva autoridad plantea el desafío para el organismo no solo de responder a las necesidades y requerimientos de los Estados, sino también generar nuevamente confianza en los Estados desarrollados que dejaron la organización y que monitorean con interés los nuevos cursos de acción.

Estructuralmente cuenta con una Conferencia General que se reúne cada 2 años, compuesta por la totalidad de la membresía y como órgano ejecutivo una Junta de desarrollo industrial, compuesta por 53 Estados, quienes son los que revisan la implementación del programa de trabajo, el presupuesto regular y extraordinario, hace recomendaciones a la Conferencia General sobre cuestiones de política, incluida la recomendación cada 4 años del nuevo Director General. Esta Junta se reúne una vez al año.

En términos de impacto, las actividades de cooperación técnica ejecutadas por el Organismo en 2020 ascendieron a 177,7 millones de dólares, con proyectos ejecutados en 129 países[14].

Otro organismo al que quisiera referirme es la Comisión Preparatoria para la Prohibición de Ensayos Nucleares. Esta Comisión como se indicó en el punto inicial, es un esquema de trabajo temporal, establecida con el fin de dar «vida» a un Tratado (el de Prohibición Completa de los Ensayos Nucleares) que aún no ha entrado en vigor. Es sin duda, una de esas decisiones particulares de Naciones Unidas y que ha sido complejo desde el punto de vista de obligaciones internacionales para dos Estados de nuestra región, quienes en el momento de su firma, hicieron una reserva[15].

Su creación tiene por objetivo principal establecer una amplia red de mecanismos de monitoreo para evitar los ensayos nucleares o detectar donde han tenido lugar y determinar responsabilidades. El Tratado prohíbe las explosiones nucleares por cualquier actor en cualquier parte de la superficie de la Tierra, en la atmósfera, bajo el agua y bajo tierra y será un instrumento fundamental dentro de la arquitectura del desarme internacional, pues hace que sea muy difícil para los países desarrollar bombas nucleares por primera vez, o para los países que ya las tienen, fabricar bombas más poderosas. También previene el enorme daño causado por la radiactividad de las explosiones nucleares a humanos, animales y plantas.

14 Informe anual 2020 UNIDO. Prólogo Director General. Pg. iv.

15 Colombia y Guatemala.

Más recientemente, también se han empleado los equipos de sensores para atender situaciones de naturaleza civil, como los terremotos, tsunamis e incluso, situaciones de emergencia como lo fue la implosión de un submarino nuclear argentino[16].

Este régimen consta de tres pilares: El Sistema Internacional de Monitoreo (IMS), las Inspecciones in situ y el Sistema Internacional de datos (IDC). Teniendo presente ese factor de temporalidad y que está pendiente la ratificación por algunos Estados, no ha sido posible completar toda la red de sensores; se tiene previsto que cuando esté completo con sus 337 instalaciones en todo el mundo, se podrá monitorear el planeta en busca de signos de explosiones nucleares de manera plena. Alrededor del 90 % de las instalaciones ya están en funcionamiento y utiliza cuatro tecnologías de última generación:

- Sísmica: 50 estaciones sísmicas primarias y 120 auxiliares que estarán monitoreando las ondas de choque en la Tierra. La gran mayoría de estas ondas de choque, muchos miles cada año, son causadas por terremotos. Pero también se detectan explosiones provocadas por el hombre como explosiones de minas o las pruebas nucleares anunciadas por Corea del Norte en 2006, 2009, 2013, 2016 y 2017, entre otras.
- Hidroacústica: 11 estaciones hidroacústicas «escuchan» las ondas sonoras en los océanos. Las ondas de sonido de las explosiones pueden viajar muy lejos bajo el agua y se pueden medir por ejemplo, los sonidos de las ballenas o delfines.
- Infrasonido: 60 estaciones en la superficie pueden detectar ondas sonoras de ultra baja frecuencia (inaudibles para el oído humano) que son emitidas por grandes explosiones.
- Radionúclidos: 80 estaciones miden la atmósfera en busca de partículas radiactivas; 40 de ellos también recogen gases nobles. Solo estas mediciones pueden dar una indicación clara de si una explosión detectada por los otros métodos fue realmente nuclear o no. Cuentan con el apoyo de 16 laboratorios de radionúclidos[17].

Las Inspecciones in situ permitirán que los inspectores visiten el terreno en caso de explosión o prueba nuclear. Los inspectores recopilarán pruebas sobre el terreno en el sitio sospechoso y constituirá elemento de referencia para las decisiones que deban ser tomadas por los Estados.

---

16 Fue gracias a los sensores de esta organización que se determinó que había ocurrido una implosión en el submarino convencional San Juan de la Argentina. Ver https://www.investigacionyciencia.es/noticias/cmo-una-red-de-sensores-busca-el-submarino-argentino-desaparecido-15881

17 Información de la página oficial de CTBTO en Web.

Finalmente, el tercer pilar es el Centro Internacional de Datos, el cual se encuentra situado en Viena y en el cual se recibe toda la información del mundo devenida de los distintos sistemas de monitoreo. Estos datos se procesan y distribuyen a los Estados miembros de la Organización tanto en forma cruda como analizada. Para ejemplarizar este ejercicio, cuando Corea del Norte realizó pruebas en los años 2006, 2009, 2013, 2016 y 2017, los Estados miembros recibieron información sobre la ubicación, la magnitud, el tiempo y la profundidad de las pruebas en dos horas[18].

Un punto a destacar es que Dominica recientemente firmó el instrumento y está próxima a depositarlo ante el Secretario General de la ONU. Una vez que se cumpla ese requisito, América Latina y el Caribe será una de las dos regiones cuyos miembros habrán completado todo el proceso de ratificación y confirman su compromiso en términos de seguridad colectiva con el Tratado de Tlatelolco que establece una zona libre de armas nucleares[19]. Al día de hoy se cuenta con 172 Estados Parte que han ratificado el instrumento.

Un detalle particular de la negociación de este Tratado fue que se establecieron dos listas de Estados, los que no tenían ningún desarrollo nuclear y los que tenían algún desarrollo nuclear. Es así como se establece el anexo I y el anexo II, este último con los países con algún desarrollo nuclear. Para que el Tratado entre en vigor, es preciso que todos los países del Anexo II firmen y ratifiquen el instrumento[20]. Sin embargo, es claro que diversos factores de seguridad adoptados por los mismos Estados han impedido que lo hagan[21]. Hasta que no se cumpla esa condición, la Comisión sigue trabajando bajo un marco de «temporalidad legal».

Rápidamente quisiera referirme a la Oficina de Naciones Unidas contra la Droga y el Delito. La UNODC está conformada por dos Comisiones: la Comisión de Estupefacientes (conocida como CND) y la Comisión de Prevención del Crimen y Justicia Criminal (conocida como CCPCJ).

La Comisión de Estupefacientes fue establecida por la resolución 9 (I) del Consejo Económico y Social (ECOSOC) en 1946, para asistir al Consejo en la supervisión de la aplicación de los tratados de fiscalización internacional de drogas. En 1991, la Asamblea General amplió el mandato de la CND a fin de que pudiera funcionar como órgano rector de la Oficina de Naciones Unidas contra la Droga y el Delito (UNODC). La resolución 1999/30 del ECOSOC estableció a su vez el carácter de sus acciones, con dos enfoques: una de elaboración e impulso de normativa, y una segunda de órgano rector internacional de la materia.

---

18 Ver sitio Web de CTBTO. https://www.ctbto.org/specials/who-we-are/

19 Ver sitio Web OPANAL. https://www.opanal.org/en/home-2/

20 Ver Tratado de Prohibición completa de Ensayos Nucleares. Artículo XIV.

21 Al día de hoy, los siguientes Estados del anexo II solo lo han firmado: Estados Unidos, Egipto, Irán, Israel. Además, Corea del Norte, India y Pakistán no lo han firmado.

La CND se reúne una vez al año para adoptar recomendaciones, decisiones y resoluciones sobre el problema mundial de las drogas y está compuesta por 53 miembros. Su mandato se sustenta en los tres tratados de fiscalización internacional de drogas[22].

Por su parte, la CCPCJ fue creada por el Consejo Económico y Social (ECOSOC) mediante la resolución 1992/1 y a petición de la Asamblea General en su resolución 46/152, se le otorgó carácter de comisión orgánica[23].

La Comisión actúa como el principal órgano normativo de las Naciones Unidas en cuestiones de prevención del delito y justicia penal. En su resolución 1992/22 el ECOSOC encomendó a la Comisión mandatos y prioridades, que incluyen la mejora de la acción internacional para combatir la delincuencia nacional y transnacional, así como la mejora de la eficiencia y la imparcialidad de los sistemas de administración de justicia penal. La CCPCJ también ofrece a los Estados miembros un foro para el intercambio de conocimientos, experiencias e información para el desarrollo de estrategias nacionales e internacionales, y para la definición de prioridades en la lucha contra la delincuencia. Su base legal es la Convención contra la Delincuencia Organizada Trasnacional, mejor conocida como Convención de Palermo y sus tres Protocolos[24].

Se reúne una vez al año y al igual que la CND, adoptan una serie de resoluciones sobre las acciones presentes y futuras. Está compuesta por 40 miembros.

Ahora quisiera referirme brevemente al trabajo de la Oficina de Naciones Unidas para el Espacio Exterior, conocida como UNOOSA. La Oficina de Asuntos del Espacio Ultraterrestre de las Naciones Unidas se creó inicialmente como una pequeña unidad de expertos dentro de la Secretaría de las Naciones Unidas para prestar servicios al Comité ad hoc sobre la Utilización del Espacio Ultraterrestre con Fines Pacíficos, establecido por la Asamblea General en su resolución 1348 (XIII), del 13 de diciembre de 1958.

Con los años se transformó en la Oficina de Asuntos del Espacio Ultraterrestre dentro del Departamento de Asuntos políticos. En 1993, la Oficina se trasladó a la Oficina de las Naciones Unidas en Viena.

Esta Oficina tiene por mandato impulsar el desarrollo de todas las políticas vinculadas con el desarrollo espacial y funciona como la Secretaria de los órganos especializados que se han establecido para que los Estados puedan

---

22 Estos tratados son la Convención Única de 1961 sobre Estupefacientes, enmendada por el Protocolo de 1972; el Convenio sobre Sustancias Sicotrópicas de 1971 y la Convención de las Naciones Unidas contra el Tráfico Ilícito de Estupefacientes y Sustancias Sicotrópicas de 1988.

23 Ver sitio Web CCPCJ. https://www.unodc.org/unodc/es/commissions/CCPCJ/index.html

24 Instrumento adoptado conforme resolución 55/25 DE LA AGONU el 15 noviembre 2000. Al día de hoy cuenta con 147 signatarios y 190 Estados parte.

abordar las discusiones sobre la materia, en particular la Comisión de Naciones Unidas para el uso pacífico del Espacio Ultraterrestre (COPUOS).

En 1959, la Asamblea General estableció la COPUOS como organismo permanente, que en ese momento contaba con 24 miembros y reafirmó su mandato en la resolución 1472 (XIV). Desde entonces, COPUOS ha estado sirviendo como punto focal para la cooperación internacional en la exploración y uso pacífico del espacio ultraterrestre, manteniendo estrechos contactos con organizaciones gubernamentales y no gubernamentales involucradas en actividades en el espacio ultraterrestre, facilitando el intercambio de información relacionada con estas actividades, y asistir en el estudio de medidas para la promoción de la cooperación internacional en dichas actividades.

El trabajo de COPUOS ha sido asistido por dos subcomités, el Subcomité Científico y Técnico y el Subcomité Jurídico. Los temas complejos que han surgido junto con el desarrollo de la tecnología espacial son la principal preocupación de los dos Subcomités de COPUOS, que se reunieron por primera vez en Ginebra en 1962 y luego desde hace más de dos décadas, lo hacen cada año en Viena.

Los miembros de COPUOS son los Estados y desde 1959 la membresía de COPUOS ha crecido continuamente, convirtiéndola en una de las comisiones más grandes de las Naciones Unidas. Además de los Estados, varias organizaciones internacionales, incluidas organizaciones intergubernamentales y no gubernamentales, tienen estatus de observador ante COPUOS y sus Subcomités. A la fecha cuenta con 100 miembros[25].

Finalmente, quisiera referirme a UNCITRAL ó CNUDMI, la Comisión de Naciones Unidas para el Derecho Mercantil Internacional. Es un foro compuesto por 60 Estados, abocado a armonizar y modernizar el derecho mercantil privado internacional. En los últimos 24 años, ha completado la normativa internacional en temas vinculados a compraventa de mercancías, transporte, resolución de controversias, compras e infraestructura, desarrollo, pagos internacionales, comercio electrónico e insolvencia, arbitraje internacional, derecho del transporte, derecho concursal, garantías mobiliarias y adquisiciones.

A modo de conclusión y síntesis

Como hemos indicado, el objetivo de este artículo ha sido poner en perspectiva al lector del universo que constituye el sistema de Naciones Unidas, que va más allá de la tradicional imagen de su sede principal en Nueva York.

El sistema de Naciones Unidas en un complejo esquema de organizaciones, con mandatos especiales, algunos traslapados y muchos carentes de

25 Ver Web UNOOSA. https://www.unoosa.org/oosa/en/ourwork/copuos/history.html

coordinación, pero que constituyen el foro por excelencia para que la comunidad internacional, a través del diálogo, los acuerdos, las buenas prácticas y otros mecanismos, pueda trabajar de manera conjunta en la búsqueda de soluciones a problemas globales.

Quizás los organismos internacionales en Viena no sean los más conocidos para el lector, pero en su engranaje y su quehacer, son parte de una sumatoria de esfuerzos que conjuntamente con los Estados y la sociedad civil, trabajan en el impulso de acciones tendentes a garantizar la paz y seguridad internacional, así como el desarrollo humano con un enfoque sostenible, definiendo sus acciones y compromisos en función del alcanzar esas metas globales, y en particular, los Objetivos de Desarrollo Sostenible.

Estos organismos cuentan con una serie de retos y desafíos en atención de sus propias competencias; hoy su estabilidad financiera, su marco de eficiencia, transparencia y eficacia y su impacto en el terreno resultan esenciales para asegurar la credibilidad internacional. Además, un fuerte debate sobre el valor mismo del multilateralismo permea con frecuencia sus discusiones.

Imaginar hoy un mundo sin Naciones Unidas, a pesar de sus cuestionamientos, críticas y desafíos, nos llevaría a un mundo casi de ficción. Nos hemos acostumbrado como naciones a coexistir en este engranaje de Organizaciones, Agencias y Programas, que nos permiten atender nuestros comunes desafíos.

Espero que estas anotaciones sobre los principales organismos en Viena permitan comprender nuestro universo de trabajo, así como el quehacer de cada día. Cada uno de los organismos acá detallados ofrece un conjunto de oportunidades en muy diversos ámbitos que deben ser correctamente aprovechadas y potenciadas desde la responsabilidad estatal y el trabajo de la sociedad civil; no sólo en la ejecución de sus acciones, en el marco de coordinación con los Estados, sino también en las oportunidades que se ofrecen al ciudadano a través de las ofertas de formación, investigación y desarrollo. Promover formación científica en las STEM (ciencias, tecnologías, ingenierías y matemáticas) y enfoques de género en las policías de desarrollo, buscando a su vez el elemento de apropiación del ciudadano del quehacer institucional, refuerzan el valor del multilateralismo.

Nuestro mundo sigue enfrentando grandes desafíos: en los últimos años una pandemia, un conflicto militar provocado por una invasión y una crisis financiera internacional nos obligan a buscar fórmulas innovadoras para garantizar que este espacio y el diálogo sigan siendo nuestro norte y que más allá de nuestras diferencias, los Estados encuentren en el multilateralismo el foro por excelencia para seguir dando respuesta a las demandas de sus ciudadanos. Es a su vez en la confianza del ciudadano en las instituciones que podremos seguir construyendo un sistema sólido y creíble para trabajar.

Resumen ejecutivo

Con la consolidación de una agenda de desarrollo y nuevos desafíos de paz y seguridad, entre otros factores, el sistema de Naciones Unidas con los años ha tenido un crecimiento en sus organismos internacionales, agencias, programas y comisiones. A día de hoy, el sistema cuenta con cuatro (4) sedes y dieciséis (16) agencias especializadas distribuidas a lo largo del planeta, las cuales tienen un mandato, con objetivos y compromisos que son permanentemente renovados y revisados por sus Estados miembros. La sede en Viena, la tercera en ser establecida y una de las dos situadas en Europa, cuenta en el mandato de sus instituciones con una amplia agenda en temas de seguridad, con énfasis en lo nuclear y de desarrollo, focalizado en lo industrial y espacial; además, un trabajo orientado a abordar el problema mundial de las drogas y el crimen organizado transnacional, sin olvidar que muchas organizaciones tienen oficinas regionales con enfoques concretos de trabajo. Los organismos en lo nuclear son claves en el monitoreo, uso y desarrollo de la energía nuclear, en particular el OIEA que cumple un rol clave en la paz, seguridad y uso pacífico de la energía nuclear y con el reconocimiento de un Premio Nóbel de la Paz y CTBTO, que busca como gran desafío alcanzar su plena universalización. Por su parte, ONUDI que se sitúa como un organismo con gran relevancia en la recuperación económica actual por su mandato. Las dos (2) Comisiones orgánicas del ECOSOC trabajando los temas del problema mundial de las drogas y del crimen y delincuencia organizada transnacional para adoptar políticas e implementar convenciones. Nuestro desarrollo espacial no nos puede dejar ajenos de un trabajo responsable, en particular del uso pacífico del espacio ulterior y los múltiples beneficios que pueden derivarse del espacio y sobre esa medida descansa el trabajo de UNOOSA y finalmente, el trabajo de armonización y elaboración normativa de UNCITRAL. Todos ellos, sumado al trabajo de casi 50 organizaciones que desempeñan su labor desde la sede de Naciones Unidas en Viena, le dan valor al multilateralismo.

Bibliografía

Diez de Velasco Vallejo, M., *Las Organizaciones Internacionales*. Editorial Tecnos. Madrid 9na edición.

Documento Conferencia General Organismo Internacional Energía Atómica. GOV/2020/42-GC(64)/18 4 de septiembre de 2020. Aplicación de Salvaguardias en la República Democrática Popular de Corea.

https://www.investigacionyciencia.es/noticias/cmo-una-red-de-sensores-busca-el-submarino-argentino-desaparecido-15881

Informe anual 2020 UNIDO.

MINISTERIO DE RELACIONES EXTERIORES DE NUEVA ZELANDA. Handbook United Nations – 2021-2022.

Organismo Internacional de Energía Atómica. Estatuto. Abril 1990.

Web BMEIA. https://www.bmeia.gv.at/en/

Web de CTBTO. https://www.ctbto.org/

Web OIEA https://www.iaea.org/

Web OPANAL. https://www.opanal.org/en/home-2/

Web UNCITRAL https://uncitral.un.org/

Web UNODC. https://www.unodc.org/

Web UNOOSA. https://www.unoosa.org/

Zemanek, K., *La Neutralidad hoy. Austria y las Naciones Unidas*. Universidad Viena. Viena, 1962.

EL MULTILATERALISMO EN LA BÚSQUEDA DE UN EQUILIBRIO ENTRE EL COMERCIO Y EL AMBIENTE

Enrique Ferrer Vieyra (h)

«El crecimiento infinito del consumo material en un mundo finito es imposible».

E.F. Schumacher

Palabras clave: Protección ambiental; Multilateralismo; Organización Mundial del Comercio; Acuerdos Comerciales Regionales; Comercio y Desarrollo Sostenible.

Resumen: Desde que comenzara la discusión internacional sobre el medio ambiente y, por ende, la preocupación planetaria al respecto, hacia fines de los 60 y comienzos de los 70 del siglo pasado, se han percibido dos realidades y posturas bien distintas que llegan hasta nuestros días, la de los países desarrollados o industrializados, como se los denomina en la Declaración de Estocolmo (1972), y la de los países en desarrollo. Mientras los primeros, habiéndose desarrollado y visto sus necesidades básicas satisfechas, empezaron a adoptar, en medida creciente e impulsados por sus sociedades, estándares de protección ambiental cada vez más rigurosos; los segundos, que aún no han llegado a ese grado de evolución, han prestado mayor atención y esfuerzos en desarrollarse económicamente y mejorar el nivel de vida de sus habitantes, considerando al comercio internacional, por lo general, fundamental para el logro de esa meta. En ese sentido, el alcanzar ese «equilibrio» entre lo que se puede estimar dos «objetivos legítimos», como lo son el proteger el medio ambiente, por un lado, e incrementar el comercio, por el otro, sin que el primero perjudique al segundo, ni viceversa, ha sido una búsqueda constante y permanente por parte de los países, ya fuere a través del multilateralismo o mediante acuerdos comerciales bilaterales o regionales. El objetivo de este artículo es ahondar en esa búsqueda, describiendo los principales esfuerzos realizados en la materia y precisar el rol del multilateralismo para llegar a una solución, si bien no definitiva, que sea consensuada y respetada por todos los principales actores de la escena internacional.

I. Introducción

La frase atribuida al economista alemán Ernst Friedrich Schumacher que implica, a pesar de los avances tecnológicos, descreer de la posibilidad de un crecimiento económico ilimitado en un mundo finito, es decir en un planeta que tiene sus límites, nos lleva a pensar en la importancia de alcanzar un justo equilibrio.

SCHUMACHER criticaba la actitud del hombre hacia la naturaleza, particularmente del «hombre occidental», ya que la consideraba como una «renta», que se podía consumir libremente, en lugar de «capital». En efecto, él señalaba que la naturaleza era un «capital irremplazable» que el hombre no había creado sino simplemente descubierto y sin el cual nada podía hacer. Por ello, sugería «salir de la pendiente por la que nos deslizamos» (2011, p. 19), cambiando los métodos de producción y adquiriendo nuevas pautas de consumo, que considerasen a la naturaleza como un capital que hay que proteger y no una mera renta que se puede dilapidar.

Este mismo concepto, de que el crecimiento económico no puede ser infinito en un planeta finito, ha sido repetido por otros economistas o pensadores, como el francés SERGE LATOUCHE[1], uno de los principales impulsores de la teoría del *decrecimiento*, o por partidarios de la teoría andina del *Buen Vivir*[2]. También el denominado Club de Roma[3], a través del informe intitulado «Los límites del crecimiento», de 1972, consideraba que «si las actuales tendencias de crecimiento de la población mundial, de la industrialización, de la contaminación, de la producción de alimentos y el agotamiento de los recursos» continuaban sin cambios, los límites del crecimiento en el planeta se alcanzarían en algún momento dentro de los próximos cien años[4].

---

1 LATOUCHE, SERGE (2008). *La apuesta por el decrecimiento ¿Cómo salir del imaginario dominante?* Ed. Icaria.

2 UNCETA, KOLDO (2014). *Desarrollo, postcrecimiento y Buen Vivir: Debates e interrogantes*. Ed. Abya-Yala.

3 Organización no gubernamental que agrupa a científicos y políticos de distintos países, fundada en Roma en 1968, que se reúne y elabora o encarga informes analizando y planteando alternativas a los problemas y desafíos mundiales que enfrenta la humanidad y el planeta.

4 MEADOWS, D. H. y RANDERS, J. (1972). *Limits to growth*. Universe Books.

Todas estas escuelas o teorías de pensamiento pueden diferir entre sí en algunos detalles, pero coinciden en la necesidad de cambiar de sistema o paradigma de producción, instaurando uno mucho más amigable con el medio ambiente que nos rodea, dónde el hombre pudiese vivir en armonía con la naturaleza. De lo contrario, señalan muchos, la humanidad se podría estar encaminando hacia su propia extinción.

Esta limitante al crecimiento económico que implican todas estas teorías, motivada especialmente en preocupaciones ambientales, ha sido vista, por su parte, con cierto recelo por la mayoría de los países en desarrollo o los más pobres del planeta. Estos consideran, en su mayoría, que tales posturas son propias de sociedades ya desarrolladas o de países industrializados que tienen sus necesidades básicas satisfechas, o de los fundamentalistas y/o proteccionistas que pretenden volver a una existencia preindustrial, a modos de vida ancestrales, o proteger sectores productivos nacionales bajo la excusa o disfraz de la conservación ecológica.

Para estos países, los que están en vías de desarrollo, lo fundamental es crecer y desarrollarse, siendo el comercio internacional el principal motor para lograrlo, lo cual a su vez les permitiría, ese mayor crecimiento, hacer frente, en mejores condiciones, a las necesidades de protección ambiental.

Esta aparente dicotomía, entre buscar por un lado altas tasas de crecimiento económico, para lo cual el comercio internacional es uno de sus principales motores, que permitiese sacar de la pobreza a vastas regiones del planeta, y, por el otro, evitar una mayor degradación ambiental que ese mismo crecimiento pudiese implicar, poniendo a la humanidad en peligro de extinción, demuestra la imperiosa necesidad de trabajar por alcanzar un justo equilibrio entre dos objetivos legítimos.

El propósito de este artículo es analizar la evolución y los esfuerzos realizados en esta materia, tanto en los ámbitos multilaterales como en los Acuerdos Comerciales Regionales o bilaterales, describiendo brevemente, al mismo tiempo, la experiencia argentina por esa búsqueda permanente del justo equilibrio. Al concluir, se realizan algunos comentarios sobre el papel que le cabría desempeñar al multilateralismo para llegar a una solución, si bien no definitiva, que sea consensuada y respetada por todos los principales actores de la escena internacional.

II. El multilateralismo ambiental. De Estocolmo a la Agenda 2030

Este año 2022 se cumple medio siglo del primer foro multilateral sobre el medio ambiente, la Conferencia de Estocolmo (1972), ocasión en la cual la comunidad internacional realizó un primer balance de los efectos de la actividad humana en el medio ambiente mundial[5]. Hasta ese momento, o mejor dicho, hasta el año 1968, en que comenzaron los preparativos y el impulso para esta primera Conferencia, los temas ambientales no habían figurado como un motivo de significativa preocupación para las Naciones Unidas. En realidad, cuando en el citado organismo se discutía esta problemática, en sus primeros 20 años de existencia, se lo hacía, siguiendo las tendencias de la época, con la mira de evaluar como adecuar los recursos naturales a las necesidades de desarrollo económico que tenían gran parte de los países miembros de las Naciones Unidas[6]. Es decir, como señala Jackson (2007), el objetivo era básicamente ver cómo gestionar tales recursos «en beneficio del desarrollo económico y social, pero sin preocuparse por su conservación».

En la Declaración de Estocolmo sobre el Medio Ambiente Humano, adoptada como resultado de la mencionada Conferencia, se empieza a modificar esa mirada, adquiriéndose creciente conciencia sobre los daños en el medio ambiente que la actividad humana y las nuevas tecnologías, sin el debido control, estaban ocasionando y, particularmente, sobre la necesidad de actuar o reaccionar frente a los mismos antes de que fueran irreparables.

De los debates que llevaron a la citada Declaración como del contenido final de esta última se comienza ya a visualizar esa «lucha» y división constante y permanente que ha llegado hasta nuestros días, entre la persecución de dos objetivos legítimos, como lo son la protección ambiental por un lado y el desarrollo económico por el otro y, por ende, entre dos grupos de países, los de economías más avanzadas y los menos adelantados o en vías de desarrollo. Como señala HANDL (2012, p. 5) tanto en Estocolmo como en la Conferencia de Río, que tuviera lugar 20 años después, «el carácter de la relación entre el medio ambiente y el desarrollo» se convirtió en una de las tareas más delicadas de ambos encuentros.

Como resultado de esta «disputa» y posturas encontradas, que se han visto reflejadas no solamente en Estocolmo y Río sino también a lo largo de diversas resoluciones y Conferencias de las Naciones Unidas[7], la comunidad internacional fue acordando y/o convalidando determinados principios que han buscado, por lo general, reflejar las distintas posiciones en pugna y

---

5 HANDL, GÜNTER (2012). *Declaración de la Conferencia de las Naciones Unidas sobre el Medio Humano (Declaración de Estocolmo), de 1972, y Declaración de Río sobre el Medio Ambiente y el Desarrollo, de 1992*. United Nations Audiovisual Library of International Law.

6 JACKSON, PETER (2007). *De Estocolmo a Kyoto: Breve historia del Cambio Climático*. Naciones Unidas.

7 Al respecto, se podrían citar la Resolución 37/7 de la Asamblea General de las Naciones Unidas, del 28 de octubre de 1982, por medio de la cual se adoptó la «Carta Mundial de la Naturaleza», la Resolución 42/186 del mismo órgano de las Naciones Unidas, del 11 de diciembre de 1987, por la cual se adoptó el documento «Perspectiva ambiental hasta el año 2000 y más adelante» o, incluso, la Resolución A/RES/70/1 que adoptó la Agenda 2030 para el Desarrollo Sostenible.

alcanzar ese «justo equilibrio» entre las mismas. Un equilibrio que permitiese proteger el medio ambiente sin obstaculizar el necesario desarrollo económico, particularmente de los países en desarrollo, o, visto de otra forma, incrementar la actividad económica, el comercio, sin que ello implicara una mayor degradación ambiental del planeta, de la casa común.

Ello se puede ver reflejado, por ejemplo, en principios tales como el de «Responsabilidades Comunes pero Diferenciadas», de significativa importancia para los países en desarrollo en las discusiones ambientales, ya que implica reconocer que no todos los países han contribuido en la misma medida a la degradación del medio ambiente mundial, cabiéndole una mayor responsabilidad a las naciones ya industrializadas. También tenemos otros principios como el de la necesidad del desarrollo económico y social, e inclusive del comercio, para la mejora del ambiente, particularmente en el caso de los países en desarrollo; las políticas ambientales globales como medio para el crecimiento de los países en desarrollo y no como obstáculo; reconocimiento del derecho soberano de cada país a establecer sus propias prioridades ambientales y de desarrollo y a explotar o aprovechar sus recursos naturales conforme tales objetivos; todos principios, los aquí mencionados que se han visto reflejados en las Declaraciones de Estocolmo (1972) y Río (1992)[8], como en las que le siguieron con posterioridad. También es ilustrativo lo señalado en el principio 12 de la Declaración de Río (1992) que se transcribe a continuación:

> «Los Estados deberían cooperar en la promoción de un sistema económico internacional favorable y abierto que llevara al crecimiento económico y el desarrollo sostenible de todos los países, a fin de abordar en mejor forma los problemas de la degradación ambiental. Las medidas de política comercial con fines ambientales no deberían constituir un medio de discriminación arbitraria o injustificable ni una restricción velada del comercio internacional. Se debería evitar tomar medidas unilaterales para solucionar los problemas ambientales que se producen fuera de la jurisdicción del país importador. Las medidas destinadas a tratar los problemas ambientales transfronterizos o mundiales deberían, en la medida de lo posible, basarse en un consenso internacional».

Como se podrá apreciar, a través de este principio se reconoce nuevamente la importancia del comercio (abierto) como instrumento para el crecimiento económico y, por ende, para hacer frente, en mejores condiciones, a «los problemas de la degradación ambiental»[9]. También procura evitar que

8 Ver, por ejemplo, los principios 7 de la Declaración de Río sobre el Medio Ambiente y el Desarrollo de 1992 y 8, 10, 11 y 21 de la Declaración de Estocolmo sobre el Medio Ambiente Humano de 1972 (complementada esta última por el principio 2 de Río 92).

9 Este concepto es retomado también en Río + 20 (2012), en el documento «El futuro que queremos», donde incluso se reafirma que «el comercio internacional es un motor del desarrollo y el crecimiento económico sostenido» (párrafo 281).

la persecución de un objetivo legítimo, como lo es la protección ambiental, tenga meros fines proteccionistas o discriminatorios, reflejando lenguaje del artículo XX del GATT, al cual nos referiremos en otra sección. Por último, pregona la no utilización de medidas unilaterales con objetivos ambientales que tuviesen efectos más allá del territorio del Estado que las adopte, principio este último que está adquiriendo importancia significativa frente a la intención de algunos países o grupo de países de aplicar este tipo de soluciones, como estaría sucediendo con la Unión Europea y sus iniciativas en el marco del Pacto Verde europeo.

Un tema también a destacar es que en Río (1992) se empieza a divulgar un nuevo vocablo o terminología, surgido también de la necesidad de alcanzar ese «justo equilibrio» al que nos hemos estado refiriendo a lo largo de este artículo: el «Desarrollo Sostenible», tan en uso en la actualidad. En realidad, tal terminología, como señala Jackson (2007), fue introducida por primera vez, a nivel multilateral, unos pocos años antes de Río, en diciembre 1987, con la adopción por parte de la Asamblea General de las Naciones Unidas del documento «Perspectiva ambiental hasta el año 2000 y más adelante» (Res. 42/186). Según ese documento, «el desarrollo es sostenible cuando atiende a las necesidades de la generación presente sin comprometer la capacidad de las generaciones futuras para atender a sus propias necesidades» (párrafo 2)[10].

La importancia de esta nueva terminología radica, como lo indica Bermejo (2014, p.17), en su característica tridimensional, ya que se incluye «la dimensión económica y la social en el concepto de desarrollo», siendo la tercera la sostenibilidad, en donde se incorpora la dimensión ambiental. Es decir que el desarrollo para ser sostenible debe tener en cuenta las tres dimensiones, las cuales son interdependientes y se refuerzan mutuamente. Conforme lo sintetiza Larrouyet (2015, p. 2), la finalidad de la relación entre estas tres dimensiones «es que exista un desarrollo económico y social respetuoso con el medio ambiente».

El documento que procura integrar las tres dimensiones, estableciendo objetivos para los siguientes 15 años, es el que se dio a conocer como la Agenda 2030 para el Desarrollo Sostenible, adoptada en septiembre 2015 por la Asamblea General de las Naciones Unidas.

En el mismo se reconoce la importancia de trabajar cooperativamente a nivel internacional para alcanzar las metas allí establecidas, las cuales nos deberían llevar a lograr, precisamente, ese «justo equilibrio» tan buscado por todos; que, como se menciona en su preámbulo, el «progreso económico, social y tecnológico se produzca en armonía con la naturaleza».

10 Esta definición es extraída, a su vez, del Informe Brundtland (denominado originalmente «Nuestro Futuro Común»), también de 1987, presentado a la Asamblea General por la Comisión Mundial del Medio Ambiente y el Desarrollo, creada en 1983 por el mencionado órgano, la cual estaba presidida por la Doctora Gro Harlem Brundtland de Noruega.

A su vez, se reiteran allí algunos de los principios ya mencionados y que deberán ser tenidos en cuenta en la implementación de esta Agenda, que provienen de Declaraciones anteriores como Estocolmo y Río 92, que atienden a las diferentes realidades, capacidades y niveles de desarrollo de los países.

En definitiva, esta Agenda sería el resultado de cuatro décadas de diálogo y debate multilateral, iniciados con la Conferencia de Estocolmo de 1972, sobre cómo responder a los desafíos medioambientales, sociales y económicos a los que se enfrenta la comunidad internacional.

III. El multilateralismo comercial. Del GATT a la OMC

Como es sabido, el comercio internacional, a nivel multilateral, se encuentra regulado por la Organización Mundial del Comercio (OMC), entidad que a partir de 1995 reemplazara al Acuerdo General sobre Aranceles Aduaneros y Comercio, más conocido como GATT por sus siglas en inglés, que databa de 1947.

El desarrollo de la problemática o preocupación ambiental en el GATT/ OMC siguió una evolución similar al acontecido en las Naciones Unidas, adquiriendo mayor preminencia a partir de los años 70 del siglo pasado y, precisamente, con motivo de los preparativos para la Conferencia ONU sobre el Medio Humano de 1972, ocasión en la cual se le pidió a la Secretaría del GATT que realizara un aporte al respecto[11].

No obstante ello, en el GATT de 1947, que se refería solamente al comercio de bienes, ya se incluían algunas excepciones a las obligaciones comerciales por consideraciones relacionadas con el medio ambiente, que permanecen vigentes hasta nuestros días[12]. A este respecto, cabe citar a su artículo XX sobre Excepciones Generales, y particularmente a los incisos (b) y (g) del mismo.

Conforme este artículo e incisos mencionados se determina que «ninguna disposición del presente Acuerdo será interpretada en el sentido de impedir que toda parte contratante adopte o aplique» medidas «(b) necesarias para proteger la salud y la vida de las personas y de los animales o para preservar los vegetales» o (g) «relativas a la conservación de los recursos naturales

11 El citado aporte derivó en la elaboración, por parte de la Secretaría y bajo su entera responsabilidad, del Informe «La lucha contra la contaminación industrial y el comercio internacional», que estuvo centrado en las consecuencias de las políticas de protección ambiental en el comercio internacional.

12 Si bien el GATT de 1947 se dio por concluido el 31 de diciembre de 1995, sus normas esenciales perduran al haber sido incorporadas al GATT de 1994.

agotables, a condición de que tales medidas se apliquen conjuntamente con restricciones a la producción o al consumo nacionales». Es decir, los países miembros de la OMC pueden utilizar este tipo de medidas, aún si las mismas interfieren u obstaculizan el comercio internacional, pero, y un dato significativo, siempre y cuando se respeten dos principios básicos del organismo, como ser el de no discriminación y el de estar debidamente justificadas (las medidas), que, por lo general, en lenguaje OMC, sería estar basadas en la ciencia o informes técnicos pertinentes. Estas condicionalidades se encuentran explícita o implícitamente mencionadas en la parte introductoria del mismo artículo XX[13], y son de gran relevancia, ya que procuran, precisamente, alcanzar ese «justo equilibrio» al que nos hemos referido a lo largo del presente trabajo. Es decir, se podrán aplicar medidas de protección ambiental que restrinjan el comercio, vulnerando así disposiciones del GATT/OMC, pero deberán estar debidamente justificadas (por la ciencia o técnica) y no discriminar entre países en los cuales prevalezcan las mismas condiciones ni proteger indebidamente a la producción nacional similar. Esto último, si bien no surge específicamente de la parte introductoria o preámbulo del artículo XX del GATT, aunque si se menciona más claramente en su inciso (g) transcripto más arriba, está vinculado con su última parte: no constituir una restricción encubierta al comercio internacional y con otro de los principios fundamentales del GATT/OMC, referido al Trato Nacional (artículo III del GATT)[14].

En la jurisprudencia desarrollada por el sistema de solución de controversias del GATT/OMC hay diversos ejemplos de casos en los cuales se falló en contra del país que aplicaba la medida conservacionista o de protección ambiental por no haber respetado, precisamente, estas condicionalidades[15].

A partir de los años 70, la preocupación internacional por el medio ambiente, y en particular respecto a los efectos de la actividad humana en su degradación, fue en aumento, y los principales foros multilaterales, incluso los de índole comercial, no fueron ajenos a ese creciente debate. Es así que se comenzó a reconocer y estudiar en mayor profundidad la relación entre el

---

13 Artículo XX del GATT (introducción): «A reserva de que no se apliquen las medidas enumeradas a continuación en forma que constituya un medio de discriminación arbitrario o injustificable entre los países en que prevalezcan las mismas condiciones, o una restricción encubierta al comercio internacional, ninguna disposición del presente Acuerdo será interpretada en el sentido de impedir que toda parte contratante adopte o aplique las medidas:...».

14 Este principio es, en realidad, el segundo componente del principio general de «no discriminación», es decir, «no discriminar» entre países miembros de la OMC en que prevalezcan las mismas condiciones (conocido como cláusula Nación Más Favorecida) y tampoco entre el producto extranjero y el producto similar nacional (cláusula de Trato Nacional), ambos reflejados en los artículos I y III del GATT, respectivamente.

15 Un ejemplo paradigmático fue el caso Camarones-Tortugas (DS58) entre EEUU, por un lado, y la India, Malasia, Pakistán y Tailandia, por el otro, recurriendo estos últimos una medida del primero por la cual se prohibía la importación en los Estados Unidos de

comercio y la protección del medio ambiente, tanto en lo que respecta a los efectos de las políticas ambientales en el comercio como a los del comercio en el medio ambiente.

Tras el Informe que hiciera la Secretaría del GATT como aporte para la Conferencia de Estocolmo de 1972, sus miembros (o Partes Contratantes como se los mencionaba en dicha época, previa a la OMC) decidieron establecer un grupo de trabajo para precisamente analizar esa «relación». El mismo se denominó Grupo de las Medidas Ambientales y el Comercio Internacional (conocido también como «Grupo MACI»), antecesor del actual Comité del Comercio y Medio Ambiente, creado en 1995, como resultado de la Ronda Uruguay del GATT.

También el tema ambiental fue objeto de discusiones en la Ronda Tokio de negociaciones comerciales (1973-1979), realizada en el marco del GATT, analizándose, particularmente, hasta qué punto las medidas ambientales (en forma de reglamentos técnicos y normas) podían constituir obstáculos al comercio. En ese sentido, se negoció el Acuerdo de la Ronda de Tokio sobre Obstáculos Técnicos al Comercio (OTC), conocido también como el «Código de Normas». Entre otras cosas, este Acuerdo propugnaba la no discriminación en la elaboración, adopción y aplicación de los reglamentos técnicos y las normas, así como su transparencia.

Durante la Ronda Uruguay (1986 a 1994), octava ronda de negociación realizada en el marco del GATT, se abordaron de nuevo las cuestiones ambientales relacionadas con el comercio. Se introdujeron modificaciones en el Acuerdo OTC, y cuestiones ambientales fueron incluidas en varios de los Acuerdos alcanzados como resultado de tales negociaciones comerciales.

También es de destacar que, siguiendo la evolución internacional de las discusiones en la materia, el término «desarrollo sostenible» se comenzó a introducir en algunos de los textos resultantes de la Ronda Uruguay, como en el Acuerdo de Marrakech que establece la OMC. En su preámbulo se hace referencia a la importancia de trabajar en favor de un desarrollo sostenible. En él se afirma que los Miembros de la OMC reconocen:

> «(...) que sus relaciones en la esfera de la actividad comercial y económica deben tender a elevar los niveles de vida..., permitiendo al mismo tiempo la uti-

---

determinados camarones y productos del camarón que hubieran sido pescados con tecnología que afectase desfavorablemente a tortugas marinas en peligro de extinción. Los Estados Unidos perdieron el caso por haber considerado el Órgano de Apelación de la OMC (2001) que la medida estadounidense había sido aplicada en forma tal que constituía una **discriminación arbitraria e injustificable** entre Miembros de la OMC. EEUU había ofrecido a ciertos países, principalmente a los de la región del Caribe, asistencia técnica y financiera y unos períodos de transición más largos para que sus pescadores empezaran a utilizar la tecnología que sí les permitía excluir a las tortugas en la pesca de camarones. En cambio, no habían ofrecido las mismas ventajas a los cuatro países asiáticos que presentaran la reclamación en la OMC.

lización óptima de los recursos mundiales de conformidad con el objetivo de un desarrollo sostenible y procurando proteger y preservar el medio ambiente e incrementar los medios para hacerlo, de manera compatible con sus respectivas necesidades e intereses según los diferentes niveles de desarrollo económico».

Posteriormente, al lanzarse la Ronda Doha de negociaciones comerciales, en 2001, el tema ambiental y el desarrollo sostenible vuelven a figurar en forma destacada en la Declaración Ministerial y en el Programa de Trabajo adoptado en la ocasión. En particular, se pregonaba que los objetivos de «respaldar y salvaguardar un sistema multilateral de comercio abierto y no discriminatorio y de actuar para la protección del medio ambiente y la promoción del desarrollo sostenible pueden y deben apoyarse mutuamente» (párrafo 6). También se acordaba, precisamente para potenciar ese apoyo mutuo del comercio y medio ambiente, celebrar negociaciones multilaterales, en el marco de la OMC, sobre Comercio y Medio Ambiente, y establecía nuevos mandatos para el Comité respectivo. Entre lo primero (párrafo 31), particularmente para aclarar ciertos aspectos referentes a la relación entre las normas de la OMC y las de los acuerdos multilaterales sobre el medio ambiente (AMUMA), con respecto a aquellos AMUMA que contienen «obligaciones comerciales específicas», y también para negociar la reducción o eliminación de los obstáculos arancelarios y no arancelarios a los bienes y servicios ecológicos. En cuanto a lo segundo (párrafo 32), se encargaba al Comité de Comercio y Medio Ambiente que en sus discusiones habituales prestara particular atención al «efecto de las medidas medioambientales en el acceso a los mercados, especialmente en relación con los países en desarrollo y en particular los menos adelantados, y aquellas situaciones en que la eliminación o reducción de las restricciones y distorsiones del comercio pueda beneficiar al comercio, al medio ambiente y al desarrollo»; «como a las prescripciones relativas al etiquetado para fines medioambientales».

Lamentablemente, las negociaciones de la Ronda Doha no prosperaron y tampoco lo hicieron iniciativas plurilaterales llevadas a cabo, en Ginebra, en esta cuestión, como las que buscaban un Acuerdo sobre Bienes Ambientales (EGA por sus siglas en inglés). Igualmente han sido poco fructíferas las discusiones en el ámbito del Comité de Comercio y Medio Ambiente, más allá de servir de foro para el intercambio de información y experiencias en la materia.

IV. El regionalismo también en la búsqueda de un equilibrio. La experiencia argentina

La búsqueda del equilibrio entre comercio y medio ambiente también se ha dado a nivel regional e incluso bilateral, mediante acuerdos de liberalización comercial entre dos o más países que comenzaron a incluir, en creciente medida, disposiciones o capítulos sobre medio ambiente.

El NAFTA, acuerdo negociado entre Canadá, EE. UU. y México y que entrara en vigor en enero 1994, marcó un hito a ese respecto, ya que fue la primera vez que un acuerdo comercial incluía disposiciones de carácter ambiental[16]. A partir de ahí, la inclusión de esta temática en tales acuerdos fue evolucionando, a medida que iba creciendo también la preocupación y las presiones internacionales en materia de protección ambiental. De constituir un Acuerdo paralelo o complementario, incluido a último minuto para facilitar la aprobación legislativa del NAFTA en el Congreso de los EE. UU.[17], pasó a convertirse, en acuerdos posteriores, en un capítulo propio del texto del Tratado.

La Unión Europea (UE), por su parte, comenzó en 2007 a negociar la inclusión de disposiciones ambientales en sus acuerdos comerciales a través de la incorporación al texto de tales instrumentos de capítulos específicos sobre Comercio y Desarrollo Sostenible. El primer caso fue el Acuerdo que comenzaron a negociar ese año con la República de Corea, suscripto en 2010 y entrado en vigor provisional en 2011. A partir de ese momento, todo Acuerdo de Libre Comercio que negocia la UE tiene tales capítulos, los cuales incluyen disposiciones sobre medio ambiente, derechos laborales y conducta empresarial responsable, además de tener también secciones específicas sobre cambio climático, biodiversidad, manejo sostenible de los bosques y de las pesquerías/acuacultura. También se otorga un cierto protagonismo a la sociedad civil.

Por lo general, a través de estos capítulos la UE persigue (a) la implementación efectiva de los acuerdos multilaterales en materia ambiental (AMUMA) y también laboral (OIT) suscriptos y ratificados por las Partes del Acuerdo; (b) prohibir la disminución de los estándares laborales y ambientales con la finalidad de incentivar el comercio o atraer inversiones, y lograr la efectiva implementación de tales estándares; y (c) el manejo sostenible de los recursos naturales (forestal, pesca, biodiversidad) y la promoción de la responsabilidad social empresarial.

Una de las principales diferencias entre las cláusulas ambientales que negocia la UE respecto las que incluye EE. UU. (y también Canadá) en sus acuerdos comerciales, es en lo concerniente a la aplicación de sanciones comerciales como último recurso ante el incumplimiento de tales disposicio-

---

16 AKERBERG, ANDRÉS A. (2011). *La implementación de las disposiciones medioambientales en los tratados de libre comercio*. Banco Interamericano de Desarrollo (BID-PB-128).

17 Es de señalar que el texto del NAFTA contenía ya algunas disposiciones en materia ambiental/desarrollo sostenible, tanto en el preámbulo, como en sus objetivos y en las secciones referidas a estándares técnicos y sanitarios y fitosanitarios, entre otras, pero los sectores opuestos al Acuerdo no las consideraban suficientes, presionando por disposiciones suplementarias, debate que finalmente llevó a la negociación y firma del Acuerdo Paralelo sobre asuntos ambientales (también se acordó otro Acuerdo Paralelo sobre asuntos laborales).

nes. Mientras estos últimos utilizan tal mecanismo, la UE se ha inclinado, por ahora, por un sistema más amigable, de promoción y cooperación.

La Argentina, negociando como MERCOSUR, comenzó a incluir disposiciones ambientales en sus acuerdos comerciales, precisamente, con la UE, pero no desde un comienzo sino en la última etapa de estas negociaciones, que ya llevan más de 20 años. Como consecuencia, las ha incluido también en las negociaciones comerciales del MERCOSUR con EFTA, Canadá, República de Corea, próximamente con Indonesia[18] y también las tiene contempladas en el acuerdo comercial de última generación que Argentina suscribiera con Chile en 2017 y que entrara en vigor el 1 de mayo de 2019.

La Argentina, al igual que otros países en desarrollo que han celebrado acuerdos comerciales con países o regiones industrializadas, ha buscado en los capítulos sobre medio ambiente o sobre comercio y desarrollo sostenible que ha negociado alcanzar un justo equilibrio entre comercio y la protección ambiental. Es decir, entre la necesidad que tiene, por un lado, de incrementar su intercambio comercial, mejorando así sus ingresos para hacer frente al pago de su deuda externa y poder elevar el nivel de vida de su población y, por el otro, el de proteger el medio ambiente, que tal incremento comercial se realice en forma sostenible.

Para ello, ha buscado incluir en tales capítulos disposiciones propias de los Acuerdos de la OMC, como los mencionados en la parte introductoria del Artículo XX del GATT, buscando que toda medida o estándar ambiental que se implemente no implique una restricción encubierta del comercio, esté basada en la ciencia o informes técnicos pertinentes y no sea impuesta en forma arbitraria o discriminatoria. También ha sido partidaria de un enfoque cooperativo y no sancionatorio, teniendo particularmente en consideración algunos de los principios acordados en las negociaciones ambientales, como el de Responsabilidades Comunes pero Diferenciadas o el de la necesidad de mecanismos de implementación (léase asistencia financiera/técnica/tecnológica por parte de los países desarrollados).

Asimismo, en tales capítulos, y siguiendo algunos de los principios ambientales ya mencionados, se reconoce el derecho soberano de cada Parte a determinar sus propias políticas y prioridades en materia de desarrollo sostenible y a establecer los niveles de protección ambiental estime apropiados, los cuales deberán ser consistentes con los compromisos asumidos internacionalmente por cada una de las partes.

18 En ocasión de la LIX Reunión Ordinaria del Consejo del Mercado Común, de diciembre 2021, los Cancilleres de los Estados parte del MERCOSUR anunciaron el lanzamiento de negociaciones comerciales con dicho país, habiéndose acordado previamente términos de referencia que incluyen la negociación de un capítulo sobre comercio y desarrollo sostenible.

V. Algunas conclusiones

Al describir la evolución y los distintos esfuerzos realizados, en diferentes foros y ámbitos, respecto a esta búsqueda del equilibrio entre comercio y medio ambiente se pueden extraer algunas conclusiones y también interrogantes.

En primer lugar, podemos apreciar que el debate internacional sobre esta temática, iniciado allá por los años 60/70 del siglo pasado, ha ido acercando, con el paso del tiempo, las dos posturas que en un principio parecían antagónicas: incrementar el comercio para erradicar la pobreza en vastas regiones del planeta vs implementar urgentemente políticas de protección ambiental, evitando o disminuyendo la degradación/contaminación producida por la actividad humana.

Con la aparición del concepto de «desarrollo sostenible» y sus tres dimensiones (económica, social y ambiental), hacia fines de los años 80, se produjo, efectivamente, un primer acercamiento a ese equilibrio buscado y necesario para todos. Países en desarrollo que, en un principio, particularmente en las discusiones OMC, se negaban a sentarse a discutir esta problemática, preocupados más por el impacto que podrían tener las políticas ambientales en el comercio que por el efecto de este último en el medio ambiente, al percibir que ya se hablaba de «desarrollo» estuvieron, a partir de ahí, más proclives a conversar y encontrar soluciones.

En ello también ayudaron los distintos principios que se fueron acordando en las discusiones ambientales, reconociéndose que no todos los países tenían la misma culpa en la degradación/contaminación ambiental que estaba sufriendo el planeta y que, por lo tanto, las respuestas debían ser diferenciadas (i.e.: Responsabilidades Comunes pero Diferenciadas) y la necesidad de enfrentar la situación con mayor cooperación y asistencia por parte de los países desarrollados o industrializados.

También se puede percibir que, como ha sucedido en otras esferas del comercio, los acuerdos bilaterales o regionales se han caracterizado por haber ido más allá, en esta búsqueda del equilibrio entre comercio y medio ambiente, que los foros multilaterales, a través, particularmente, de los capítulos sobre comercio y desarrollo sostenible.

En estos capítulos, precisamente, las Partes de tales Acuerdos han logrado concentrar, en un mismo instrumento, aspectos importantes para el comercio, provenientes de la OMC, y para la protección ambiental, originarios estos últimos de otros foros o acuerdos multilaterales. El multilateralismo, en cambio, por lo menos el actualmente existente, tendría esa limitante, de no animarse a mezclar las dos cuestiones: o está enteramente dedicado al comercio, no queriendo inmiscuirse en cuestiones ambientales (salvo que las políticas/medidas ecológicas obstaculicen ese mismo comercio que pregonan y regulan), como es la OMC, o están abocados a la protección ambiental, sin intenciones de inmiscuirse en cuestiones comerciales (salvo para restringirlo o prohibirlo cuando es percibido como una amenaza para el objetivo que persigue el foro en cuestión), como los AMUMA.

En adición, al tratarse de «desarrollo sostenible», habría un tercer foro interesado en intervenir, la Organización Internacional del Trabajo (OIT), por la cuestión laboral que también se incluye en los mencionados capítulos.

En definitiva, no hay un solo foro multilateral que pudiese entender acabadamente en esta materia y consensuar, por ejemplo, lineamientos claros sobre Comercio y Desarrollo Sostenible, que pudiesen ser utilizados por todos los países a nivel internacional o en sus respectivos acuerdos comerciales. Y ahí viene el principal interrogante: ¿en qué organismo multilateral plantear la discusión y búsqueda de solución?

Teniendo en cuenta esta problemática y los «recelos» existentes entre los distintos foros disponibles, creemos que la respuesta debería ser, al estilo OIT, tripartita. Esto es constituir una Comisión, que podría formarse a instancia de las Naciones Unidas, con representantes de la OMC (comercio), ONU (medio ambiente) y OIT (asuntos sociales/laborales) a efectos de elaborar un informe con tales lineamientos. Esa Comisión tripartita podría estar coordinada, como un gesto hacia los países en desarrollo y para lograr el total involucramiento de los mismos, por la OMC, pudiendo buscarse la asistencia también de la UNCTAD *(United Nations Conference on Trade and Development)*. Luego, este informe debería ser sometido a consideración de los tres organismos participantes, donde sus miembros, los Estados, podrían discutirlo y aprobarlo como un instrumento de buenas prácticas o, quizás, de ser posible, vinculante.

Creemos que el «justo equilibrio» entre dos objetivos legítimos, como es el comercio y la protección ambiental, tiene que ser acordado a nivel multilateral a través de los aportes provistos por una Comisión del estilo mencionado. No consideramos que haya que adoptar disposiciones comunes aplicables a todos los países y en todos los Acuerdos por igual, ya que habrá que respetar las características singulares de cada uno, pero sí un núcleo importante que permita garantizar ese «balance» que se busca entre los dos objetivos, que no predomine uno sobre el otro, y que, como se suele decir, se apoyen mutuamente.

Ello ayudaría, en gran medida, a evitar soluciones desequilibradas o diversas que se suelen dar en los Acuerdos Comerciales Regionales o bilaterales, donde el contenido del Capítulo respectivo, o incluso su mismo título (Comercio y Medio Ambiente o Comercio y Desarrollo Sostenible) suelen diferir según la contraparte de que se trate.

Mientras tanto, hasta que no se logre ese consenso internacional, creemos que las reglas de la OMC, al igual que lo sostiene esta misma organización, establecen un equilibrio adecuado «entre el derecho de los Miembros a adoptar medidas de reglamentación, incluidas restricciones al comercio, para lograr objetivos de política legítimos (como pueden ser la protección de la salud y la vida de las personas y los animales o la preservación de los vegetales, y la protección de los recursos naturales) y los derechos que corresponden a los demás Miembros, en virtud de las disciplinas básicas del comercio»[19].

Bibliografía

Akerberg, A. A. (2011). *La implementación de las disposiciones medioambientales en los tratados de libre comercio*. Banco Interamericano de Desarrollo (BID-PB-128).

Álvarez, N. (2013). Retrospectiva y reflexiones aproximadas acerca de la degradación del medio ambiente. *Revista dimensión Empresarial*, vol. 11, núm. 2, pp. 26-35.

Bermejo, R. (2014). *Del desarrollo sostenible según Brundtland a la sostenibilidad como biomimesis*. Hegoa, 1 vol.

Esty, D. C. (2001). *Bridging the Trade-Enviroment Divide. Journal of Economic Perspectives*, volumen 15, número 3, pp. 113-130.

Germain Lefèvre, A. (1995). *Comercio Internacional y Medio Ambiente: Un debate en pleno apogeo*. Alternativas para el Desarrollo (29). pp. 13-19.

Handl, G. (2012). *Declaración de la Conferencia de las Naciones Unidas sobre el Medio Humano (Declaración de Estocolmo), de 1972, y Declaración de Río sobre Medio Ambiente y el Desarrollo, de 1992*. United Nations Audiovisual Library of International Law, Naciones Unidas.

Jackson, P. (2007). *De Estocolmo a Kyoto: Breve historia del cambio climático.* Crónica ONU, Naciones Unidas [en línea], disponible en: https://www.un.org/es/chronicle/article/de-estocolmo-kyotobreve-historia-del-cambio-climatico (se accedió el 8 de mayo 2022).

Janecki, G. (1995). *Comercio Internacional y Medio Ambiente. La discusión actual*. Estudios e Informes de la CEPAL. Comisión Económica para América Latina y el Caribe.

Khoury, M., Barrios García Moar, G. E., Andreau, S., Lovisa, C. S. (2018). ¿Las *conferencias de las Naciones Unidas sobre el Medio Ambiente como herramienta moderadora de geopolítica?* X Jornadas de Sociología de la Universidad Nacional de la Plata. Facultad de Humanidades y Ciencias de la Educación, Ensenada, 5 al 7 de diciembre de 2018, en http://jornadassociologia.fahce.unlp.edu.ar/x-jornadas/actas/KhouryPONmesa9.pdf (se ingresó el 16 de mayo 2022).

---

19 https://www.wto.org/spanish/tratop_s/envir_s/envt_intro_s.htm (ingresado el 16 de mayo 2022).

Larrouyet, C. (2015). *Desarrollo sustentable. Origen, evolución y su implementación para el cuidado del planeta*. Universidad Nacional de Quilmes, Bernal, Argentina.

Latouche, S. (2008). *La apuesta por el decrecimiento ¿Cómo salir del imaginario dominante?* Ed Icaria.

Meadows, D. H., y **Randers, J.** (1972). *Limits to growth*. Universe Books, NY.

Rodríguez, I y **Sanhueza Martínez, P.** (2014). ¿Es racional fomentar el crecimiento económico?. *Polis Revista Latinoamericana*, Nro. 37. Editor Centro de Investigación Sociedad y Políticas Públicas (CISPO).

Schumacher, E. F. (2011). *Lo pequeño es hermoso*, Ed Akal.

Unceta, K. (2014). *Desarrollo, postcrecimiento y Buen Vivir: Debates e interrogantes*. Ed. Abya-Yala. Quito, Ecuador.

Zenteno Trejo, B. Y. (2014). *Comercio internacional, medio ambiente y solución de conflictos. VII Congreso del Instituto de Relaciones Internacionales (IRI)*, Universidad Nacional de La Plata. Facultad de Ciencias Jurídicas y Sociales.

Otras referencias

Arguello, J. (30 abril 2022). Cincuenta años de multilateralismo ambiental. *Perfil*. https://www.perfil.com/noticias/columnistas/cincuenta-anos-de-multilateralismo-ambiental.phtml

Del Castillo, G. (13 mayo 2022). Los límites del crecimiento. *La Nación*. https://www.lanacion.com.ar/opinion/los-limites-del-crecimiento-nid13052022/

Gámez, L. (27 abril 2016). Serge Latouche: El desarrollo sostenible es un slogan. *La Marea*. https://www.lamarea.com/2016/04/27/85087/

Informe OMC/PNUMA (2018): *Poner el comercio al servicio del medio ambiente*. https://www.wto.org/spanish/res_s/publications_s/unereport2018_s.pdf (ingresado el 13 mayo 2022).

Resolución 42/186 aprobada por la Asamblea General de las Naciones Unidas el 11 de diciembre de 1987 (Perspectiva ambiental hasta el año 2000 y más adelante). https://repositorio.cepal.org/bitstream/handle/11362/14775/S8830376_es.pdf?sequence=2&isAllowed=y (ingresado el 16 mayo 2022).

Resolución 66/288 aprobada por la Asamblea General de las Naciones Unidas el 27 de julio de 2012 (El futuro que queremos), en https://www.un.org/ga/search/view_doc.asp?symbol=A/RES/66/288&Lang=S (ingresado el 28 de mayo 2022).

Resolución 70/1 aprobada por la Asamblea General de las Naciones Unidas el 25 de septiembre de 2015 (Transformar nuestro mundo: La Agenda 2030 para el Desarrollo Sostenible). https://www.un.org/ga/search/view_doc.asp?symbol=A/RES/70/1&Lang=S (ingresado el 16 mayo 2022).

Non-paper of the Commission services: Trade and Sustainable Development (TSD) chapters in EU Free Trade Agreements (FTAs). https://trade.ec.europa.eu/doclib/docs/2017/july/tradoc_155686.pdf (ingresado el 15 mayo 2022).

Declaración de Estocolmo sobre el Medio Ambiente Humano (1972). http://www.ordenjuridico.gob.mx/TratInt/Derechos%20Humanos/INST%2005.pdf (ingresado el 16 mayo 2022).

Declaración de Río sobre el Medio Ambiente el Desarrollo (1992). https://www.un.org/spanish/esa/sustdev/agenda21/riodeclaration.htm (ingresado el 16 mayo 2022).

Organización Mundial del Comercio: www.wto.org.

MULTILATERALISMO Y LA NECESIDAD DE DEFINIR CRITERIOS JURÍDICOS UNÍVOCOS EN LA TRIBUTACIÓN AMBIENTAL. ¿UNA SOLUCIÓN PARA LA INTEGRACIÓN EUROPEA?

Maria Assunta Icolari

Palabras claves: integración europea, tributación ambiental, sustentabilidad, juridicidad.

Sommario: I. Brevi note introduttive del lavoro. I.I. Il multilateralismo e le altre forme di fiscalita' ambientale. II. La declinazione della tassazione ambientale e l'assenza di un presupposto inquinante. III. La differenziazione dell'oggetto ambientale nella fattispecie come pilastro per la costruzione dell'Unione giuridica europea.

Abstract: Tras la reforma de los artículos 9 y 41 de la Constitución Italiana relativos a costos la protección ambiental se presenta nuevamente como una emergencia para la vida humano.

Se parte del supuesto de que la salud y las condiciones económicas condicionan e imponen una diferencia en cada ser humano. En el presente trabajo se busca investigar aquello que la fiscalidad ambiental puede hacer para contribuir a la realización de una unión europea más justa y sustentable.

Por lo tanto, tras una breve introducción sobre el estado actual de la fiscalidad ambiental, observando su carácter residual dentro del orden jurídico tributario y ante la ausencia de un prerrequisito ambiental como criterios de ordenación de los distintos impuestos ambientales ensayo, se tiene por objetivo la previsión de un impuesto europeo aprobado por mayoría cualificada para el uso de la «cláusula passerella».

Entendemos que a nivel europeo debe buscarse la superación del criterio de unanimidad, válido en materia fiscal, y tener soberanía fiscal europea con impuestos distintos de los impuestos especiales o derechos de aduana.

Las recientes acciones parecieran encaminarse en ese sentido, en particular tras el papel asumido por las autoridades tributarias en el *green deal* que da fortaleza a esta propuesta.

Propuesta en la cual el multilateralismo parece ser la forma más inmediata y efectiva de encaminar los cambios en la estructura de la UE.

I. Brevi note introduttive del lavoro

La riforma degli articoli 9 e 41 della Costituzione ad opera della legge costituzionale n.° 1 del 2022 arriva dopo la raggiunta consapevolezza della scarsità delle risorse naturali e della loro tutela come un'emergenza per la stessa vita umana, prefigurando le basi per un nuovo costituzionalismo ecologico. Un costituzionalismo che, avvertito l'ambiente salubre come valore che crea diseguaglianza fra gli uomini, punta anche sulle misure fiscali per assicurare sia la sua tutela, sia per il superamento delle differenze economiche iniziali.

Partendo dal dato incontrovertibile che negli anni la situazione con riferimento ai relativi tributi è rimasta sostanzialmente immutata, il collegamento tra ambiente e Fisco, oltre alle misure agevolative di comportamenti virtuosi per l'integrità dell'ecosistema, è prefigurato da due tipologie di prelievi. In una rileva il carattere punitivo di determinati comportamenti, nell'altra il profilo risarcitorio, in cui è il gettito a essere finalizzato al recupero[1]. Accanto ad

1 La moltiplicazione delle forme di fiscalità ambientale presenti nell'ordinamento tributario se, per un verso, ha rappresentato la fortuna di questa tipologia di imposizione, per altro verso, ha imposto la classificazione dei relativi tributi. Caratterizzati da una struttura non sempre si rispecchia nella diseconomia che li ha inspirati, i tributi ambientali si dividono in prelievi compatibili con il risarcimento e tributi non conciliabili con esso. Il Legislatore ricorre a questi ultimi soprattutto per disincentivare comportamenti scorretti per l'ecosistema, attraverso forme di imposizione che aumentano i costi di produzione o di acquisto di beni o servizi nocivi per il territorio. Accanto alla funzione primaria di disincentivare tali tributi, nel corso degli anni essi hanno acquisito anche quella educativa di indirizzare verso comportamenti ecosostenibili. Nei tributi compatibili con il risarcimento, invece, il presupposto è rileggibile in termini di consumo dei beni ambientali, risorse naturali scarse. Partendo da tale scarsità, quando non c'è compatibilità con il risarcimento l'ambiente è qualificato alla stregua di un bene di lusso. e la sua giustificazione ai sensi dell'art. 53 Cost. è rinvenibile nell'uso o nel danno che gli viene arrecato, manifestazione di ricchezza che aggiungendosi a quella complessiva del contribuente svela la sua attitudine alla contribuzione. In tal verso v., P. SELICATO, *La tassazione ambientale: nuovi indici di ricchezza, razionalità del prelievo e principi dell'ordinamento comunitario, Riv. dir. trib. internazionale* 2/3 del 2004, 257 ss. Oltre all'oggetto, altre caratteristiche utili a circoscrivere i tributi ambientali intorno a un elemento comune scaturiscono dalle modalità attuative del prelievo e dalla destinazione del gettito. Premessa la capacità dei prelievi ambientali di indirizzare sempre verso pratiche meno lesive, con particolare riferimento ai tributi che rileggono la manifestazione di ricchezza nelle modalità attuative del prelievo, esempi validi sono rinvenibili sia nel settore dei rifiuti che in quello dei trasporti. Fattispecie molto ampie che possono essere rilette sia alla luce dell'oggetto che degli altri elementi utili a circoscriverli, quando nei tributi sui rifiuti si considera la modalità di attuazione del prelievo a emergere è il collegamento con il

essi vi è poi un'altra categoria di tributo ambientale che è difficile da giustificare in termini di capacità contributiva poiché l'unità fisica inquinante non sempre riesce a configurarsi nel consumo, o meglio nel prelievo manca un presupposto ambientale.

Tale mancanza oltre ad impedire la corretta nozione di tributo ambientale sia a livello interno che unionale è causa della difficoltà a conciliare le misure a tutela dell'ambiente con le regole del mercato e le esternalità con il principio di eguaglianza[2]. Nella ricerca delle cause da cui è dipesa la non coin-

servizio di smaltimento. Da tale collegamento si deduce anche la natura giuridica del prelievo, se pubblicistica, tributo, o privatistica, corrispettivo. Distinzione all'interno del genus del tributo non netta, il dilemma del corretto nomen iuris del tributo ha interessato da sempre la materia, avvicendandosi per tutti i tributi più rilevanti. Al riguardo, un richiamo noto è quello relativo al dibattito dottrinario circa la natura duale dell'imposta di registro, cioè la coesistenza nello stesso prelievo dei caratteri di imposta e di tassa, sostenuta da A. BERLIRI, *Le imposte di bollo e di registro*, Giuffrè, Milano, 1970, passim, da altri osteggiata per l'impossibilità ad avere questa coesistenza nello stesso prelievo, G. A. MICHELI, *Corso di diritto tributario*, IV ed., Utet, Torino, 1978, passim. Tornando ai prelievi sui rifiuti, la Corte Costituzionale, intervenuta più volte in ordine alla legittimità dell'applicazione dell'Iva sul servizio di smaltimento, ha ribadito che le caratteristiche della doverosità della prestazione e del nesso con la spesa pubblica, fondamentali ad attribuire la natura tributaria e, quindi, a ritenere illegittima l'applicazione dell'Iva, sono da riscontrare caso per caso, così Corte costituzionale n.° 58/2015. Per quanto concerne i tributi sui trasporti, invece, oltre alla versione del collegamento con il consumo di materiali inquinanti dove la capacità contributiva è rilevata facilmente, in via mediata attraverso la stima del consumo di materiali inquinanti, nelle altre fattispecie la sua giustificazione non è proprio così lineare, comportando fattispecie impositive molto ampie. Considerando sempre le modalità attuative, esse, infatti, vanno dal ritrovare la capacità contributiva nel collegamento con il possesso del veicolo, senza così stimare chi davvero inquina, alla potenza del motore dell'autoveicolo, dove il dubbio concerne anche il quantum dell'imposizione. In altri termini, in tali prelievi si coglie un'ambiguità intrinseca con la motivazione per cui sorgono, in quanto la manifestazione di ricchezza espressione della responsabilità finanziaria generale non ha alcun punto di contatto con l'unità fisica inquinante che dovrebbe assurgere a presupposto del tributo. Ciò con evidenti ripercussioni sull'individuazione dell'oggetto ambientale nella fattispecie che il più delle volte non c'è e dei soggetti passivi che soggiacciono al dovere tributario. Allo stesso modo anche quando si tenta la classificazione a seconda dell'utilizzo del gettito, tranne i casi dei prelievi di scopo, in cui la finalità di reperire risorse per riparare i danni o risarcire il consumo delle risorse è la motivazione del tributo non contemplata dalla fattispecie, ove il collegamento è sui soggetti passivi che beneficiano del risanamento, negli altri casi, soprattutto se prelievi a-causali, ovvero imposte, è solo una scelta discrezionale del Legislatore. Legata alla funzione costituzionale del concorso alle spese pubbliche, sempre più spesso il gettito di tale imposizione è stato finalizzato al doppio dividendo, abbassare la tassazione del lavoro e promuovere così l'occupazione, oppure a realizzare dividendi plurali, quali favorire l'abbattimento della pressione fiscale in generale.

2 Sul punto sia consentito rinviare a M. A. ICOLARI, *Fiscalità dell'ambiente, mercato e sviluppo sostenibile: un equilibrio possibile?*, in *ambientediritto.it*, n.° 1/2020, 5, e prima ancora, *Ibidem*, Per una dogmatica dell'imposta ambientale, Editoriale Scientifica, Napoli, 2018, 98 ss. In precedenza, *cfr*. F. GALLO, *Le ragioni del fisco. Etica e giustizia della tassazione*, II ed., Il Mulino, Bologna, 2011, *passim*.

cidenza tra presupposto del tributo e fattore inquinante una è sicuramente ascrivibile ai limiti della lettura operata inizialmente dall'*Ocse*. Tra i primi ad avvertire l'esigenza di proteggere l'ecosistema, l'organismo economico mondiale, nello studio delle misure da applicare per la sua tutela, si è concentrato solo su quelle economiche efficaci a sostenere i costi dei danni alle risorse naturali, riservando ai tributi un ruolo marginale.

Un'altra, invece, deriva dalla rilettura operata nel 1997 dalla Commissione Europea. La Commissione, quando ha declinato la nozione di tassa ambientale, come quella con l'unità fisica inquinante nella fattispecie, non ha operato la fondamentale distinzione tra le diverse figure di prelievo esistenti, cioè non ha distinto se tributo informato dal solo art. 23 Cost., ovvero caratterizzato dal beneficio, o se invece prevalentemente basato sul sacrificio ex. art. 53 Cost. Tale distinzione, invero, sarebbe emersa semplicemente qualora, insieme alla internalizzazione delle diseconomie, avesse previsto un presupposto ambientale. Concetto diverso dalla base imponibile con effetti negativi sull'ecosistema, la presenza di un oggetto ambientale come presupposto d'imposta, giustificabile in termini di capacità contributiva, avrebbe inoltre caratterizzato la formazione di una categoria unitaria con un paradigma ordinatore. Sinora, invece, tale assenza, da un lato, non ha evitato la proliferazione di prelievi che hanno solo l'appellativo di tributo ambientale; dall'altro, oltre a creare qualche problema di compatibilità con lo sviluppo delle libertà europee e con il divieto degli aiuti di Stato, lascia irrisolti importanti nodi teorici. Il primo consiste sicuramente nell'utilizzo del relativo gettito per uno scopo diverso dal quale sono sorti. L'altro, di più ampio respiro, attiene alla necessità di fissare un punto di equilibrio tra fiscalità ed extra-fiscalità nel tributo, allo scopo di evitare ripercussioni sul bilancio nazionale e su quello europeo qualora dovesse prevalere lo scopo diverso dal solo gettito. E' il caso che si è verificato nei paesi del Nord Europa dove il gettito sui prelievi sui trasporti basati sull'uso di carburanti è stato azzerato, poiché la prevalenza dello scopo della tutela ambientale ha incentivato l'uso esclusivo di quei mezzi che ricorrono a materie prime non inquinanti. Una soluzione per non impedire la funzione educativa del tributo è quella di indirizzare l'attenzione del Legislatore su nuove fonti di ricchezza ovvero sul vantaggio che si ottiene dalle capacitazioni che nascono anche dall'uso dell'ambiente, dirette a ripristinare condizioni di giustizia e di eguaglianza tributaria.

Oggetto di un approfondimento a tutto tondo del dovere tributario come dovere finalizzato soprattutto alla redistribuzione e, richiamando Anna *Arendt*, anche alla ricerca della felicità pubblica, la disamina continua con la possibilità di rivedere nella cooperazione europea il motore necessario per una nuova fiscalità e per contribuire alla definizione dell'assetto giuridico europeo[3]. Premesso

3 Sulla cooperazione allo sviluppo, che comprende anche a quello sostenibile, con la promozione della transizione verde e il contemperamento delle migrazioni, da ultimo v., D. DEL VESCOVO, *La cooperazione europea allo sviluppo si rafforza con l'accordo di George Town*, in *Ambientediritto.it*, 3/2022, 1 ss.

che la scelta è dettata dalla necessità di avere politiche fiscali redistributive incentrate sull'incremento del bilancio dell'Unione, la disamina, prende a spunto l'azione del Parlamento italiano in tema di risanamento delle fratture che coinvolgono i diritti sociali per proporre un ridimensionamento anche del ruolo del Consiglio d'Europa. Al contrario, fermarsi solo su come attribuire natura tributaria al *Carbon price*, risorsa propria dell'Unione a carattere ambientale senza modificare la struttura europea e, quindi, anche la regola dell'unanimità, valida per tutti gli atti tributari, come disposto dagli articoli 110 al 115 del TFUE, appare abbastanza riduttivo.

I.I.II. Multiculturalismo e le altre forme di fiscalità ambientale

Consapevoli della circolarità della materia ambientale per cui essa è a chiusura di ogni cosa e non è a carattere dicotomico, insieme al tributo occorre però esaltare anche l'importanza delle politiche fiscali nel loro complesso. Idonee a superare le diseguaglianze territoriali sia a livello interno che tra le diverse parti del mondo, tali politiche, frutto del multilateralismo[4], contribuiscono anche alla creazione di una nuova economia sociale di mercato, che può essere liberista, purché non incentrata sulla ricchezza di pochi come fonte di benessere per tutti. Per questo motivo nello studio della fiscalità ambientale non si può prescindere dalle agevolazioni fiscali, quali strumento di sostegno, essenziali nella realizzazione di un nuovo modello produttivo sostenibile. Misure compensative da sempre duttili come e quanto il tributo, dopo la pandemia esse devono concorrere a rendere effettivo il principio della partecipazione e la collaborazione fra i territori e tra i soggetti, anche attraverso le *Green communities*. Volte a una più equa distribuzione della ricchezza per via della restituzione del residuo fiscale, ovvero a un riparto delle fonti di finanziamento che deve evitare che le realtà svantaggiate ma ricche di risorse naturali continuino ad essere depredate, insieme alla previsione di questa nuova organizzazione territoriale altre misure di finanza pubblica rivolte alla crescita sostenibile sono i *green bonds*. Strumenti finanziari a carattere promozionale, queste obbligazioni verdi finanziate dalla Bei riportano sui tavoli del dibattito il rapporto tra gestione finanziaria europea, che dopo l'unione bancaria si è sempre più fortificata, e il Fisco che al contrario è ancora precipuamente nazionale.

---

4 Sulla valenza del multiculturalismo in Europa come risposta alla trasformazione socio-economica operata dalla globalizzazione che promuove il bisogno di una «sovranità europea», ripreso da ultimo anche dai Trattati Italia-Francia, cosiddetto Trattato del Quirinale, v., M. PANEBIANCO, *Lo Stato anticrisi globale*, il Recovery State, Editoriale Scientifica, Napoli, 2021, passim.

Premessa l'importanza della mutualizzazione del debito e della previsione di fondo comune per affrontare la crisi energetica, nella descrizione dei meccanismi di finanziamento a favore della *green economy*, meritevole di attenzione è il premio a favore dei *managers* che operano scelte compatibili con la tutela dell'ambiente. Presentata da esperti a ridosso del primo periodo pandemico non è però il dato etico di incentivare un comportamento giusto a prescindere l'aspetto più problematico. Sinora inattuata, anche per l'attuale prevalenza della geo-economia[5], è, infatti, il profilo del suo funzionamento a destare più perplessità. Con riferimento alla realizzazione di questo nuovo modello di produzione in cui l'ambiente salubre è il fine da raggiungere e non il limite all'azione umana[6], il dato più preoccupante è che contribuisce a mettere in discussione il canone della progressività del sistema tributario nel suo complesso. Nonostante la pregevolezza di essere una misura riconducibile all'istituto della *compliance* e di avvantaggiare non solo i *managers* ma anche le aziende, in quanto per esse tale incentivo sarebbe stato un costo detraibile, aggiunta alle altre che già ricorrono alla tassazione piatta, premio talora per una categoria fiscale, talora un'altra, rischia di aggravare ancora di più la pressione già presente sui redditi delle persone fisiche e delle imprese individuali.

Accanto a questa cura omeopatica per uscire dal male del danno all'ambiente, c'è infine l'economia circolare. Non incentrato esclusivamente sul riciclo, questo nuovo strumento produttivo, da promuovere per realizzare l'intento di azzerare le emissioni[7], non è però accompagnato da politiche tributarie dire-

---

5 L'espressione che, attraverso la nozione di dogmatica del costituzionalismo societario come produzione di regole affidate ad attori privatistici e o settoriali, introduce i nuovi poteri costituenti, quali quelli realizzati dal WTO o dal Fiscal compact, è usata da A. CANTARO, *Postpandemia, pensieri* (meta) *giuridici*, Giappichelli, Torino, 2021, 125 e 167 ss. Ciò, invero è frutto della prevalenza della lex mercatoria che nella fiscalizzazione del conflitto sociale impedisce di moderare le larghe sacche di profitto in capo a pochi. E' il caso delle digital enterprices, le quali da sempre sfuggono alla tassazione per la mancanza di regole comuni in ordine a criteri di collegamento immateriali fra reddito e territorio.

6 La tematica relativa a uno dei corollari del discorso: salute, ambiente, economia durante la pandemia è oggetto di approfondimento, fra gli altri, da M. PENNASILICO, *Emergenza e ambiente nell'epoca pandemica*. Verso un diritto dello «sviluppo umano ed ecologico», in (cur.) M. A. ICOLARI, *La tutela dell'ambiente al tempo della crisi pandemica*, Giappichelli, Torino, 2021, 53 e ss.

7 Anche se in assenza di un piano strategico nazionale, l'importanza dell'economia circolare è correttamente segnalata, tra gli altri, da V. MOLASCHI, *L'economia circolare nel piano di ripresa e di resilienza, in ambientediritto.it*, n.° 1/2022, 555., S. CAVALIERE, *Economia circolare e intervento pubblico nell'economia: spunti di riflessione*, in *dirittifondamentali.it*, n.° 1/2020, 937 ss., dopo che per anni F. DE LEONARDIS (cur.), Studi in tema di economia circolare, Eum edizioni università Macerata, Macerata, 2019, se n'è occupato all'interno delle politiche per lo sviluppo sostenibile, definendo la nozione e le molteplici implicazioni di questo nuovo modello economico produttivo. In materia fiscale ovvero a favore di una fiscalità circolare v., A. F. URICCHIO-G. SELICATO (*curr.*), *Circular Economy and Enviromental Taxation*, Cacucci, Bari, 2020, in particolare 13-23.

tte ad evitare gli eccessi di profitto, ma solo da misure promozionali quali la *plastic tax*. Ideata per favorire l'uso della plastica non riciclabile, l'entrata in vigore della nuova risorsa propria europea dal 2020 è stata rinviata —ancora una volta— al 2023. A essa si aggiunge poi l'aliquota Iva super ridotta per incentivare l'uso di fonti energetiche rinnovabili, che andrà in vigore solo nel 2025, come disposto dalla Direttiva 2022/542/UE. Indirizzate a dare un volto alla legge europea sul clima, il loro scopo è quello di elevare il ruolo della fiscalità nella concretizzazione del diritto all'ambiente, esaltando le positività di una sovranità tributaria europea per un'Europa più giusta e più sostenibile.

II. La declinazione della fiscalità ambientale e l'assenza di un presupposto inquinante

Come già avanzato in premessa il tema della fiscalità ambientale soprattutto a livello nazionale è abbastanza complesso poiché essa manca da sempre di un modello di tassazione uniforme. Ciò, invero, crea non poche difficoltà. La prima è sicuramente quella che vede da sempre la fiscalità ambientale come un segmento marginale all'interno dell'ordinamento tributario. Ad essa si affianca quella di non riuscire a riconoscere l'unità fisica inquinante quando immateriale in uno degli indici di capacità contributiva attualmente riconosciuti, difficoltà questa che è causa sia di una disputa dottrinaria molto accesa tra i tributaristi in Italia, che della mancata previsione di un tributo ambientale originale[8].

Nonostante la regressività che potrebbe conseguire alla previsione di un nuovo tributo, nel discorso la disputa tra i tributaristi concerne essenzialmente la rilettura del presupposto del prelievo ambientale in termini di capacità contributiva ed il fondamento stesso dell'art. 53 Cost[9]. Nel merito, la dia-

8 La materia della fiscalità ambientale è da sempre stata oggetto di studio della scienza tributaristica, anche se sinora all'interno della materia è stato indagato soprattutto il presupposto del tributo e la sua giustificazione in termini di capacità contributiva. A titolo esemplificativo e senza la presunzione della completezza si annoverano in questa sede, anche per i richiami bibliografici operati, F. GALLO, *Profili critici della tassazione ambientale* in Rass. Trib. 2010, 303 ss.; R. ALFANO, *I tributi ambientali. Profili interni e europei*, Giappichelli, Torino, 2012, *passim*; S. DORIGO-P. MASTELLONE, La fiscalità per l'ambiente, Aracne, Roma, 2013, *passim*; L. PEVERINI, «I tributi ambientali» in L. SALVINI-G. MELIS, *L'evoluzione del sistema fiscale e il principio di capacità contributiva*, Cedam, Padova, 2014, 719 ss.; A. BUCCISANO, *Fiscalità ambientale tra principi europei e costituzionali* in Dir. Prat. Trib. 2016, I, 590 ss.; V. FICARI (cur.), *I nuovi elementi di capacità contributiva. L'ambiente*, Aracne, Roma, 2016; A. DI PIETRO (cur.), La fiscalità ambientale in Europa, Cacucci, Bari, 2016, passim; A. URICCHIO, *I tributi ambientali e la fiscalità circolare* in Dir. Prat. Trib. 2017, I, 1849 ss.; M. A. ICOLARI, cit., 2018, *passim*.

9 Sulla nozione e natura giuridica dell'art. 53 Cost. da sempre si registra un dibattito dottrinario acceso, con posizioni fra loro molto contrastanti. All'iniziale natura svalutativa per cui la capacità contributiva identificava una scatola vuota, sostenuta da F. MAFFEZZONI, *Il principio di capacità contributiva nel diritto finanziario*, UTET, TORINO, 1970, *passim*, si è opposta una teoria che considerava il principio in parola prolungamento e specificazione

triba è tra coloro che rivedono nell'utilizzo dell'ambiente una capacitazione, nel caso specifico nel vantaggio che si ha sfruttando le risorse ambientali, come elemento che differenziando le condizioni di vita tra i consociati deve essere tassato per ragioni di parità di trattamento, e coloro che al contrario ritengono che l'ambiente sia da considerarsi alla stregua di un bene di lusso, tassabile per il consumo di risorse naturali che sono ritenute esauribili[10].

Indice di capacità contributiva certo che già possiede in sé la provvista monetaria per assolvere al tributo, oltre alla fattispecie dannosa per le risorse materiali dove è facile stimare in termini di consumo ovvero di altro indice di capacità contributiva tradizionale, il problema di giustificare il presupposto del tributo alla luce dell'art. 53 Cost. sorge nei casi in cui la fonte inquinante è immateriale. Si pensi ad esempio alle emissioni in aria di $CO2$, il relativo tributo non potrà avere come indice di capacità contributiva il consumo, in quanto l'aria non si consuma, ovvero anche gli altri indici di capacità contributiva tradizionali, quale il reddito o il patrimonio. Di qui la mancanza di un criterio informatore e le obiezioni di quanti sostengono che occorra intervenire sulla *ratio* dell'art. 53 Cost. per risolvere il problema. Legate alle teorie sull'eguaglianza come sinonimo di giustizia sociale di A. *Sen* e M. *Nussbam*, i fautori della capacità contributiva mero criterio di riparto ritengono che anche quella tributaria concorra a eliminare le diseguaglianze, per cui chiedono il riconoscimento fiscale del vantaggio che una certa capacitazione offre rispetto a chi non ne gode, non ritrovandosi nelle medesime condizioni. Per tale motivazione, per chi sostiene tale teoria il Legislatore tributario deve ampliare i presupposti di imposta, riconoscendo il vantaggio, e nel farlo può

---

dell'eguaglianza, A. D. GIANNINI, *Istituzioni di diritto tributario*, Giuffrè, Milano, 1968, passim. Dopo gli orientamenti iniziali di dottrina e giurisprudenza il conflitto si è poi acuito intorno alla rilevanza economica del criterio di riparto, per cui per taluni la capacità contributiva individua i caratteri necessari della fattispecie, quale limite assoluto della norma impositrice, F. MOSCHETTI, *Il principio della capacità contributiva*, Cedam, Padova, 1973, passim, più di recente G. FALSITTA, *I principi di capacità contributiva e di eguaglianza tributaria nel diritto comunitario e nel diritto italiano tra «ragioni del fisco» e diritti fondamentali della persona*, in Riv. dir. trib., 5/2011, 519 ss. Ciò anche in base alla tendenza dei giudici europei a elevare il principio di non discriminazione fiscale a limite assoluto per gli Stati nazionali, per cui la leva fiscale colpisce solo quei soggetti che già possiedono un'adeguata disponibilità. Per altri, invece, l'art. 53 esprime un limite relativo all'azione del Legislatore, in quanto espressione della funzione di riparto dei carichi pubblici fra i consociati rivolto alla realizzazione dell'eguaglianza contributiva, sinonimo dell'eguaglianza sociale. In tal verso, A. FEDELE, *Ancora sulla nozione di capacità contributiva nella Costituzione italiana e sui «limiti» costituzionali all'imposizione*, Riv. dir. trib., 11/2013, 1035 ss.; F. GALLO, *L'uguaglianza tributaria*, Editoriale Scientifica, Napoli, 2012, passim.

10 In ordine a quest'ultimo punto va rilevato che dopo che a livello internazionale è stato riconosciuto lo stretto collegamento tra vita libera e dignitosa dell'uomo e diritto all'ambiente anche fiscalmente appare più appropriato parlare di bene primario più che di bene di lusso. Ciò, invero, non solo a fini definitori bensì anche per rimarcare la necessità di un concorso impostato all'eguaglianza contributiva, diretto a realizzare la giustizia sociale attraverso quella contributiva.

andare anche oltre la tutela dei diritti proprietari, pur consapevoli che a livello europeo la concezione che domina è completamente diversa. Un esempio utile a rimarcare tale diversità di vedute è ravvisabile nella tutela della proprietà, dal nostro Costituente qualificata per la sua funzione sociale, per cui nel nostro sistema essa ammette limitazioni ad opera anche del tributo, mentre in ambito europeo la CEDU la ritiene inviolabile. Tornando all'ambiente, prendendo spunto dal ragionamento che accompagnava l'*Obama Care* negli Usa[11], sempre i fautori della capacità contributiva quale limite relativo al prelievo giustificano la sua tassazione per gli svantaggi arrecati all'ecosistema, ripartendo il costo dell'inquinamento tra tutti coloro che dispongono di ricchezza oltre il minimo vitale. Ed ancora, a riprova del fondamento della loro concezione rievocano quei prelievi già presenti nell'ordinamento in cui fatto generatore ha solo rilevanza economica per cui è monetizzabile, anche se non immediatamente, nel senso che è sufficiente la mera possibilità di valutazione in denaro[12].

Pur senza entrare nel merito della bontà della proposta incentrata sulla necessità di ampliare i presupposti ricavandoli dalle nuove ricchezze per affrontare la crisi economica che ci attanaglia da diversi anni, occorre evidenziare come ripartendo il costo dell'inquinamento fra tutti anche il principio europeo del «chi inquina paga» troverebbe finalmente una sua dimensione unitaria[13]. Così facendo, infatti, per un verso esso potrebbe concorre alla ricerca di un tributo ambientale coerente con la disciplina unionale; per altro verso, per il tramite della sussidiarietà, *ex* art. 5 del Trattato del TUE, potrebbe persino assumere la dimensione di paradigma ordinatore, in una versione che vuole che chi meno inquina meno paghi. Al momento, però, il mancato riconoscimento di nuovi presupposti d'imposta desunti dalle ricchezze moderne degrada la previsione di un tributo ambientale basato sulla lettura innovativa tra risorse naturali e principio di capacità contributiva a un dibattito sterile, a tratti aspro e puramente ideologico.

---

11 In materia di copertura delle prestazioni sanitarie da assicurazione, l'*Obama Care* era stata ideata come un prelievo pubblico. A favore della natura tributaria v., T. ROSEMBUJ, *La capacità contributiva del «non fare». Il concetto di imposta. A proposito di un'importante sentenza della Corte Suprema degli Usa*, Dir. prat. trib., 6/2012, 1225 ss.

12 E' il caso del presupposto impositivo dell'Irap, oppure delle accise sulla produzione, sui prelievi sui fringe benefits o di alcune tassazioni nell'ambito dell'attività d'impresa che al momento della riscossione non presentano la relativa provvista monetaria. In merito al concorso alle spese pubbliche graduato e diversificato in ragione della posizione di vantaggio che alcuni consociati hanno rispetto ad altri v., A. FEDELE, *Appunti dalle lezioni di diritto tributario*, Giappichelli, Torino, 2005, 22 e ss.

13 Pur se lontani da questa interpretazione sul chi inquina paga, dopo aver evidenziato la natura economica del principio come principio che è finalizzato a una condizione di benessere secondo la visione di Pigou, per l'applicazione nel diritto tributario, si rinvia a C. VERRIGNI, *La rilevanza del principio comunitario «chi inquina paga» nei tributi ambientali* in Rass. Trib. 2003, 1614 ss.; P. SELICATO, *Imposizione fiscale e principio «chi inquina paga»*, in Rass. trib., 2005, 1160 ss.

Per cui, accantonata per un attimo l'interessante questione della rilevanza fiscale del vantaggio che nasce dalle capacitazioni, il discorso sul bisogno di affermare un parametro informatore della tassazione dell'ambiente intorno ad un oggetto ambientale ritorna in modo predominante anche per far fronte alle invocazioni di Papa Francesco sull'ecologia integrale come condizione di dignità per tutti, per cui occorre ridurre le diseguaglianze anche per via di una crescita sostenibile. Invero che l'ambiente salubre sia un valore che differenzia le condizioni di vita dei consociati per cui è difficile statuire un connubio con le regole del mercato è una constatazione che affonda le sue radici nelle nozioni di persona e di proprietà elaborate dalla Costituzione di *Weimar*. A tal riguardo, la previsione di un tributo ambientale originale come forma più flessibile e adeguato alla circostanza dell'osservanza del *Fiscal Compact* rispetto alla spesa, appare il migliore strumento per promuovere crescita e solidarietà, soprattutto nei momenti di crisi. A sostegno di questa asserzione, ovvero dell'auspicio di un tributo ambientale che sia previsto con un oggetto ambientale come presupposto, nella veste di tributo proprio e non tributo ambientale funzionale[14], va richiamata l'imposizione inglese sulla produzione sul carbone. Data la globalità della fonte di inquinamento tale imposizione potrebbe peraltro essere prevista anche a livello europeo, seguendo gli orientamenti della Commissione *Juncker* del 2019 relativi al passaggio dal criterio dell'unanimità a quello della maggioranza qualificata. Nel frattempo la sovranità impositiva potrebbe però esprimersi con un tributo che colpisce il livello di emissioni propagate in aria calcolato per il tramite di rilevatori applicabili alle imprese o ai mezzi di trasporto. In quest'ultimo caso si esalterebbe anche l'importanza di regolare il traffico urbano, fattore importantissimo nella tutela del clima. Superata l'*impasse* della *privacy*, per ripartire correttamente il carico tributario e non violare il principio di proporzionalità, anche con riferimento a chi sopporta effettivamente il costo del tributo dopo la traslazione, il tutto potrebbe essere accompagnato da un'imposta negativa, o anche regressiva per il CO2 risparmiato. Partendo dal presupposto che il confine labile tra tassazione e sanzione risiede nella reversibilità del danno, un tal tipo di prelievo, oltre ad assicurare la solidarietà intergenerazionale, riuscirebbe infine a dar vita anche a quella nuova forma di economia che nasce dalla commistione tra la transizione ecologica e l'economia digitale, nota come economia digicircolare[15].

---

14 Per dovere di completezza, i tributi ambientali funzionali sono quelli in cui la fattispecie prevede un indice classico di capacità contributiva mentre lo scopo della tutela ambientale, manifestato attraverso l'incentivo o il disincentivo di determinate attività, è rimesso alla volontà del Legislatore attraverso la destinazione del tributo.

15 Dopo che Luciano Floridi si è espresso in merito al collegamento tra digitalizzazione e tutela dell'ambiente, il concetto di economia digicircolare torna come obiettivo da raggiungere, alla base del Green Deal, per costruire un futuro migliore. In merito v., E. GIOVANNINI, *L'utopia sostenibile*, Bari-Laterza, 2018, passim.

III. La differenziazione dell'oggetto ambientale nella fattispecie come pilatro per la costruzione dell'Unione giuridica europea

Visto in una prospettiva più ampia, dettata dall'importanza all'interno delle politiche ambientali europee di quelle fiscali, il paragrafo che segue sarà dedito a rivedere nell'implementazione di un tributo ambientale europeo una via per la nascita di un'unione della UE come soggetto giuridico autonomo dai singoli Stati. Nel tentare di rileggere in una chiave unitaria ambiente, potestà impositiva e regole del mercato occorre premettere che a livello europeo l'idea di tassare il carbone per tagliare le emissioni c'è da sempre, pur se intento sperato all'interno di un sistema di mercato che si basa sullo scambio di quote di inquinamento. Sinora, infatti, pur auspicando la previsione di una *Carbon tax* la paura della perdita di competitività ha relegato il problema climatico solo agli Ets. In particolare si è agito per fare in modo che la quota parte assegnata, il cosiddetto cap, ovvero il livello di emissioni tollerate diminuisse sempre di più, evitando al contempo la delocalizzazione in quei paesi dove non ci sono limiti alla produzione o all'uso del carbone. Pur essendo una delle pietre angolari su cui dal 2005 si fonda la politica dell'UE per contrastare i cambiamenti climatici, questo strumento essenziale per ridurre in maniera economicamente efficiente le emissioni di gas a effetto serra presenta però forti limiti. Oltre a non eliminare il problema dell'inquinamento, infatti, è la qualificazione della sua natura giuridica a destare maggiori perplessità, o meglio il tentativo di definirlo impropriamente un tributo. Non a caso sia la Corte di Giustizia sia la nostra Cassazione, dopo aver richiamato l'art. 192 primo paragrafo del TFUE quale base giuridica a fondamento della loro previsione, rivedono nel meccanismo della cessione di certificati CO2 obbligazioni di permettere connotate dalla sinallagmaticità, legittimando così anche l'applicazione dell'Iva al rilascio delle quote di emissione[16]. In merito al CBAM, non ancora in vigore, in quanto si prevede un periodo transitorio nel 2023 per entrare poi a regime definitivo nel 2025, va rilevato il solo tentativo di attribuirgli la natura di dazio doganale, in virtù di un richiamo al regolamento che lo disciplinerà. Tentativo avventato, poiché, applicato a paesi terzi, tale meccanismo viola le regole sul commercio internazionale. Mentre nel coordinamento con gli Ets va evidenziato il bisogno di un dialogo trasparente e costante, come avviene nella fase procedimentale di attuazione del tributo con lo scambio di informazioni tra le Amministrazioni fiscali, anche di paesi diversi.

Pur partendo dal bisogno di una maggiore coerenza fra tutte le politiche fiscali green, con riferimento alla Direttiva sulla fiscalità dei prodotti energetici

---

16 Caratteristica tipica dei nostri corrispettivi di origine privatistica, le questioni sono state affrontate tra le altre da CGE sentenza C-366/10 del 21 dicembre 2011, in curia.europa.eu, e Cass. civ. sez. tributaria n.° 25492 del 10 ottobre 2019, in italgiure.giustizia.it.

del 2003 degno di nota è la corrispondenza che si realizza per la prima volta nella fattispecie tra presupposto e oggetto ambientale. Seguendo tale indirizzo l'impianto impositivo sarebbe risultato modernizzato e avremmo avuto il riallineamento tra esigenze sociali e obiettivi climatici nei singoli Stati. Purtroppo dopo una prima inversione di tendenza nel 2015, la proposta relativa alla sua revisione, di luglio 2021, abbandona definitivamente l'idea di colpire l'oggetto ambientale, base per la creazione di una categoria unitaria, muovendosi in una direzione diversa. Una direzione che, da un lato, mantenendo inalterata la possibilità da parte degli Stati membri di tassare il carbone al di sotto dei livelli minimi statuiti, favorisce distorsioni del mercato, com'è stato rilevato anche dalla Corte dei conti europea. Dall'altro, consentendo ancora sia lo scambio di quote di emissione di CO2 per alcuni settori, anzi lo estende addirittura a quello marittimo, che la concessione di quote gratuite alla produzione di energia elettrica, provoca l'aumento del costo delle tecnologie a bassa emissione, ritardando la transizione ecologica. Ed inoltre, i suoi contenuti, avvantaggiando l'utilizzo di quei combustibili a elevato numero di emissioni, contrastano pure con lo spirito per cui essa è sorta, incrementando in tal modo la percezione dell'iniquità che connota la fiscalità dell'energia.

Premesso che in questo discorso l'unico deterrente potrebbe consistere nell'armonizzazione delle aliquote sulle accise, di non facile attuazione se non si sceglie di ridimensionare il ruolo del Consiglio europeo, il principio che viene violato dalla proposta di Direttiva è quello della neutralità fiscale. Prevista già dalla nostra Legge delega n.° 23 del 2014 anche allo scopo di evitare che la tassazione ambientale coinvolgesse precipuamente l'imposizione indiretta e non quella diretta, con effetti che per un verso vanno ad incidere solo sul consumatore finale, per altro verso aggravano la pressione fiscale sull'imposizione personale, il nuovo piano europeo varato nel 2019 non è però esclusivamente indirizzato alla tutela dell'ambiente. Almeno negli intenti, infatti, esso pare destinato a creare una nuova stagione dei diritti fondamentali, con il mercato coniugato alla promozione e valorizzazione dei territori, con l'ausilio della differenziazione l'integrazione e prevedendo lo stanziamento di aiuti a finalità regionale[17].

17 Siffatte misure se strumento di unificazione per differenziazione possono rappresentare il paradigma di una nuova politica fiscale ambientale diretta con un approccio integrale alla cura della natura e ad evitare la povertà, diventando un esempio anche per i paesi dell'America Latina alle prese con il mancato funzionamento del Mercosud. Più in generale, accogliendo le indicazioni dell'Agenda Onu 2030 a proposito del bisogno della protezione ambientale come parte integrante dello sviluppo economico, passaggio obbligato in questo processo di crescita sostenibile è quello della compatibilità con le regole della concorrenza. In tal verso, se il fine della differenziazione dei contesti territoriali è quello della crescita e non della disgregazione, appare necessario che tutti si ritrovino nelle stesse condizioni di partenza. In tema di crescita sostenibile v. R. MICELI, *Green deal e politiche fiscali territoriali. Il nuovo quadro europeo dell'integrazione per differenziazione, Riv. dir. trimestrale di dir. trib*. n.° 1/2022, 137 ss.

Accantonate le questioni dell'importanza degli aiuti di stato anche regionali e seguendo il pensiero del premio nobel *Nordahus* di evitare l'isolamento dell'umanità a causa del cambiamento climatico[18], Accantonate le questioni dell'importanza degli aiuti di stato anche regionali per la crescita inclusiva, per motivi di delimitazione del campo di indagine la riflessione prosegue con la centralità della fiscalità anche per avverare un'Unione Europea più giusta e sostenibile. Sulla scia dei dettami di Nordahus che evidenziano la dipendenza fra cambiamento climatico e migrazioni dei popoli, la riflessione si interroga sul se allo stato attuale abbia ancora un senso mantenere intatto il ruolo del Consiglio europeo e del criterio di unanimità in materia fiscale. In merito al potere del Consiglio, il suo ridimensionamento appare conseguenziale al bisogno di incrementare le risorse del bilancio, rilanciando la condivisione del debito e l'istituzione di un fondo comune, quale quello per fronteggiare la crisi energetica. Prendendo a esempio come il nostro Parlamento nazionale risolve le fratture in tema di attuazione dei diritti sociali, la regola dell'unanimità, invece, potrebbe essere scardinata per conferire all'UE una propria capacità fiscale, allo scopo anche di arginare i contrasti multilaterali, quale quello creatosi con il WTO dopo la previsione del CBAM, qualificata misura protezionistica dall'organizzazione mondiale.

Consapevoli della forza dirompente di tali modifiche, pur se c'è già una politica economica e bancaria comune da parte della Bce, quella fiscale unitaria potrebbe realizzarsi attraverso il ricorso alla «clausola passerella generale», *ex* art 48 del TFUE. Auspicata in Commissione europea già prima della crisi pandemica, l'idea di un sistema tributario europeo multilivello potrebbe sorgere per gradi, promuovendo prima procedure unificate in tema di evasione ed elusione, senza peraltro l'adesione esplicita dei Parlamenti nazionali, in quanto non richiesta dalla procedura. Storture del sistema tributario che sinora hanno fortemente inciso sulla competitività, creando concorrenza fiscale scorretta all'interno degli stessi paesi europei, con tale procedura, sulla scorta di quanto è avvenuto a livello internazionale con il progetto Beps, si passerebbe da una forma di soft law frutto del coordinamento a una hard law protesa a reprimere tali violazioni della giusta imposta. Sulla scia poi di una nozione di sovranità che non è più ancorata a un territorio circoscritto, basti pensare al fenomeno dell'economia digitale, dove non si sa dove tassare, chi tassare e cosa tassare[19], l'evoluzione successiva, potrebbe essere quella di prevedere le deliberazioni a maggioranza qualificata anche per la protezione

---

18 In merito vale la pena sottolineare il collegamento tra migrazioni forzate, catastrofi natuali e mutamenti climatici, evidenziato quest'ultimo anche dall'Organizzazione mondiale sulle migrazioni già dal 2008.

19 In merito alla tassazione del digitale da ultimo v., E. DELLA VALLE e G. FRANSONI, (a cura di) *L'imposta sui servizi digitali*, Cedam, Padova, 2021, passim.

di diritti fondamentali, quali l'ambiente. Di qui l'approdo a una previsione di un'imposta generale sull'uso del carbone, come in precedenza descritta, frutto della cooperazione basato sul senso comune di appartenenza, com'è stato autorevolmente sostenuto dal filosofo Marramao, ovvero sul rilievo che la Corte di Giustizia attribuisce al valore sociale sotteso alle questioni rimesse al suo giudizio, ritenendolo comune anche negli Stati membri, nonostante i tentativi di alcune Corti nazionali di rimettere in discussione il suo primato[20].

Bibliografía

Alfano, R., *I tributi ambientali. Profili interni e europei*, Giappichelli, Torino, 2012.

Berliri, A., *Le imposte di bollo e di registro*, Giuffrè, Milano, 1970.

Buccisano, A., *Fiscalità ambientale tra principi europei e costituzionali, Dir. Prat. Trib*. 2016.

Cantaro, A., *Postpandemia, pensieri (meta) giuridici*, Giappichelli, Torino, 2021.

Cavaliere, S., *Economia circolare e intervento pubblico nell'economia: spunti di riflessione*, dirittifondamentali.it, 2020.

De Leonardis, F. (cur.), *Studi in tema di economia circolare*, Eum edizioni università Macerata, Macerata, 2019.

Del Vescovo, D., *La cooperazione europea allo sviluppo si rafforza con l'accordo di* George Town, *Ambientediritto*.it, 2022.

Della Valle, E., e **Fransoni, G.** (cur.), *L'imposta sui servizi digitali*, Cedam, Padova, 2021.

Di Pietro, A. (cur.), *La fiscalità ambientale in Europa*, Cacucci, Bari, 2016.

Dorigo, S., e **Mastellone, P.**, *La fiscalità per l'ambiente*, Aracne, Roma, 2013.

Falsitta, G., *I principi di capacità contributiva e di eguaglianza tributaria nel diritto comunitario e nel diritto italiano tra «ragioni del fisco» e diritti fondamentali della persona, Riv. dir. trib.*, 2011.

Fedele, A., *Ancora sulla nozione di capacità contributiva nella Costituzione italiana e sui «limiti» costituzionali all'imposizione, Riv. dir. trib.*, 2013.

Fedele, A., *Appunti dalle lezioni di diritto tributario*, Giappichelli, Torino, 2005.

20 Il primo riferimento è la sentenza del Tribunale Polacco del 7 ottobre 2021.

Ficari, V. (cur.), *I nuovi elementi di capacità contributiva. L'ambiente*, Aracne, Roma, 2016.

Gallo, F., *L'uguaglianza tributaria*, Editoriale Scientifica, Napoli, 2012.

Gallo, F., *Le ragioni del fisco. Etica e giustizia della tassazione*, II ed., Il Mulino, Bologna, 2011.

Gallo, F., *Profili critici della tassazione ambientale, Rass. Trib.*, 2010.

Giannini, A. D., *Istituzioni di diritto tributario*, Giuffrè, Milano, 1968.

Giovannini, E., *L'utopia sostenibile*, Bari-Laterza, 2018.

Icolari, M. A., *Fiscalità dell'ambiente, mercato e sviluppo sostenibile: un equilibrio possibile?, Ambientediritto.it*, 1/2020.

Icolari, M. A., *Per una dogmatica dell'imposta ambientale*, Editoriale Scientifica, Napoli, 2018.

Maffezzoni, F., *Il principio di capacità contributiva nel diritto finanziario*, UTET, Torino, 1970.

Miceli, R., *Green deal e politiche fiscali territoriali. Il nuovo quadro europeo dell'integrazione per differenziazione, Riv. dir. trimestrale di dir. trib.*, 2022.

Micheli, G. A., *Corso di diritto tributario*, IV ed., Utet, Torino, 1978.

Molaschi, V., *L'economia circolare nel piano di ripresa e di resilienza, Ambientediritto.it*, 2022.

Moschetti, F., *Il principio della capacità contributiva*, Cedam, Padova, 1973.

Panebianco, M., *Lo Stato anticrisi globale*, il Recovery State, Editoriale Scientifica, Napoli, 2021.

Pennasilico, M., «Emergenza e ambiente nell'epoca pandemica. Verso un diritto dello "sviluppo umano ed ecológico"», in (cur.) Icolari, M. A., *La tutela dell'ambiente al tempo della crisi pandemica*, Giappichelli, Torino, 2021.

Peverini, L., «I tributi ambientali», in Salvini, L., e Melis, G. (curr.), *L'evoluzione del sistema fiscale e il principio di capacità contributiva*, Cedam, Padova, 2014.

Rosembuj, T., *La capacità contributiva del «non fare». Il concetto di imposta. A proposito di un'importante sentenza della Corte Suprema degli Usa, Dir. prat. trib.*, 2012.

Selicato, P., *La tassazione ambientale: nuovi indici di ricchezza, razionalità del prelievo e principi dell'ordinamento comunitario, Riv. dir. trib. internazionale*, 2004.

Selicato, P., *Imposizione fiscale e principio «chi inquina paga», Rass. trib.*, 2005.

Uricchio, A. F., e **Selicato, G.** (curr.), *Circular Economy and Enviromental Taxation*, Cacucci, Bari, 2020.

TRATADO DE ESCAZÚ, AVANCES DE CHILE EN EL MULTILATERALISMO ACTUAL

César Pérez Peña[1]

Palabras claves: tratado internacional, asuntos ambientales, participación publica, acceso a la justicia

Sumario: I. Introducción. II. Participación de Chile en el Tratado, repercusión en el ámbito legislativo nacional. III. Conclusiones

I. Introducción

El pasado 31 de mayo de 2022, el H. Congreso Nacional de la República de Chile, aprobó y despachó al Presidente de la República, el proyecto de acuerdo que aprueba el «Acuerdo Regional sobre el Acceso a la Información, la Participación Pública y el Acceso a la Justicia en Asuntos Ambientales en América Latina y el Caribe, y su Anexo 1, adoptado en Escazú, República de Costa Rica, el 4 de marzo de 2018», (En adelante «Acuerdo de Escazú») ingresado a tramitación el 21 de marzo de 2022.

El Mensaje del Presidente[2] Gabriel Boric Font describe que el Acuerdo de Escazú «Acuerdo Regional sobre Acceso a la Información, la Participación Pública y el Acceso a la Justicia en Asuntos Ambientales en América Latina y el Caribe» (en adelante «Acuerdo de Escazú») es un tratado internacional, cuyo fin principal es garantizar la implementación de los derechos de acceso relativos a la gestión ambiental consignados en el Principio 10 de la declaración

---

1 **Abogado. Universidad de Valparaíso**, Máster Oficial en Derecho Internacional Público y Relaciones Internacionales. Fundación Ortega y Gasset. Madrid, España. Magíster en **«Relaciones Internacionales»** mención **«Gestión Internacional»**, de la Universidad de Viña del Mar. Diplomado en **«Derecho Internacional»** ante el **Comité Jurídico Interamericano de la OEA. Profesor de Derecho Internacional Universidad de Las Américas, Santiago de Chile.**

2 Mensaje n.° 001-370/ Boletín n.° 14852-10.

de Río de 1992 («Declaración de Río»), que indica «el mejor modo de tratar las cuestiones ambientales es con la participación de todos los ciudadanos interesados, en el nivel que corresponda. En el plano nacional, toda persona deberá tener acceso adecuado a la información sobre el medio ambiente de que dispongan las autoridades públicas, incluida la información sobre los materiales y las actividades que encierren peligro en sus comunidades, así como la oportunidad de participar en los procesos de adopción de decisiones. Los Estados deberán facilitar y fomentar la sensibilización y la participación de la población poniendo la información a disposición de todos. Deberá proporcionarse acceso efectivo a los procedimientos judiciales y administrativos, entre estos el resarcimiento de daños y los recursos pertinentes».

II. Participación de Chile en el Tratado, repercusión en el ámbito legislativo nacional

Cabe recordar que Chile tuvo un rol importante en el origen de este Acuerdo, presentando esta iniciativa en la Cumbre de Naciones Unidas «Río +20»; con la finalidad de consensuar entre los países del sistema regional americano un Tratado que se haga cargo de regular los nuevos desafíos ambientales que demanda el contexto actual, siendo el primer tratado a nivel mundial que comprende normativas de protección internacional para las personas defensoras de los derechos humanos en temas ambientales.

Además, el Acuerdo recoge la tendencia de los Acuerdos Multilaterales Ambientales contemporáneo, que no admiten reservas, tales como la Convención de Diversidad Biológica, sin perjuicio de las declaraciones interpretativas que cada Estado parte pueda formular.

Otras materias que comprende el Acuerdo de Escazú, son aquellas referidas derecho de acceso a la información, participación ciudadana y justicia ambiental respecto de los conflictos que den origen uso sostenible de los recursos naturales.

Sin embargo, especial atención merece el Artículo 3.° que establece los principios orientadores para los Estados partes que suscriben el acuerdo[3], principios que ya están incorporados en el ordenamiento jurídico chileno en virtud a los tratados internacionales ratificados por Chile, en el Derecho

3 Artículo 3. Principios. Cada Parte se guiará por los siguientes principios en la implementación del presente Acuerdo: a) principio de igualdad y principio de no discriminación; b) principio de transparencia y principio de rendición de cuentas; c) principio de no regresión y principio de progresividad; d) principio de buena fe; e) principio preventivo; f) principio precautorio; g) principio de equidad intergeneracional; h) principio de máxima publicidad; 16 Comisión Económica para América Latina y el Caribe (CEPAL) i) j) principio de soberanía permanente de los Estados sobre sus recursos naturales; principio de igualdad soberana de los Estados; y k) principio pro persona.

Internacional Público, en la jurisprudencia interamericana y en la legislación interna, entre ellos, la propia Constitución Política de la República, Ley N.° 20.285 sobre acceso a la información pública, Ley N.° 20.417 que crea el Ministerio del Medioambiente, el Servicio de Evaluación Ambiental y la Superintendencia del Medio Ambiente; Ley N.° xxx Responsabilidad Extendida del Productor y Fomento al Reciclaje, y la Ley N.° 19.300, de Bases Generales del Medio Ambiente y la Ley Marco de Cambio Climático.

Cabe destacar que estos principios, establecen estándares en materia de protección de los derechos humanos, protección ambiental y justicia ambiental, especial atención principio pro persona, en virtud del cual se debe recurrir como método a la interpretación más extensiva, que haga efectivo el goce de tales derechos.

Un ejemplo de la aplicación práctica de este último principio en la legislación interna de Chile, fue la reciente modificación[4] de la Ley N.° 19.300, de Bases Generales del Medio Ambiente, publicada en el Diario Oficial el 03 de junio de 2022, en cuya virtud el Servicio de Evaluación Ambiental (SEA)[5] amplía de 10 a 30 días el plazo para solicitar Participación Ciudadana (PAC), e instruye a las Divisiones y Direcciones Regionales del SEA para decretar la apertura de los procesos de participación ciudadana (PAC) cuando la ciudadanía lo solicite respecto a una Declaración de Impacto Ambiental (DIA).

Sin embargo, el Acuerdo contiene estándares que exigen su desarrollo en la normativa jurídica chilena. Ejemplo de ello, son las normas que tengan por finalidad facilitar el acceso a la información ambiental a las personas o grupos de personas en situación de vulnerabilidad y garantizarles asistencia para formular peticiones; contar con sistemas de alerta temprana ante una amenaza inminente a la salud o al medio ambiente); divulgar información en diversos idiomas si fuera necesario, adoptar las medidas necesarias (para promover el acceso de información ambiental privada, el incentivo de informes de sostenibilidad de empresas públicas y privadas, protección de los defensores de derechos humanos de asuntos ambientales, y un mecanismo de apoyo a grupos en situación de vulnerabilidad para acceder a la justicia ambiental.

---

4 Ley n.° 21.499 que modifica el Art. 30 bis de la Ley 19.300 Sobre Bases Generales del Medio Ambiente, en lo relativo a la Declaración de Impacto Ambiental, publicado en el Diario Oficial Jueves 2 de junio de 2022.

5 SEA: El Servicio de Evaluación Ambiental (SEA) es un organismo público funcionalmente descentralizado con personalidad jurídica y patrimonio propio. El SEA fue creado por la Ley N°20.417, publicada en el Diario Oficial el 26 de enero de 2010, que modificó la Ley N°19.300 sobre Bases Generales del Medio Ambiente.
Su función central es tecnificar y administrar el instrumento de gestión ambiental denominado «**Sistema de Evaluación de Impacto Ambiental**» (SEIA), cuya gestión se basa en la evaluación ambiental de proyectos ajustada a lo establecido en la norma vigente, fomentando y facilitando la participación ciudadana en la evaluación de los proyectos. https://www.sea.gob.cl/sea/quienes-somos

Un desafío importante para el ordenamiento jurídico interno será, también, adecuar ciertos aspectos ya incorporados en la normativa nacional, pero con estándar diferente al definido por el Acuerdo de Escazú. Estas son normas específicas que requieren un desarrollo legislativo para su complementación, y de este modo, darle vigencia efectiva al contenido de este Acuerdo. Ejemplo de ellos, es el enfoque intercultural en materia de participación ciudadana establecido en el art. N.º 7 del Acuerdo, y, además, normas destinadas a implementar métodos alternativos para la solución de controversias que de origen a conflictos medioambientales.

III. Conclusiones

Del desarrollo y análisis realizado en estas páginas y atento a que el Acuerdo entró en vigor el 22 de abril del 2021 al momento de cumplirse las 11 ratificaciones de los 33 países convocados para suscribirlos antes del 26 de septiembre del 2020, con la reciente ratificación hecha por el Congreso Nacional, Chile pasó a ser miembro adherente de este Tratado.

Para completar el análisis nos pareció interesante antes de concluir, destacar por una parte el papel del poder ejecutivo en cuanto a la participación de Chile en el Acuerdo impulsado tras la Conferencia de Naciones Unidas sobre el desarrollo Sostenible de 2012, fue planteada por el primer Gobierno del Presidente Sebastián Piñera (2010-2014), pero fue desechada durante su segundo periodo como jefe de Estado (2018-2022). Una semana después de asumir la Presidencia, el pasado 11 marzo, Boric firmó la propuesta de adhesión al tratado internacional. Por otra parte, destacar la actuación del poder legislativo en el proceso de adhesión de Chile al Tratado. Cuando el tratado fue presentado a la Cámara de Diputados, tras ser estudiado por las Comisiones de Relaciones Exteriores, Asuntos Interparlamentarios e Integración Latinoamericana; de Medio Ambiente y Recursos Naturales; y de Futuro, Ciencias, Tecnología, Conocimiento e Innovación, resultó aprobado por la Sala de la Cámara de Diputados con el acuerdo de proponer al Senado una Declaración Interpretativa del Congreso Nacional, que consta de cuatro puntos, y que fue acogida también por el Ministerio de Relaciones Exteriores La Declaración, en su primer punto, reconoce los avances legislativos del país en materia medioambiental, señalando que «el ordenamiento jurídico chileno recoge, en parte importante, tal como hemos desarrollado en páginas anteriores, las exigencias previstas en el Acuerdo, compartiendo las pautas que el mismo Acuerdo establece».

Una vez aprobado el Tratado, Maisa Rojas sostuvo que «era un momento para festejar» que Chile sostiene y vuelve al «multilateralismo», para dar soluciones de manera mancomunada. «Nadie puede resolver la crisis climática o de biodiversidad solo, o lo resolvemos juntos o no dejamos a nuestros hijos un planeta que sea habitable».

En conclusión, un país como Chile, con una institucionalidad medioambiental robusta, puede participar en igualdad de condiciones con los países de avanzada en esta materia que debe además basarse en sanas prácticas en defensa de los derechos humanos.

Bibliografía

Vargas Cárdenas, A., *Asesoría Técnica Parlamentaria Área de Gobierno, Defensa y Relaciones Internacionales*. N.° SUP: 134848

MINREL (2022) Canciller Antonia Urrejola asegura que el Acuerdo de Escazú redefine el foco de la política exterior del país: «Hoy es un día esperanzador para Chile». 18-03-2022. Disponible en: https://minrel.gob.cl/noticiasanteriores/canciller-antonia-urrejola-asegura-que-el-acuerdo-de-escazu-redefine-el (mayo, 2022)

CANAL CDTV (2020) Sesión Comisión de Relaciones Exteriores de la Cámara de Diputadas y Diputados, sesión celebrada el 03/05/2022. Citada al objeto de: «Continuar el estudio y votar el Proyecto de Acuerdo que aprueba el "Acuerdo Regional sobre el acceso a la información, la participación pública y el acceso a la justicia en asuntos ambientales en América Latina y el Caribe" y su anexo 1, adoptado en Escazú, República de Costa Rica, el 4 de marzo de 2018, correspondiente al boletín 14.852-10, con urgencia calificada de "suma"». Transmisión de Sesión Disponible en: https://www.camara.cl/prensa/television.aspx (mayo, 2022)

Cámara de Diputadas y Diputados. Oficio de ley a Cámara Revisora Boletín Legislativo N.° 14852-10 Disponible en: https://www.camara.cl/verDoc.aspx

¿MULTILATERALISMO EN CRISIS? ALCANCES Y DESAFÍOS PARA EL DERECHO INTERNACIONAL PRIVADO

Luciana B. Scotti[1]*

Palabras Clave: Multilateralismo – Cooperación – Derecho Internacional Privado – Crisis – Desafíos.

Sumario: I. Introducción. II. Interacciones entre el Derecho Internacional Público y el Derecho Internacional Privado en un escenario multilateral. III. ¿Cómo incide la aparente crisis del multilateralismo en las situaciones privadas internacionales? III.1. El DIPr. ante la pandemia 1. Las medidas restrictivas y las normas internacionalmente imperativas 2. La protección internacional de la familia y de la niñez. 2.1. La gestación por sustitución 2.2. La restitución internacional de niños. III.2. El DIPr. ante el conflicto Rusia-Ucrania. A. La protección internacional de la familia y de la niñez. a. Adopción internacional. b. Gestación por sustitución. c. Restitución internacional de niños. IV. A modo de colofón: desafíos para el Derecho Internacional Privado en un Siglo XXI convulsionado.

Resumen: Fenómenos recientes como la pandemia por COVID 19 o el actual conflicto armado que se desarrolla entre Rusia y Ucrania han puesto en tela de juicio los alcances reales del multilateralismo, no solo en el plano económico sino también en el político, con repercusiones que alcanzan al mundo jurídico del Derecho Internacional, no solo Público, sino también al Derecho Internacional Privado y al Derecho de la Integración. Sin lugar a dudas, las interconexiones entre estas disciplinas cada vez son más notorias, al punto que bien podríamos pensar en un Derecho Internacional, comprensivo de tales materias.

---

1 *Abogada, egresada con Medalla de Oro (UBA). Magister en Relaciones Internacionales (UBA). Doctora de la Universidad de Buenos Aires (Área Derecho Internacional). Diploma de Posdoctorado (Facultad de Derecho, UBA). Profesora Adjunta regular de Derecho Internacional Privado y de Derecho de la Integración en la Facultad de Derecho, UBA. Vicedirectora del Instituto de Investigaciones Jurídicas y Sociales «Dr. Ambrosio L. Gioja», Facultad de Derecho, Universidad de Buenos Aires. Autora y coautora de libros, capítulos de libros, artículos, ponencias y comunicaciones en Congresos, sobre temas de su especialidad. Contacto: lucianascotti@derecho.uba.ar

En efecto, las incidencias de esta crisis no solo afectan a las relaciones entre los Estados y en general, entre sujetos del Derecho Internacional, sino que también impactan en la vida de las personas humanas y jurídicas que cada día con más frecuencia internacionalizan sus relaciones y buscan el reconocimiento extraterritorial de su estatuto personal, así como el acceso jurisdiccional, y la posibilidad de arribar a soluciones justas para los casos multiconectados que se suscitan.

De la incidencia de esta crisis del multilateralismo en las relaciones privadas internacionales y de los desafíos para el Derecho Internacional Privado nos ocuparemos en este trabajo.

I. Introducción

El multilateralismo y la cooperación entre los Estados para la elaboración de normas internacionales y la conformación de organizaciones internacionales que se han convertido en foros de codificación internacional han resultado clave para el desarrollo del Derecho Internacional Privado (DIPr) contemporáneo.

La Organización de Naciones Unidas, sobre todo a través de la CNUDMI (UNCITRAL, por sus siglas en inglés), la Organización de Estados Americanos, a partir de las célebres CIDIP y de la labor del Comité Jurídico Interamericano, la Conferencia de La Haya de Derecho Internacional Privado (HCCH), e incluso en el ámbito regional, procesos de integración como el Mercosur o la Unión Europea, se erigen desde el Siglo XX como los grandes centros de producción de normas, tanto de *hard law* como de *soft law* para regir las situaciones privadas internacionales de la más variada índole.

Sin embargo, fenómenos recientes como la pandemia por COVID-19 o el actual conflicto armado que se desarrolla entre Rusia y Ucrania han puesto en tela de juicio los alcances reales del multilateralismo, no solo en plano económico sino también en el político, con repercusiones que alcanzan al mundo jurídico del Derecho Internacional, no solo Público, sino también al Derecho Internacional Privado y al Derecho de la Integración.

Las incidencias de esta crisis no solo afectan a las relaciones entre los Estados y en general, entre sujetos del Derecho Internacional, sino que también impactan en la vida de las personas humanas y jurídicas que cada vez con más frecuencia internacionalizan sus relaciones y buscan el reconocimiento extraterritorial de su estatuto personal, así como el acceso jurisdiccional, y la posibilidad de arribar a soluciones justas para los casos multiconectados que se suscitan.

La pandemia, la postpandemia así como esta lamentable guerra han modificado las agendas de los organismos internacionales mencionados, a la vez que han ocasionado serias dificultades en temas muy variopintos, que van desde la contratación internacional, las migraciones, la restitución internacional de niños, la relocalización de familias, las adopciones internacionales, o los acuerdos de gestación por sustitución celebrados en el extranjero, entre otros.

Nuestro objetivo es analizar cuáles son los retrocesos, las asignaturas pendientes, y los desafíos para el Derecho Internacional Privado en un escenario multilateral que se encuentra en plena reconstrucción.

II. Interacciones entre el Derecho Internacional Público y el Derecho Internacional Privado en un escenario multilateral

Cuando aludimos al «multilateralismo», nos referimos a la colaboración entre varios Estados con un objetivo en común, para un asunto que convoca su interés. Sin embargo, también pueden estar involucrados el sector privado y la sociedad civil.

Si bien el estudio de las relaciones multilaterales de cooperación entre Estados tiende a ser un tema de exclusivo estudio del Derecho Internacional Público, la realidad demuestra que las interacciones de dicha disciplina con el Derecho Internacional Privado son, cada día, más fecundas y necesarias.

Tradicionalmente la doctrina se ha empeñado en destacar cada una de las diferencias entre el Derecho Internacional Público (DIP) y Privado (DIPr). Así hemos asistido a una historia de divergencias, en la cual, mientras el primero tiende a desinteresarse del segundo, éste se ha visto en una autoimpuesta necesidad de independizarse, sin advertir que uno y otro son —en definitiva— parte de un mismo Derecho Internacional, que funciona como un sistema comprensivo de uno y otro.

Sin embargo, una importante cantidad de expertos desde hace varias décadas[2], procuran remarcar las confluencias entre uno y otro, que especialmente se materializan en la praxis. El desconocimiento de estas interrelaciones, que ha sido en líneas generales, recíproco, ha dado pasó a un creciente interés por el

2 Destacan los trabajos de BATIFFOL, HENRY, «Points de contact entre le droit international public et le droit international privé», *Choix d'articles rassemblés par ses amis*, Paris: Pichon & Durand Auzias, 1976, pp. 37-48; MAYER, PIERRE, «Droit international privé et droit international public sous l'angle de la notion de compétence», *Révue Critique de Droit International Privé*, 1979, pp. 1-29; y también en los Cursos de la Academia de Haya de Derecho Internacional, como WORTLEY, BEN A., «The Interaction of Public and Private International Law Today», en *Recueil de Cours*, Vol. 85, 1954, pp. 246-247; o LOWENFELD, ANDREAS, «Public Law in the International Arena: Conflict of Laws, International Law, and Some Suggestions for Their Interaction», en *Recueil des Cours*, Vol. 163, 1979, pp. 311-445, entre otros.

estudio de las relaciones de complementación que se configuran en la práctica del Derecho Internacional. Tal como manifiesta Fernández Arroyo:«(...) la redécouverte de l'importance mutuelle entre le droit international privé et le droit international public occupe depuis un certain temps déjà un espace significatif dans le discours théorique privatiste et dans l'expérience quotidienne des juges, arbitres et avocats, qui observent comment, dans de multiples domaines, les règles et principes des deux disciplines se mélangent dans la réalité»[3].

Una de las principales motivaciones que sostuvo durante largas décadas la grieta entre el DIP y el DIPr es la idea equivocada de que éste no es realmente internacional, pues sus normas tradicionalmente se encontraban en leyes nacionales, códigos, es decir fuentes domésticas. No es ésta la realidad del DIPr contemporáneo, que se encuentra ampliamente codificado en tratados internacionales y en normas de *soft law* de carácter igualmente internacional. En efecto, como sostiene Mills: «(...) the dominant perspective on private international law denies its international character and views it as a part of national private law, concerned with doing justice in individual cases. This paradigm masks the role of norms of international law underlying private international law, and the function and effect of private international law as an international regulatory system»[4].

En suma, los casos que se presentan tanto ante tribunales nacionales como internacionales tienden a ser cada vez más complejos y exigen un tratamiento integral, desde un enfoque doble público-privado. De allí, la necesidad de conocer en profundidad ambas disciplinas así como sus denominadores comunes. Este conocimiento se constituye en una herramienta de vital importancia a la hora de abordar, interpretar e incluso resolver un caso internacional.

En definitiva, el Derecho Internacional Público así como el Derecho Internacional Privado contemporáneo tiene un presupuesto común: el Estado Moderno. En efecto, como afirma Silva: «Al surgir el Estado moderno, cada uno se dio sus propias leyes, que no fueron las mismas en todo el mundo. Esto propició las diferencias entre las de cada estado de la comunidad internacional, y con ello, se impulsó la aparición de un derecho internacional privado; primeramente hacia el interior de cada Estado (el derecho de fuente interna) y luego, uno convencional internacional»[5].

---

3 *Cfr.* Fernández Arroyo, Diego P., «Réflexions autour du besoin réciproque entre le droit international privé et le droit international public», en Diego P. Fernández Arroyo (ed.), *Le 90e anniversaire de Boutros Boutros-Ghali. Hommage du Curatorium à son Président*, London-Boston: Martinus Nijhoff, 2012, p. 113.

4 *Cfr.* Mills, Alex, *The confluence of public and private international law. Justice, Pluralism and Subsidiarity in the International Constitutional Ordering of Private Law*, Cambridge: Cambridge University Press, 2009, p. 213.

5 *Cfr.* Silva, Jorge Alberto, «El surgimiento del Estado moderno como propiciatorio del Derecho internacional privado contemporáneo», *Anuario de la Maestría en Derecho Internacional Privado y Comparado*, No. 4, 2022, p. 483.

Cada Estado, entonces, dispone de su propio ordenamiento legal interno y sus correspondientes autoridades judiciales y administrativas. No solo se torna imperativo reglar las relaciones entre ellas, sino también entre los individuos que habitan en los respectivos Estados, que se desplazan más allá de las fronteras estatales, generan situaciones jurídicas, entablan relaciones interpersonales y requieren contar con un reconocimiento legal transfronterizo, para lo cual será necesario armonizar quién dirimirá una eventual controversia, el derecho que resultará aplicable y el modo en que las decisiones judiciales y arbitrales serán reconocidas y ejecutadas internacionalmente.

La protección internacional de los Derechos Humanos es otro punto en común para ambas materias. El vínculo con el Derecho Internacional Público constituye una manifiesta retroalimentación a partir de la internacionalización de los Derechos Humanos y la humanización del Derecho Internacional Público[6]; ahora bien, en la actualidad el Derecho Internacional Privado también se estudia en clave de derechos humanos: el interés superior de los niños, niñas y adolescentes, el acceso a la justicia, los derechos de los consumidores, el interés de los adultos vulnerables, los derechos fundamentales de los migrantes, los derechos de las mujeres y la perspectiva de género, entre otros, se erigen en guías ineludibles para aproximarse a la solución de un caso privado multinacional. En suma, la necesidad de garantizar los derechos humanos ha revolucionado al DIPr clásico, que ha dejado de pretender su consabida neutralidad y abstracción, en búsqueda del debido resguardo de valores universalmente reconocidos.

Por otro lado, una pluralidad de temas requiere un enfoque complementario desde las dos ramas clásicas del Derecho Internacional. Un análisis de este tenor es necesario en ámbitos como la contratación pública, las inversiones extranjeras, el derecho bancario internacional, el derecho internacional económico, las finanzas internacionales, la violación de derechos humanos por las empresas multinacionales, las migraciones internacionales, las inmunidades de los Estados, el desarrollo sostenible y la protección internacional del ambiente, entre tantos otros.

En síntesis, se puede observar que las relaciones entre el Derecho Internacional Público y Privado son numerosas. Desde esta perspectiva, resulta de interés analizar el impacto de la actual crisis del multilateralismo en las situaciones privadas internacionales.

---

6 *Cfr.* Cançado Trindade, Antônio A., *Los tribunales internacionales contemporáneos y la humanización del derecho internacional*, Buenos Aires, Ad Hoc, 2013, pp. 7 y ss.

III. ¿Cómo incide la aparente crisis del multilateralismo en las situaciones privadas internacionales?

III.1. El DIPr ante la pandemia

La pandemia que hemos atravesado, y aun transitamos, ha puesto en jaque, en gran medida, el mundo que conocíamos. En este contexto, no debe llamar la atención que todas las ramas del Derecho hayan tenido que adecuarse, adaptarse e incluso reinventarse. Una de las más implicadas es, sin dudas, el Derecho Internacional Privado.

Tal como destaca MARÍA ELSA UZAL, esta crisis sanitaria sin precedentes «encontró a la comunidad internacional transitando por un proceso de globalización generalizado, aunque con notables asimetrías entre países desarrollados y en vías de desarrollo y con un singular resurgimiento de la exteriorización de sentimientos nacionalistas en lo político y en lo económico en algunos países, incluso centrales, que en algún caso se mostró apto para fracturar un proceso comunitario tan avanzado como el europeo»[7].

En efecto, se trata de ese mismo fenómeno de globalización que ha permitido romper las barreras nacionales, expandir los mercados y generar la propagación mundial de nuevas tecnologías capaces de abolir las distancias. Asimismo, la información se ha vuelto accesible a un costo muy bajo y ha devenido mucho más transparente en todos los rincones del universo. Los límites de los Estados se han esfumado, la población se torna inestable por las migraciones y el poder estatal se descentraliza, se atomiza, se extraterritorializa.

En este escenario, con un incremento incesante de los casos privados multiconectados, multinacionales, internacionales, en ocasiones regionales, y en otras, incluso multiculturales, se presenta la pandemia producida por el COVID 19.

En este sentido, resultan muy ilustrativas las palabras de la Conferencia de La Haya de Derecho Internacional Privado: con el cierre de las fronteras internacionales y la introducción de medidas de confinamiento, el movimiento transfronterizo de personas y mercancías está sujeto a restricciones sin precedentes. En muchos Estados y territorios, los niños y las familias se encuentran varados. El acceso a los servicios públicos sigue siendo limitado. Los procedimientos legales se han retrasado o suspendido. La corriente de mercancías se ha reducido o restringido y las empresas no han podido cum-

7 UZAL, MARÍA ELSA, «Impacto del COVID-19 en los contratos internacionales. La relevancia del abordaje del problema desde las normas de policía», en *La Ley* 06/07/2020, 06/07/2020, 2. Cita Online: AR/DOC/1704/2020.

plir sus obligaciones contractuales. Sin embargo, aunque estamos siendo testigos de un aumento en el registro de tecnologías para ayudar en estos tiempos inciertos, el hecho es que las cuestiones de derecho internacional privado se están multiplicando[8].

Ante un fenómeno global, las medidas, en general adoptadas unilateralmente por cada Estado, han conmocionado a la «normalidad» que transitábamos y ha generado una serie de dificultades para el desarrollo de las relaciones privadas internacionales, tanto aquellas de índole patrimonial, como aquellas, sobretodo, de carácter personal, como las relaciones familiares. Dentro de estas últimas, ha sido objeto de varios estudios doctrinarios el impacto de la pandemia en la restitución internacional de niños, de la que nos ocuparemos más adelante.

Dreyzin de Klor describe este panorama con extrema claridad: «la pandemia de COVID-19 (...) encuentra a las familias en numerosos casos dispersas, esto es, los miembros del núcleo familiar residiendo en diferentes países, y, entre los graves problemas provocados por este escenario, se destaca el agravamiento en uno de los sectores relativos a la protección internacional de niñas, niños y adolescentes (NNA). Nos referimos a la sustracción internacional de menores o de NNA, según la terminología más moderna, que mira a esta categoría etaria propiamente como sujetos de derecho y a los conflictos que se han generado a partir de la imposibilidad de movilización de las personas»[9].

Varios temas comprendidos por nuestra disciplina resultaron fuertemente condicionados por la crisis sanitaria y las medidas que los Estados se vieron obligados a adoptar. Tomaremos solos algunos de ellos.

1. Las medidas restrictivas y las normas internacionalmente imperativas

En general, el primer interrogante que surge es intentar catalogar este tipo de decisiones de excepción y sus efectos en el plano de Derecho Internacional Privado. Es decir, si estas normas de emergencia, frecuentes en situaciones de crisis, constituyen normas coactivas, obligatorias, de orden público interno, que vedan todo espacio para la autonomía de la voluntad de las partes, en el plano doméstico, o si, además, pueden configurarse como normas internacionalmente imperativas o normas de policía del Derecho Internacional Privado.

8 HCCH, *COVID-19 Toolkit*, 2020. Disponible en: https://assets.hcch.net/docs/538fa32a-3fc8-4aba-8871-7a1175c0868d.pdf .

9 Dreyzin de Klor. Adriana, «La incidencia del COVID-19 en la protección internacional de niños, niñas y adolescentes», en *EBOOK-TR 2020* (Andruet), 20/08/2020, 32. Cita Online: AR/DOC/1898/2020.

La doctrina ha definido a estas últimas como «defensas o resguardos que cada ordenamiento jurídico construye para evitar que dentro del territorio propio se realicen soluciones que perturben determinados principios estructurales sobre los que está edificado. Son normas especiales, excepcionales, que en vez de controlar el encuadre de una solución en los propios principios de orden público (cláusula de reserva), optan por vetar apriorísticamente cualquier solución que no sea basada en sus principales convicciones jurídicas»[10].

También se las ha conceptualizado como normas unilaterales, inderogables, que remiten al derecho propio de modo exclusivo, característica que impide también el ejercicio de la autonomía de la voluntad. Es decir, las partes se ven impedidas de crear derecho convencional en los temas calificados como esenciales por cada Estado. Hay actos que realizan particulares, donde el Estado sólo admite que se concreten bajo su propia reglamentación. El legislador no deja, en limitadas cuestiones, que convencionalmente tenga validez la autonomía privada[11].

En estos casos se aplica la norma internacionalmente imperativa sin importar siquiera que la solución del derecho extranjero sea más beneficiosa en el caso concreto. Dichas normas responden a políticas públicas que persiguen la protección de algún interés para el país, como puede considerarse el resguardo de la salud pública. A diferencia de la excepción de orden público internacional, en estos casos, la *lex fori* es aplicada no como resultado de la manifiesta incompatibilidad del derecho extranjero designado por la norma indirecta del juez con los principios fundamentales del foro, sino porque ella es una regla material de aplicación inmediata, designada directamente como aplicable por el ordenamiento del juez.

En Argentina, el art. 2599 del Código Civil y Comercial de la Nación (CCyCN) se ocupa de las normas internacionalmente imperativas. Según la disposición prevista, la puesta en juego de estas normas en un caso concreto, obligan al juez a desplazar el derecho extranjero que designan como aplicable nuestras normas indirectas de fuente interna o convencional, así como el derecho elegido por las partes en ejercicio de la autonomía de la voluntad. Adviértase que el art. 2599 exige la aplicación de las normas internacionalmente imperativas del foro, así como las del derecho extranjero que resulte aplicable. En cambio, simplemente faculta al juez a tener en cuenta las normas de policía de un tercer Estado, siempre que su derecho presente vínculos estrechos, manifiestos y relevantes con el caso.

---

10 All, Paula y Albornoz, Jorge, «Título IV: Disposiciones de Derecho Internacional Privado. Capítulo 1: Disposiciones generales», en Julio C. Rivera y Graciela Medina (dirs.). *Código Civil y Comercial de la Nación comentado*, La Ley, Buenos Aires, 2014, p. 791.

11 Herrera, Marisa, Caramelo, Gustavo y Picasso, Sebastián (dirs.). *Código Civil y Comercial de la Nación comentado*, t. VI. Infojus, Buenos Aires, 2015, p. 323.

Ahora bien, tal como advierte BOGGIANO, «para que sea aplicable una norma de policía extranjera, no debe existir norma de policía argentina que enfoque el mismo aspecto del caso, pues las normas de policía argentinas son exclusivas y excluyentes de toda otra. Además, se requiere que una norma de policía extranjera no lesione principios de orden público argentinos»[12].

En referencia a las medidas de emergencia adoptadas en el contexto de esa pandemia, UZAL manifiesta que «es necesario prevenir, como recordaba muy bien BOGGIANO, sobre la tendencia a confundir las soluciones de estas normas coactivas del derecho interno con normas de policía, de aplicación inmediata, perentorias o internacionalmente imperativas, como las denomina nuestro Código Civil y Comercial en el art. 2599, propias del derecho internacional privado (DIPr.)»[13].

Sin embargo la misma autora advierte que «en situaciones de crisis como la que examinamos, un tribunal nacional siempre deberá privilegiar los intereses del foro, representados por sus propias normas de policía exclusivas y excluyentes y por los principios de orden público que inspiran su ordenamiento jurídico, que obsten a la aplicación de cualquier disposición que se les oponga»[14].

Es pertinente recordar que en la crisis socioeconómica de índole nacional que atravesó la República Argentina en 2001, el gobierno adoptó una serie de normas coactivas de emergencia, incluyendo la pesificación de la moneda. Sin embargo, en aquella oportunidad, no fueron consideradas como normas internacionalmente imperativas y por ende no resultaron aplicables a las operaciones de comercio internacional.

2. La protección internacional de la familia y de la niñez

Como hemos anticipado, la pandemia ha causado un fuerte impacto en las relaciones familiares internacionales y en especial en lo que concierne a sus miembros más vulnerables: los niños, niñas y adolescentes.

Las visitas internacionales y los contactos transfronterizos se vieron interrumpidos, o se discontinuaron, los reclamos y el cumplimiento de las obligaciones alimentarias se dificultó, los procesos de adopciones internacionales quedaron muy comprometidos ante los obstáculos para proseguir los trámi-

12 BOGGIANO. ANTONIO, *Derecho internacional privado. En la estructura jurídica del mundo actual*, 6.ª ed., Abeledo Perrot, Buenos Aires, 2011, p. 215.

13 UZAL. MARÍA ELSA, «Impacto del COVID-19 en los contratos internacionales. La relevancia del abordaje del problema desde las normas de policía», en *La Ley* 06/07/2020, 06/07/2020, 2. Cita Online: AR/DOC/1704/2020.

14 *Ibidem*.

tes que exigen la cooperación de autoridades de los Estados de residencia habitual o domicilio de adoptado y adoptantes. Incluso, se presentaron casos de imposibilidad de ingreso de futuros adoptantes al país donde se lleva a cabo la adopción, demorándola o frustrándola[15].

De hecho, tales temas fueron objeto de análisis de la Conferencia de La Haya de Derecho Internacional Privado para la elaboración de un conjunto de herramientas (COVID-19 *Toolkit*), una suerte de recopilación de consejos y recursos relevantes diseñados para ayudar a los usuarios de las Convenciones y otros instrumentos del organismo en tiempos de pandemia y post-pandemia[16].

2.1. La gestación por sustitución

Durante los primeros meses de la crisis sanitaria global, tomaron estado público casos de niños que habían nacido gracias a acuerdos de gestación por sustitución celebrados en el extranjero que no podían tomar contacto con sus progenitores intencionales impedidos de viajar o de ingresar en tales países. En efecto, las imágenes de hileras de cunas, cual «fábricas de bebés», en los principales periódicos y medios digitales de comunicación recorrieron el mundo, causando conmoción[17]. Eran decenas de recién nacidos en un hotel de Kiev, dados a luz en el Centro de Reproducción Humana BioTexCom, varados a la espera de sus padres que no podían migrar para recogerlos debido al cierre de fronteras y las medidas de confinamiento durante la pandemia de COVID 19. Desde el inicio de la pandemia, más de cien parejas extranjeras solicitaron ingresar a Ucrania para buscar a sus hijos. Entre ellas, al menos diecisiete eran argentinas. Algunas lograron viajar antes de la cuarentena decretada, pero no podían retornar.

De tal modo, «Ucrania se ha convertido en el foco de las miradas internacionales y ha puesto en evidencia las complejidades de la gestación por

---

15 Es de interés el Cuestionario sobre el impacto de la COVID-19 sobre las adopciones internacionales constituidas en virtud del Convenio sobre Adopción de 1993 (Doc. Prel. n.º 5 de diciembre de 2020), elaborado para la Quinta Reunión de la Comisión Especial sobre el funcionamiento práctico de dicho tratado, programada provisoriamente para la semana del 14 al 18 de junio de 2021. Su objetivo es recopilar información de los Estados respecto de sus prácticas actuales y de los desafíos que puedan enfrentar o hayan enfrentado en la implementación del Convenio a la luz de la pandemia de COVID-19 y sus profundas consecuencias globales. Disponible en: https://www.hcch.net/es/publications-and-studies/details4/?pid=6908&dtid=33. Las respuestas al Cuestionario se pueden consultar en: https://www.hcch.net/fr/publications-and-studies/details4/?pid=6907&dtid=33.

16 HCCH, *COVID-19 Toolkit*, 2020. Disponible en: https://assets.hcch.net/docs/538fa32a-3fc8-4aba-8871-7a1175c0868d.pdf.

17 Ver, entre muchos otros similares: https://www.bbc.com/mundo/noticias-internacional-52679424.

sustitución transfronteriza. Complicaciones que no se agotan en el campo jurídico, médico y/o económico sino que trasciende al campo de la subjetividad»[18].

Gracias a gestiones entre las Cancillerías, y la utilización de vuelos humanitarios, varias de estas parejas de progenitores intencionales pudieron encontrarse con sus hijos.

Más allá de estas soluciones de emergencia, ante la falta de una regulación precisa en materia de gestación por sustitución en un número importante de Estados, y la disparidad de tratamiento en aquellos países que la regulan, las situaciones críticas atravesadas reabrieron el debate sobre el llamado «turismo reproductivo»[19].

2.2. La restitución internacional de niños

Párrafo aparte, merecen los problemas que se suscitaron en torno a los casos de traslados o retenciones ilícitas de niños fuera del lugar de su centro de vida o residencia habitual, conductas cometidas por los propios progenitores en violación de un derecho de custodia efectivamente ejercido.

Destaca Dreyzin de Klor que «durante esta pandemia, llama la atención el número de demandas ingresadas. Se ha sostenido que contradice la lógica el hecho de que se hayan multiplicado estos casos frente al cierre de fronteras y la suspensión de vuelos internacionales. El terreno de la sustracción internacional de menores se ha convertido en campo fértil para que se generen estos conflictos y se accionen los mecanismos de los tratados internacionales que vinculan a nuestro país con otros Estados»[20].

---

18 Chardon, Estela María, Gallo, Dolores y Navés, Flavia, *Efectos de la pandemia por COVID-19 en la gestación por sustitución: los nacimientos en ucrania*. XII Congreso Internacional de Investigación y Práctica Profesional en Psicología. XXVII Jornadas de Investigación. XVI Encuentro de Investigadores en Psicología del MERCOSUR. II Encuentro de Investigación de Terapia Ocupacional. II Encuentro de Musicoterapia. Facultad de Psicología - Universidad de Buenos Aires, Buenos Aires, 2020. Disponible en: https://www.aacademica.org/000-007/221

19 El «turismo reproductivo» implica el traslado de un individuo o pareja desde su país de origen a otro país, para acceder a las técnicas de reproducción humana asistida. Eleonora Lamm lo define como el «desplazamiento de posibles receptores de TRA desde una institución, jurisdicción o país donde una técnica en concreto no se encuentra disponible, a otra institución, jurisdicción o país donde pueden obtenerla. *Cfr*. Lamm, Eleonora, «Gestación por sustitución. Realidad y Derecho», en *Revista para el Análisis del Derecho, InDret* 3/2012. Disponible en: https://indret.com/wp-content/themes/indret/pdf/909_es.pdf.

20 Dreyzin de Klor, Adriana «La incidencia del COVID-19 en la protección internacional de niños, niñas y adolescentes», en *EBOOK-TR 2020* (Andruet), 20/08/2020, 32. Cita Online: AR/DOC/1898/2020.

El incremento de casos responde, según la Prof. TAGLE DE FERREYRA, a factores objetivos y a la propia normativa convencional. Afirma al respecto que, si analizamos los primeros, «es indudable que los vínculos familiares se ponen a prueba en situaciones de alta vulnerabilidad. En casos de restitución internacional, el progenitor perjudicado procura el retorno de su hijo al estado de residencia habitual, con la convicción que será el lugar que le garantice adecuadamente el derecho a la salud y a su integridad física, e inclusive a preservar su vida».

A su turno, en relación con las normas convencionales, advierte la autora, que «la explicación la encontramos en una razón de orden procesal: los plazos para iniciar la solicitud son muy breves y la demora trae efectos jurídicos. Es decir, la celeridad y concentración, contenida en el principio de economía procesal y transversal a los convenios restitutorios, consiste principalmente, en conseguir el mayor resultado con el mínimo de actividad de la administración de justicia. Se manifiesta con todo rigor en el acotado plazo para dictar resolución que se establece dentro de las seis semanas a partir de la fecha de iniciación del procedimiento (...)»[21].

Varios aspectos de la restitución internacional de niños han sido afectados por la pandemia: por un lado, se la invoca como fundamento de la excepción de «grave riesgo», por otro lado, ha ocasionado demoras en el procedimiento por paralización o suspensión de la actividad judicial, así como dilaciones e imposibilidad de la ejecución de las órdenes de retorno. Asimismo, se han advertido serias dificultades para garantizar el derecho del niño a ser oído. Por último, se configura la posibilidad de retenciones de facto no intencionales por el cierre de fronteras.

La complejidad se incrementa aún más si pensamos en los procesos que estaban por iniciarse o acababan de serlo. ¿Qué debe primar? Es decir, la suspensión del sistema judicial se traduce como un gran obstáculo para la resolución de traslados o retenciones ilícitas. Puede no percibirse, pero el factor tiempo en este tipo de procesos es fundamental. En otros casos, la suspensión hasta que la situación mundial mejore puede ser tolerada sin la producción de impactos irreversibles, pero cuando los derechos de niños están en juego la protección de su interés superior es lo que debe privilegiarse pues las lesiones no pueden, en muchos casos, ser reparadas.

Como adelantamos, desde otro punto de vista, la pandemia y sus efectos podrían invocarse, desde una mirada superficial, para configurar la excepción de grave riesgo para evitar la restitución del niño a su residencia habitual. Sin embargo, la crisis sanitaria no habilita un cambio en el alcance de

21 TAGLE DE FERREYRA, GRACIELA, *La restitución internacional de niños, niñas y adolescentes en tiempos de COVID-19*, en SJA 14/10/2020, 14/10/2020, 3. Cita Online: AR/DOC/3046/2020.

esta excepción[22]. Siendo una crisis global, difícilmente podría considerarse que la restitución al lugar de su residencia habitual le ocasionaría al niño un riesgo adicional a su salud, máxime cuando se pueden extremar las medidas para que el retorno sea seguro.

En el plano internacional, se han resuelto casos de sumo interés en esta materia. Por ejemplo, en «KR v HH», se encontraba probado que la niña tenía su residencia habitual en España e incluso había manifestado su voluntad de regresar a España con su padre. Por ende, la menor había sido sustraída ilícitamente a Reino Unido por la madre. Sin embargo, la sustractora alega la excepción de grave riesgo del menor por la situación de crisis sanitaria debido al COVID 19 en España. En relación con la pandemia, la *High Court of England and Wales (Family Division)* identifica dos riesgos potenciales para la menor: por un lado, que la pandemia está más avanzada en España que en Reino Unido (en el momento de la resolución), y por otro, el riesgo de realizar un viaje internacional actualmente. El Tribunal reconoce la gravedad de la pandemia, pero afirma no tener evidencia suficiente, más allá de que, pese a que en España la epidemia está más avanzada, en Reino Unido se prevé que los casos continúen aumentando. Señala que no puede saber si hay diferente riesgo de contagio en un Estado y en el otro. Concluye que con la evidencia que posee, no puede afirmar que la menor tenga más riesgo de contraer el virus en España que en Reino Unido. Además, exige el retorno más rápido posible ya que al aumento de las restricciones de movimiento y el cierre de fronteras hace que no haya garantías de que el retorno de la menor pueda realizarse durante mucho más tiempo ante un inminente cierre de las fronteras[23].

Con una mirada diferente, en el caso «Onuoha v. Onuoha», el juez de primera instancia de la ciudad de Ontario (Canadá) el 24 de marzo de 2020 como consecuencia del pedido de restitución planteado por el padre y proveniente de Nigeria, incoado con anterioridad (noviembre de 2019), debía

22 HCCH, *Guía de Buenas Prácticas* en virtud del Convenio de 25 de octubre de 1980 sobre los Aspectos Civiles de la Sustracción Internacional de Menores. Parte VI. Artículo 13(1) (b), La Haya, 2021. Disponible en: https://assets.hcch.net/docs/6de308cc-a588-4154-acc0-bf8c15c51b12.pdf. Puede ampliarse en: SCOTTI, LUCIANA B. «La excepción de "grave riesgo" en la restitución internacional de niños», en *El Derecho. Diario de Doctrina y Jurisprudencia*, Año LVI, N° 14515 (Primera parte, pp. 1 - 6) y N° 14516 (Segunda parte, pp. 2 - 5), ED 280, Universidad Católica Argentina, Buenos Aires, 23 y 24 de octubre de 2018; «Restitución internacional de niños: avances hacia una razonable interpretación de la excepción de "grave riesgo"», en *Revista de Derecho de Familia y de las Personas*, Año XI, Ed. La Ley, 7 de noviembre de 2019, p. 14 y ss. Cita Online: AR/DOC/2999/2019; SCOTTI, LUCIANA B. y BALTAR, LEANDRO, «La excepción de grave riesgo a la Restitución Internacional de Niños y la Guía de Buenas Prácticas VI», en *Cadernos Eletrônicos Direito Internacional sem Fronteiras*, Volumen 2, Número 1, Minas Gerais, Brasil, enero – junio 2020, pp. 1 – 36.

23 «KR v HH», 2020 (EWHC 834 (Fam). Disponible en: https://www.incadat.com/es .

resolver si el pedido era urgente o, como solicitó la madre, debía permanecer suspendido hasta el 2 de junio de 2020. En su defensa, la progenitora invocó las restricciones de viaje vigentes. Sumado a ello, afirmó que estaba a la espera una prueba médica por experimentar síntomas de COVID 19.

El magistrado destacó que la pandemia mundial dio lugar a restricciones de viaje generalizadas, incluida las autoridades del Gobierno de Canadá quienes aconsejaron evitar viajes no esenciales al exterior. Entonces, expresó: «este no es el momento de escuchar una moción sobre el regreso de los niños a otra jurisdicción. De hecho, si el padre tuviera éxito, cualquier orden probablemente no podría implementarse durante semanas o incluso meses. Sería una insensatez exponer a los niños a viajes internacionales frente al *Travel Advisory*, arriesgando las restricciones y complicaciones que se anuncian en el mismo (...) Si bien el asunto es muy importante para las partes, en mi opinión no es actualmente "urgente"»[24].

Cabe señalar que la Conferencia de La Haya, elaboró un conjunto de herramientas especialmente diseñado para la Convención de Sustracción internacional de menores de 1980 en tiempos de COVID-19 *(Toolkit for the HCCH 1980 Child Abduction Convention in Times of COVID-19)*, publicado en julio de 2020[25].

Para eliminar los obstáculos que impiden un rápido retorno de los niños que han sido desplazados o detenidos ilícitamente, este documento insiste en promover la mediación, así como otras formas de solución de controversias, incluida la mediación en línea y a distancia.

En similar sentido, alienta a utilizar, siempre que sea posible, la tecnología de la información, de la electrónica y de las comunicaciones para garantizar que se resuelvan los casos previstos en la Convención, incluida la presentación electrónica de documentos, las audiencias virtuales y/o híbridas y la obtención de pruebas por medios electrónicos.

Es importante destacar que la Conferencia de La Haya exhorta a los Estados para mantener siempre la igualdad de trato entre las partes en los casos previstos en la Convención, incluso proporcionando las mismas modalidades de participación y acceso a la información, los recursos y la tecnología, por ejemplo, asegurando un acceso similar a las instalaciones de videoconferencia y teleconferencia y a la conectividad a Internet.

III.2. El DIPr ante el conflicto Rusia-Ucrania

El mundo, desde el 24 de febrero de 2022, tiene puesta la mirada en Ucrania. La invasión rusa a este país es, posiblemente, una de las peores crisis internacionales desde mitad del siglo pasado.

---

24 «Onuoha v. Onuoha», 2020 (ONSC 1815). Disponible en: https://www.incadat.com/es.

25 Disponible en: https://www.hcch.net/en/news-archive/details/?varevent=741.

Sin perjuicio de los dañinos efectos de una guerra en las relaciones comerciales y contractuales[26], las consecuencias más devastadoras se manifiestan en las relaciones familiares, y en especial en las personas más vulnerables: los niños, niñas y adolescentes, que son desplazados en muchas ocasiones no acompañados, lo que torna aún mucho más evidente y extrema la mentada vulnerabilidad.

El 7 de marzo, a pocos días del inicio de la guerra, UNICEF, a través de su directora ejecutiva y el Alto Comisionado de las Naciones Unidas para los Refugiados emitieron un comunicado conjunto[27] por el cual «instan a todos los países vecinos y afectados a que garanticen la identificación y el registro inmediatos de los niños no acompañados y separados que huyen de Ucrania una vez que les hayan permitido acceder a su territorio». Conforme al comunicado, «para los niños y niñas que han tenido que cruzar la frontera sin sus familias, los acogimientos temporales y otras modalidades de atención comunitaria a través de sistemas estatales ofrecen una protección fundamental. Es necesario evitar la adopción durante una emergencia o justo después de una emergencia. Se debe hacer todo lo posible por reunir a los niños con sus familias cuanto antes, siempre y cuando dicha reunificación sea la opción más conveniente para ellos».

UNICEF también advierte que «la guerra ha provocado una grave crisis de protección de la infancia. Los niños y las niñas que huyen de la violencia corren un elevado riesgo de separarse de sus familias y ser víctimas de la violencia, el abuso, la explotación sexual y la trata, y la mayoría han presenciado acontecimientos traumáticos. Estos niños y niñas necesitan urgentemente seguridad, estabilidad, servicios de protección de la infancia y apoyo psicosocial, especialmente los que no van acompañados o han tenido que separarse de sus familias. Por encima de todo, necesitan paz»[28].

---

26 En este punto, bien podemos preguntarnos: ¿qué consecuencias jurídicas puede tener la guerra en aquellos contratos internos como internacionales celebrados con antelación, en un contexto totalmente diferente? La imposibilidad de ejecución del contrato puede configurarse por la imposibilidad material de llevarlo a cabo en términos económicos viables, o por la imposibilidad material derivada de las prohibiciones impuestas por las autoridades gubernamentales de distintos países. Ante esta situación, se incrementarán los litigios judiciales y arbitrales, en donde la discusión central versará sobre el alcance de la fuerza mayor y sus consecuencias. Puede ampliarse: https://blogs.elconfidencial.com/juridico/tribuna/2022-03-18/impacto-de-la-ocupacion-rusa-en-ucrania-la-incidencia-en-los-contratos_3393685/

27 Comunicado conjunto de la Directora Ejecutiva de UNICEF, Catherine Russell, y el Alto Comisionado de las Naciones Unidas para los Refugiados, Filippo Grandi, 7 de marzo de 2022. Disponible en: https://www.unicef.org/es/comunicados-prensa/ninos-separados-no-acompanados-huyen-conflicto-ucrania-deben-recibir-proteccion

28 *Cfr.* https://www.unicef.org/es/comunicados-prensa/despues-100-dias-guerra-ucrania-52-millones-ninos-necesitan-asistencia-humanitaria

El 22 de marzo de 2022, la organización internacional no gubernamental *Save the Children* hizo un llamado para que se prohíban inmediatamente las adopciones internacionales de niños desarraigados por la guerra en Ucrania, con el fin de protegerlos de un mayor riesgo de sufrir daños a manos de traficantes o abusadores de niños y niñas hasta que se establezcan las salvaguardias adecuadas. Instó a los Estados para que apoyen una moratoria de todas las adopciones hasta que se puedan restablecer las salvaguardias adecuadas para los niños y niñas no acompañados que han huido de Ucrania y los que han sido desarraigados dentro del país[29].

A su turno, el 12 de mayo de 2022, con 33 votos a favor, dos en contra y doce abstenciones, el Consejo de Derechos Humanos de la ONU adoptó una resolución según la cual aumentará el escrutinio del «deterioro de la situación de las garantías fundamentales en Ucrania derivado de la agresión rusa». El documento exige que la Comisión Internacional Independiente de Investigación sobre Ucrania indague de forma «exhaustiva e independiente» los acontecimientos ocurridos en las zonas de las regiones de Kyiv, Chernihiv, Kharkiv y Sumy a finales de febrero y en marzo de 2022, incluyendo una vertiente de género[30].

En suma, para inicios de junio de 2022, a casi 100 días de guerra en Ucrania, de acuerdo a UNICEF, tres millones de niños y niñas que se encuentran en dicho país y más de 2,2 millones que se han marchado a los países que están acogiendo a los refugiados necesitan asistencia humanitaria. Casi dos de cada tres niños y niñas se han desplazado a causa del conflicto.

A. La protección internacional de la familia y de la niñez

La Convención sobre los Derechos del Niño, adoptada por la Asamblea General de las Naciones Unidas el 20 de noviembre de 1989 (con jerarquía constitucional en Argentina desde 1994) establece disposiciones para garantizar la salvaguarda a todos los niños privados temporal o permanentemente de su entorno familiar a causa de situaciones de emergencia, como es un conflicto armado.

Varias de sus normas consagran derechos de los niños que se encuentran especialmente en juego ante una crisis como la que atraviesa Ucrania como el derecho a vivir con su padre y su madre, excepto en los casos que la separación sea necesaria para el interés superior del propio niño (art. 9), así como el derecho de los niños y sus padres y madres a salir de cualquier país y entrar en el propio, con miras a la reunificación familiar o el mantenimiento de la relación entre unos y otros (art. 10).

29 *Cfr.* https://lac.savethechildren.net/es/crisis-en-ucrania-save-children-pide-el-cese-inmediato-de-las-adopciones-internacionales-para

30 *Cfr.* https://news.un.org/es/story/2022/05/1508582

Asimismo, es obligación del Estado adoptar las medidas necesarias para luchar contra los traslados ilícitos y la retención ilícita de niños en el extranjero, ya sea por su padre o su madre, ya sea por una tercera persona (art. 11), como así también proporcionar protección especial a los niños privados de su medio familiar y asegurar que puedan beneficiarse de cuidados que sustituyan la atención familiar o de la colocación en un establecimiento apropiado, teniendo en cuenta el origen cultural del niño (art. 20). Se cuidará de que el interés superior del niño sea la consideración primordial y de que estén reunidas todas las garantías necesarias para asegurar que la adopción sea admisible así como las autorizaciones de las autoridades competentes (art. 21). Conforme el art. 22 CDN, se proporcionará protección especial a los niños considerados refugiados o que soliciten el estatuto de refugiado, y es obligación del Estado cooperar con los organismos competentes para garantizar dicha protección y asistencia. Además, es obligación del Estado tomar todas las medidas necesarias para prevenir la venta, el tráfico y la trata de niños (art. 35).

A su turno, el art. 39 dispone que los Estados Parte adoptarán todas las medidas apropiadas para promover la recuperación física y psicológica y la reintegración social de todo niño víctima de: cualquier forma de abandono, explotación o abuso; tortura u otra forma de tratos o penas crueles, inhumanos o degradantes; o conflictos armados. Esa recuperación y reintegración se llevarán a cabo en un ambiente que fomente la salud, el respeto de sí mismo y la dignidad del niño.

En el ámbito específico del Derecho Internacional Privado, existen dos tratados que también prevén normas para la protección de niños en situaciones de emergencia. Nos referimos al Convenio relativo a la protección del niño y a la cooperación en materia de adopción internacional, hecho en La Haya el 29 de mayo de 1993, y al Convenio relativo a la competencia, la ley aplicable, el reconocimiento, la ejecución y la cooperación en materia de responsabilidad parental y de medidas de protección de los niños, hecho en La Haya el 19 de octubre de 1996. Ucrania es parte solamente del segundo de estos tratados.

Asimismo, Ucrania es parte del Convenio de La Haya sobre Aspectos Civiles de la Sustracción Internacional de Menores, del 25 de octubre de 1980.

Sin embargo, en un comunicado con fecha 9 de marzo de 2022, la Embajada de Ucrania en el Reino de los Países Bajos informó al Ministerio de Asuntos Exteriores del Reino de los Países Bajos sobre «incapacidad para garantizar el cumplimiento por la parte ucraniana de las obligaciones en virtud de los tratados de los que Ucrania es parte durante el período de la agresión armada».

a. Adopción internacional

En materia de adopción internacional, «el gran desafío es evitar las situaciones que favorecen la violación de los derechos de los niños y su consideración como "objetos", sin destruir en el mismo esfuerzo las posibilidades de que un emplazamiento filial por adopción legítimamente constituido desarrolle su función social en beneficio de un niño o niña concretos»[31].

Como expresa la Prof. NAJURIETA, en el proceso que conduce a la constitución de una adopción internacional, hay tres momentos críticos donde los derechos del niño son especialmente vulnerables: a) la inscripción a su nacimiento en un registro oficial; b) el otorgamiento de los consentimientos de quienes están legitimados para expresarlos, colocando al niño en estado de adoptabilidad y c) la selección de los futuros adoptantes u adoptante. Ante una situación de emergencia como un conflicto armado, se torna sumamente difícil contar con los recaudos para garantizar la plena legalidad respecto a estos tres momentos. De hecho, aún en escenarios menos convulsionados, uno de los grandes abusos detectados, es hacer aparecer como niños huérfanos a los que no lo son, fenómeno que se conoce en doctrina como «child laudering»[32].

Evidentemente, los niños separados de sus padres en situaciones como la que atraviesa Ucrania no pueden ser considerados en condiciones de adoptabilidad dado que no son huérfanos.

Ante la invasión rusa, que ocasionó la guerra, Ucrania decidió suspender su programa de adopciones internacionales hasta nuevo aviso.

Más allá de la prudente decisión gubernamental, no significa que los casos no se presenten. Así las cosas, aunque Ucrania no sea parte del Convenio de adopción internacional de 1993, todos los Estados de acogida deberían aplicar sus normas y salvaguardias cuando cooperen con Ucrania[33]. Incluso, todos los Estados, sean o no parte del Convenio de adopción internacional de 1993, deben observar una especial precaución para evitar irregularidades en las adopciones internacionales de niños refugiados o desplazados internacionalmente como resultado de disturbios en sus países, como un conflicto armado. Los esfuerzos para reunir a un niño desplazado con sus padres o miembros de su familia en situaciones provocadas por un conflicto armado deben ser prioritarios[34].

---

31 NAJURIETA, MARÍA SUSANA, «Adopción internacional viciada y protección del niño mediante el despliegue de la cooperación internacional», en ERNESTO J. REY CARO y MARÍA CRISTINA RODRÍGUEZ (dirs.), *Estudios de derecho internacional en homenaje a la Dra. Zlata Drnas de Clement*, Advocatus, Córdoba, 2014, p. 594.

32 *Idem*, p. 597.

33 HCCH, *Conclusions and Recommendations from the Special Commission meetings*, 2010. Disponible en: https://assets.hcch.net/upload/wop/adop2010concl_s.pdf

34 HCCH, *Special Commission of October 1994, Recommendation on Refugee Children*. Disponible en: https://www.hcch.net/es/publications-and-studies/details4/?pid=6165&dtid=57

El 16 de marzo de 2020, la Conferencia de la Haya de Derecho Internacional Privado a través de una nota informativa de su *Permanent Bureau* titulada «Children deprived of their family environment due to the armed conflict in Ukraine: Cross-border protection and intercountry adoption» describe la delicada situación: «In an international armed conflict like the one occurring in Ukraine, many children become separated from their families, losing the critical protection families provide, and finding themselves without basic necessities such as shelter, food and water, as well as without access to education. Many children are forced to leave their homes and their country or may be moved to a safe place».

Según la nota de la HCCH, en caso de conflicto armado, hay que centrarse en medidas de protección de la infancia distintas de la adopción; el Convenio de 1996 —y no el Convenio de 1993— es, por tanto, más adecuado para proteger a estos niños en tales situaciones.

El organismo especializado destaca que los niños separados de sus padres en situaciones como la de Ucrania no pueden ser considerados huérfanos y/o en situación de adoptabilidad, al menos, hasta que se pueda verificar la suerte de los padres u otros parientes cercanos del niño, se debe considerar si cada niño separado tiene todavía parientes vivos o tutores legales y, por lo tanto, no necesita ser adoptado.

Por ende, en una situación de conflicto armado, la HCCH concluye: 1) el conflicto no debería utilizarse como justificación para acelerar las adopciones internacionales, o para eludir o ignorar las normas internacionales y las garantías esenciales para una adopción segura; 2) los procedimientos de adopción deberían estar prohibidos[35].

Es importante mencionar la importancia de que el mencionado Convenio de La Haya de 1996 haya sido ratificado por Ucrania, ya que, dentro de sus funciones, se encuentra la de garantizar medidas de cooperación en el caso de niños no acompañados que atraviesan fronteras encontrándose en situaciones vulnerables, en las que podrían estar sujetos a explotación u otros riesgos. Si el niño no acompañado es un refugiado, solicitante de asilo, desplazado o simplemente un adolescente fugitivo, el Convenio asiste permitiendo la cooperación para localizarlo, determinando las autoridades de qué país son competentes para tomar las medidas de protección necesarias, y permitiendo la cooperación entre las autoridades nacionales del país de recepción y del país de origen para el intercambio de información que resulte pertinente.

Cabe señalar que las adopciones internacionales procedentes de Ucrania son frecuentes en la República Argentina pues aquel país tiene una legislación favorable a este tipo de adopción, no siendo parte del Convenio de La

35 Disponible en: https://assets.hcch.net/docs/0f9c08e9-75d0-4497-8ca0-12c595aa6845.pdf

Haya de 1993. El trámite es judicial, y solo pueden adoptar parejas casadas heterosexuales o familias monoparentales (personas solteras necesariamente). Los ciudadanos y residentes extranjeros que desean adoptar el niño de nacionalidad ucraniana se deben dirigir con la solicitud escrita al Departamento estatal de adopción y derechos de niños de Ucrania para inscribirse como los candidatos a adopción y obtener la invitación de visitar los orfanatos con el fin de elegir, conocer y ponerse en contacto con el niño. Una vez adoptado el niño ucraniano por la familia procedente de Argentina, los adoptantes asumen un compromiso con las Autoridades de Ucrania por vía notarial al realizarse la adopción de inscribir al niño en el Consulado de Ucrania en Argentina y presentar los informes anuales sobre el desarrollo del niño.

El Derecho Internacional Privado argentino de fuente interna permite el reconocimiento extraterritorial de las adopciones conferidas en el extranjero siempre que ello no afecte el interés superior del niño (art. 2637 CCyCN). Evidentemente, la adopción de un niño que no se encontraba en condiciones de adoptabilidad no podría ser reconocida sin más en nuestro país. Además de acuerdo al art. 2635 CCyCN, se admite la posibilidad de que los jueces argentinos revoquen o anulen una adopción constituida en el extranjero cuando el domicilio del adoptado se encuentra en el país (una vez reconocida la adopción otorgada en el extranjero, la Argentina se convierte en el país de residencia habitual del adoptado), de acuerdo al derecho de su otorgamiento o por el derecho del domicilio del adoptado (art. 2636 CCyCN). De modo tal que si *a posteriori* del reconocimiento, se comprobara que se trata de una adopción viciada, las autoridades locales tienen competencia para su anulación o revocación.

b. Gestación por sustitución

Otro tema preocupante gira en todos a los acuerdos de gestación celebrados en Ucrania, por progenitores intencionales residentes de otros Estados. Los medios han revelado que cientos de gestantes han tenido que dar a luz en bunkers. De hecho, las imágenes de un bombardeo a una maternidad en Mariúpol dieron la vuelta al mundo.

Ucrania es un país que tiene una de las legislaciones más liberales sobre gestación por sustitución[36]. El Código de Familia de Ucrania, en su artículo 123.2, establece que «si un embrión concebido por los cónyuges (un hombre y una mujer) por medio de técnicas de reproducción asistida se ha transferido al cuerpo de otra mujer, los padres del niño será el matrimonio. A su turno, el art. 139 impide que la gestante reclame la filiación materna respecto del niño

36 *Cfr.* LAMM, ELEONORA, *Gestación por sustitución. Ni maternidad subrogada ni alquiler de vientres*, Colección de Bioética del Observatorio de Bioética y Derecho de la Universidad de Barcelona, 2013, p. 175. Disponible en: http://www.bioeticayderecho.ub.edu/sites/default/files/libro_gestacion_por_sustitucion.pdf

concebido con material genético de los comitentes. El Reglamento de Registro Civil de Ucrania establece que la gestante debe dar su consentimiento ante notario para que los comitentes sean registrados como los padres del niño. Los comitentes necesariamente tienen que ser un hombre y una mujer legalmente casados. Uno de ellos, al menos, deberá aportar material genético. Además, tienen que ser incapaces de concebir o de llevar un embarazo a término o de dar a luz de manera natural. La gestación por sustitución comercial es legal en Ucrania, y es por ello, que muchas parejas recurren a este país, entre ellas, matrimonios argentinos, máxime que la legislación no exige que los progenitores intencionales tengan nacionalidad o residencia en Ucrania. De tal modo, queda habilitado el llamado "turismo reproductivo"».

Fabiana Quaini, consultada por un medio periodístico, sobre la situación de las familias que tenían iniciada una gestación por sustitución en Ucrania antes de que estalle el conflicto, explicó: «Muchas gestantes dejaron el país y están en Europa y aún embarazadas. En los casos que manejo, la idea es que den a luz en CABA, así con los consentimientos que tenemos se inscriben a nombre de los padres de intención. Lo ideal es que vuelen antes del mes siete de embarazo. Por el momento, no veo factible que den a luz en Ucrania». Añadió que: «Hay ya muchos chiquitos que están en Argentina, nacidos en Ucrania, pero sin partida de nacimiento ..., al menos tienen pasaportes de emergencia emitidos por el gobierno argentino. Los que nazcan en Alemania u otros países, habrá que hacer aquí luego alguna impugnación de maternidad...»[37].

Ante la invasión rusa y el estallido de la guerra, algunas gestantes optan por dejar Ucrania, situación no prevista contractualmente en el acuerdo de gestación por sustitución celebrado. El Centro de Reproducción Humana BioTexCom, ya mencionado, solicita a las gestantes que aseguren que se presentarán en Ucrania nuevamente para la fecha de nacimiento del bebé. Otras agencias deciden amenazarlas con hasta quince años de cárcel si abandonan Ucrania.

La exigencia de permanecer en el país o de regresar antes del nacimiento del niño se motiva en que muchos países (la mayoría de los Estados europeos, de hecho) a los que huyen, no aceptan esta práctica o directamente la prohíben y por ende consideran a la gestante como la madre, aunque no tenga vínculo biológico, y desconocen la maternidad y paternidad de los progenitores intencionales[38].

Desde el otro lado, los «comitentes» esperan, en un escenario totalmente imprevisto, el nacimiento y la posibilidad de viajar para hacerse responsables del cuidado del niño y trasladarlo a sus países de residencia para establecer la filiación.

---

37 *Cfr.* https://www.infobae.com/america/tendencias-america/2022/04/10/optaron-por-el-alquiler-de-vientre-para-ser-padres-y-sus-hijos-nacen-en-medio-de-la-guerra-en-ucrania/

38 *Cfr.* https://www.dw.com/es/madres-de-alquiler-en-ucrania-en-medio-del-fuego-cruzado/a-61285287

Lamentablemente, respecto a esta tan polémica figura, no existen tratados internacionales que brinden un marco de cooperación para garantizar los derechos de todas las partes involucradas, y en especial, de los niños nacidos a través de esta técnica[39].

c. Restitución internacional de niños

En contextos como el que analizamos, también pueden presentarse complejos casos de restitución internacional de niños. En efecto, movidos por el temor, y ante el desconcierto, y la falta de acuerdo entre los progenitores, uno de ellos puede decidir trasladar a su hijo a otro Estado, y retenerlo, es decir pretender un cambio de residencia habitual de hecho, sin el consentimiento del otro, y de tal modo, su conducta resulta ilícita. Ante tal situación, un pedido de restitución que tenga como Estado requirente a Ucrania, por ser el centro de vida antes del traslado o retención ilegítima, implicaría iniciar un procedimiento judicial en el Estado donde el niño se encuentre, cuyos jueces deberán resolver si procede o no el retorno. Evidentemente, el progenitor sustractor invocará con argumentos, posiblemente muy sólidos, la excepción de grave riesgo en la salud física y psíquica o la exposición a una situación intolerable en los términos del art. 13 (1) (b) del Convenio de La Haya de 1980 sobre Aspectos Civiles de la Sustracción Internacional de Menores.

La Guía de Buenas Prácticas Parte VI sobre el artículo 13(1)(b) del Convenio de La Haya de 1980, dentro de los ejemplos de alegaciones que se pueden oponer en virtud de esta excepción a la restitución incluye los riesgos asociados a las circunstancias del Estado de residencia habitual. Su análisis, de acuerdo a la guía, debe enfocarse en la gravedad de la situación política, económica o de seguridad, en su impacto en el niño y en determinar si el nivel de dicho impacto es suficiente para tener por configurada la excepción de grave riesgo, y no en la situación política, económica o de seguridad del Estado en general. Se aclara que, en general, las alegaciones de una situación grave de seguridad, política o económica en el Estado de residencia habitual son insuficientes para dar lugar a la excepción de grave riesgo. En similar sentido, los episodios aislados de violencia en un ambiente político agitado no suelen ser considerados como constitutivos de un grave riesgo. Y aun cuando los hechos alegados sean de una naturaleza tal que podrían configurar un grave riesgo, el tribunal deberá determinar si existen medidas de protección que puedan abordar ese riesgo y, de ser así, se vería obligado a ordenar la restitución del niño[40].

---

39 La HCCH trabaja arduamente desde el año 2010 para alcanzar un marco normativo de *hard law*, o de *soft law*, sobre gestación por sustitución. Los avances realizados pueden verse en: https://www.hcch.net/es/projects/legislative-projects/parentage-surrogacy

40 Disponible en: https://assets.hcch.net/docs/6de308cc-a588-4154-acc0-bf8c15c51b12.pdf

En una célebre sentencia de apelación de los Estados Unidos, «Friedrich v. Friedrich», 78 F.3d 1060 (6th Cir. 1996), el tribunal declaró, entre otras cosas, que solo podía existir un riesgo grave cuando el retorno pudiera exponer al menor a un peligro inminente antes de la resolución de la cuestión de la custodia, por ejemplo, si se restituyera al menor a una zona azotada por la guerra o la hambruna[41].

En «A. v. A.», fallado por un tribunal de primera instancia argentino el 5 de octubre de 2001, el padre sostuvo que regresar a Israel a la luz de la situación política y militar allí, expondría al menor a daño físico o psicológico. Argumentó que la violencia en la región se había intensificado desde el asesinato del Primer Ministro israelí en 1995. El tribunal advirtió esta escalada de violencia, pero reconoció que la familia no se mudó a Israel sino hasta 1997, y que, si hubieran sentido que el menor estaría expuesto a daño físico o psicológico en ese momento, o bien no se habrían mudado allí o se habrían ido rápidamente. El tribunal señaló que pese a las hostilidades los habitantes de Israel llevaban adelante sus actividades diarias en forma normal. Enfatizó que el terrorismo no conoce de fronteras y señaló los distintos actos terroristas ocurridos en todo el mundo en los últimos años, incluyendo dos actos terroristas perpetrados en Buenos Aires donde el menor estaba ahora residiendo. No satisfizo al tribunal que se hubiere establecido la excepción del artículo 13 (1) (b) y advirtió que, si bien la situación en Israel pudo haber empeorado y haberse convertido en una seria amenaza para el bienestar del menor, ésta también podría mejorar. El tribunal ordenó la restitución del menor pero aplazó por dos meses la ejecución del fallo entendiendo que en caso de que la situación en Israel continuara estabilizándose, el menor debería ser restituido en forma inmediata[42].

También, podría configurarse el caso inverso, es decir cuando el niño esté retenido ilícitamente en Ucrania por uno de sus progenitores. En este supuesto, las dificultades se van a presentar principalmente en relación con la necesidad de, en plena guerra, realizar un procedimiento urgente, que permita resolver rápidamente el retorno del niño, resguardando a la vez, las garantías del debido proceso.

De hecho, un caso de estas características tomó estado público. Alexander, un niño de 2 años, que nació en el condado de Orange, Estados Unidos, fue sustraído por su madre en diciembre de 2020, y fue retenido en el país de origen de la ella: Ucrania, concretamente en la ciudad portuaria de Mariúpol. En ese entonces, el padre tenía la custodia completa de Alexander. Un juez del Tribunal Superior del Condado de Orange emitió una orden de detención contra la progenitora después de que ésta huyera del país, y ambos padres han comparecido a distancia en el tribunal de familia. Ante la imposibili-

41 Referencia INCADAT: HC/E/USf 82. Disponible en: https://www.incadat.com/es

42 Referencia INCADAT: HC/E/AR 487. Disponible en: https://www.incadat.com/es

dad de seguir los procedimientos previstos por la Convención de La Haya de 1980 sobre la materia, el padre decidió inscribirse para ingresar en dicho país como parte de una misión humanitaria, sin siquiera saber si su hijo con o sin la madre, se encuentra entre los miles de refugiados que han huido. Antes de la guerra, el padre había intentado dos veces salir de Ucrania con su hijo, sin éxito porque fue denunciado por la familia materna y detenido por las autoridades ya que no tenía consentimiento de la progenitora ni aprobación de los jueces ucranianos[43].

En cualquier caso de esta naturaleza, siempre será de extrema necesidad, procurar todas las medidas para el retorno seguro del niño, y la cooperación a tal fin, tanto de las autoridades requeridas como requirentes, tal como dispone el art. 2642 CCyCN.

IV. A modo de colofón: desafíos para el Derecho Internacional Privado en un Siglo XXI convulsionado

El Derecho Internacional Privado es una disciplina compleja porque tiene que responder a casos pluriconectados cada vez más frecuentes propios de una sociedad global, integrada a la par que multicultural. La pluralidad de sectores y de finalidades; el dialogo de fuentes; el pluralismo metodológico; la dilución entre lo público y lo privado; el inevitable avance de la autonomía de la voluntad, incluso en ámbitos otrora insospechados; la importancia del «conflicto de jurisdicciones» aún por sobre el clásico «conflicto de leyes»; el rol protagónico de la cooperación jurídica internacional, así como la materialización de sus soluciones principalmente como consecuencia del debido respeto a los derechos humanos, son algunas de las características que hoy guían a esta rama del derecho.

Ese denominador común, configurado por la garantía de los derechos fundamentales, que atraviesa todas las disciplinas jurídicas, pero también la vida de cada persona y de cada familia, ha contribuido a un DIPr más humano, que ha dejado atrás la rigidez inherente a la justicia conflictual y localizadora tradicional así como su apología de la neutralidad, para atender al contenido sustancial de las soluciones en la búsqueda de una justicia material.

Ante un escenario convulsionado, el Derecho Internacional Privado también es convocado para contribuir con soluciones razonables para los casos privados internacionales que se presentan, más allá de cada coyuntura. Tal como pudimos observar, tanto durante la pandemia como durante los primeros cien días de la guerra entre Rusia y Ucrania, esta disciplina es protagonista.

---

43 *Cfr.* https://www.latimes.com/espanol/california/articulo/2022-03-21/father-search-ukraine-for-son-abducted-by-mother

Sin dudas, el gran desafío consiste en preservar los canales de cooperación jurídica internacional entre los Estados. En efecto, el Derecho Internacional Privado parece evolucionar de un sistema clásico de coordinación de ordenamientos jurídicos hacia un sistema de cooperación entre autoridades y de reconocimiento de decisiones extranjeras, y de situaciones privadas internacionales.

En definitiva, en tiempos de emergencia y crisis, el Derecho Internacional Privado tiene herramientas para responder satisfactoriamente estos desafíos. Resulta, entonces, de primordial importancia que los operadores jurídicos las conozcan y que los Estados, principalmente a través de las organizaciones internacionales especializadas, avancen en la codificación internacional de los temas en agenda como modo de coadyuvar a la superación de esta lamentable crisis que atraviesa el multilateralismo.

Bibliografía

COMISIÓN INTERAMERICANA DE DERECHOS HUMANOS, *Resolución 1/20 «Pandemia y Derechos Humanos en las Américas»,* 10/4/2020. Disponible en https://www.oas.org/es/cidh/decisiones/pdf/Resolucion-1-20-es.pdf

COMITÉ DE LOS DERECHOS DEL NIÑO, 8/4/2020. Disponible en: https://tbinternet.ohchr.org/Treaties/CRC/Shared%20Documents/1_Global/INT_CRC_STA_9095_E.pdf.

HCCH, *Guía de Buenas Prácticas* en virtud del Convenio de 25 de octubre de 1980 sobre los Aspectos Civiles de la Sustracción Internacional de Menores. Parte VI. Artículo 13(1)(b), La Haya, 2021. Disponible en: https://assets.hcch.net/docs/6de308cc-a588-4154-acc0-bf8c15c51b12.pdf.

HCCH, *COVID-19 Toolkit*, 2020. Disponible en: https://assets.hcch.net/docs/538fa32a-3fc8-4aba-8871-7a1175c0868d.pdf.

HCCH, *Children deprived of their family environment due to the armed conflict in Ukraine: Cross-border protection and intercountry adoption. Information Note from the Permanent Bureau*, 16 de marzo de 2022. Disponible en: https://assets.hcch.net/docs/0f9c08e9-75d0-4497-8ca0-12c595aa6845.pdf

De Miguel Asensio, P. A., «El Derecho Internacional Privado ante la globalización», en *Anuario Español de Derecho Internacional Privado*, t. 1, 2001.

Dreyzin de Klor, A., «La incidencia del COVID-19 en la protección internacional de niños, niñas y adolescentes», en *EBOOK-TR 2020* (Andruet), 20/08/2020, 32. Cita Online: AR/DOC/1898/2020.

Kuyumdjian de Williams, P., «Desafíos antes, durante y después de la relocalización internacional de niños, niñas y adolescentes en la Argentina», en *RDF* 96, 08/09/2020, 105. Cita Online: AR/DOC/2490/2020.

Mills, A., *The confluence of public and private international law. Justice, Pluralism and Subsidiarity in the International Constitutional Ordering of Private Law*, Cambridge: Cambridge University Press, 2009.

Najurieta, M.ª S., «Adopción internacional viciada y protección del niño mediante el despliegue de la cooperación internacional», en Rey Caro, E. J., y Rodríguez, M. C. (dirs.), *Estudios de derecho internacional en homenaje a la Dra. Zlata Drnas de Clement*, Advocatus, Córdoba, 2014, pp. 591-618.

Charalambos, P., «Droit international privé holistique: droit uniforme et droit international privé», *Recueil des cours*, Tomo/Volumen 330 (2007), 2008.

Rubaja, Nieve y **Iud, Clina D.**, «La garantía de acceso a la justicia en un caso con elementos extranjeros en tiempos de COVID», en *La Ley* 03/12/2020, 03/12/2020, 6. Cita Online: AR/DOC/3808/2020.

Silva, J. A., «El surgimiento del Estado moderno como propiciatorio del Derecho internacional privado contemporáneo», *Anuario de la Maestría en Derecho Internacional Privado y Comparado*, No. 4, 2022.

Tagle De Ferreyra, G., «La restitución internacional de niños, niñas y adolescentes en tiempos de COVID-19», en *SJA* 14/10/2020, 14/10/2020, 3. Cita Online: AR/DOC/3046/2020.

UNICEF y ACNUR, *Comunicado conjunto*, 7 de marzo de 2022. Disponible en: https://www.unicef.org/es/comunicados-prensa/ninos-separados-no-acompanados-huyen-conflicto-ucrania-deben-recibir-proteccion

Uzal, M., «Impacto del COVID-19 en los contratos internacionales. La relevancia del abordaje del problema desde las normas de policía», en *La Ley* 06/07/2020, 06/07/2020, 2. Cita Online: AR/DOC/1704/2020.

RELEITURA DA ATUAÇÃO DE INSTITUIÇÕES DE DESENVOLVIMENTO EM CONTEXTOS DE AJUDA HUMANITÁRIA

Alice Rocha da Silva[1]

Gabriel de Oliveira Borba[2]

Palabras claves: Multilateralismo, conflicto armado, Ucrania, Banco Mundial reconstrucción sustentable

I. Introdução

Em 2022 o mundo se viu diante de um novo conflito que iria testar não somente as relações diplomáticas, mas também as instituições internacionais preexistentes. Para alguns, um combate entre Rússia x Ucrânia já era esperado após o declínio da antiga União Soviética e as diversas tentativas de aproximação entre a República Ucraniana e a Organização do Tratado do Atlântico Norte, comumente chamada de OTAN[3].

---

1 Doutora em Direito Internacional Econômico pela Université D'aix-Marseille III; Graduada em Direito, Ciências Políticas e Relações Internacionais; Mestre em Direito das Relações Internacionais pelo Centro Universitário de Brasília – Uniceub. Professora do Programa de Mestrado e Doutorado do Centro Universitário de Brasília.

2 Assessor Jurídico do IEJA, Mestrando no Centro Universitário de Brasília (CEUB), ex Legal Researcher da Global Human Rights Defence, pesquisador sobre a Corte Internacional de Justiça no Observatório Cosmopolita, subcoordenador da primeira clinica de direito humanitário do Brasil (UFRGS IHL Clinic), membro da American Society of International Law, coach da Philip Jessup Moot Court.

3 MANKOFF, JEFFREY. *Russia's War in Ukraine: Identify, History, and Conflict*. Washington D.C. Center for Strategic & International Studies, 2022. Disponível em: https://www.csis.org/analysis/russias-war-ukraine-identity-history-and-conflict . Acesso em: 19 de maio de 2022.

Até o momento, mais de três meses se passaram e já podemos verificar inexatidões na atuação daqueles que deveriam, em tese, responder à crise humanitária. Por exemplo, desde 1945 o Conselho de Segurança das Nações Unidas exerce papel primordial na sustentação da paz e da segurança global, composto por cinco membros permanentes (Rússia, França, Reino Unido, Estados Unidos e China) e outros dez não permanentes[4]. Entretanto, é perceptível que tal mecanismo não está estritamente delineado para os dias atuais, tendo em vista o fato de o Conselho de Segurança não ter conseguido aprovar resoluções imprescindíveis para terminar as operações militares em território ucraniano[5].

Diante da atual guerra que assola os dois países, parte-se de uma inquietação para desvendar se houveram mudanças nas instituições de desenvolvimento. Dado que a sua criação surgiu justamente da vontade coletiva em não cometer os mesmos erros, econômicos e sociais, pós primeira guerra mundial.

De fato, ao compreender os aspectos econômicos, políticos e diplomáticos que norteiam a atuação dos bancos, as instituições de desenvolvimento teriam como principal objetivo diminuir as desigualdades a partir de projetos locais para implementar um desenvolvimento econômico sustentável[6], indo desde o financiamento de uma hidrelétrica até a construção de escolas, por exemplo.

Seu principal expoente, o Banco Mundial, criado a partir da conferência de Bretton Woods, além do objetivo supracitado, também engloba outras questões em sua atuação. No acordo que sedimentou sua criação, denominado *Articles of Agreement of the International Bank for Reconstruction and Development*, é possível compreender que a instituição tem como missão ser um dos principais mecanismos internacionais para aprimorar a transição entre conflito armado e a restauração da paz e implementar projetos de desenvolvimento em uma conjuntura pós-conflito[7].

Desta forma, partindo do fato que a Ucrânia começou a receber auxílio emergencial do Banco Mundial apenas alguns dias após a instauração da guerra[8], o presente artigo tem por objetivo responder a seguinte questão:

4 ONU. Carta das Nações Unidas. 1945.

5 ONU. *Security Council Fails to Adopt Draft Resolution on Ending Ukraine Crisis, as Russian Federation Wields Veto*. SC/14808.

6 BABB, SARAH. *Behind the Development Banks: Washington Politics, World Poverty, and the Wealth of Nations*. Chicago: University of Chicago Press, 2009. https://doi.org/10.7208/9780226033679

7 *Articles of Agreement of the International Bank for Reconstruction and Development*. 27 dez 1945.

8 Ukraine. *Financing of Recovery from Economic Emergency Ukraine Supplemental Development Policy Loan: Supplemental Financing Document*. Washington, D.C.: World Bank

«o conflito entre Rússia e Ucrânia mudou a atuação do Banco Mundial?». Para tal, é imprescindível investigar a real natureza da instituição financeira e confrontar com a sua atuação em locais que sofreram com confrontos bélicos, mais precisamente os projetos de desenvolvimento na Faixa de Gaza, Líbano, Costa do Marfim e Bósnia e Herzegovina.

Para que as amostragens fossem fiéis, mesmo diante de situações que são particularmente diferentes, engloba-se somente países que enfrentaram em seu território uma guerra civil ou conflitos armados com outros Estados. Além disso, dado que a pesquisa se debruça nos auxílios para a recuperação social e econômica, não serão consideradas as ajudas humanitárias feitas conjuntamente com as Nações Unidas.

Para responder à questão proposta, utiliza-se como base o acordo que constituiu o Banco Mundial, doutrinas e, principalmente, os contratos aprovados pelo Conselho de Diretores Executivos da instituição para a implementação desses projetos emergenciais em uma situação pós-conflito.

II. A natureza do Banco Mundial como ente hábil ao desenvolvimento pós-conflito

Ao investigar o contexto histórico-político do surgimento do Banco Mundial, percebe-se que sua criação está condicionada ao momento pós-conflito que o mundo vivia. Mais precisamente na Convenção de Bretton Woods que, segundo os documentos do Governo dos Estados Unidos da América, veio não somente para criar o novo sistema financeiro global, mas também prover condições hábeis para uma estabilidade no setor[9].

Durante as negociações, ficou compreendida a importância do desenvolvimento internacional, tido como uma prioridade para o mundo pós Segunda Guerra Mundial[10]. Além disso, é observável que os resultados da Convenção deveriam ser hábeis o suficiente para impedir a reincidência de uma nova

Group. 7 de março de 2022. Disponível em: http://documents.worldbank.org/curated/en/752081647378220940/Ukraine-Financing-of-Recovery-from-Economic-Emergency-Ukraine-Supplemental-Development-Policy-Loan-Supplemental-Financing-Document . Acesso em: 19 de maio de 2022.

9 United States. Department of State. «Volume I» in *Proceedings and Documents of the United Nations Monetary and Financial Conference*, Bretton Woods, New Hampshire, July 1-22, 1944 (July 1-22, 1944). Disponível em: https://fraser.stlouisfed.org/title/430#7570 . Acesso em: 22 de maio de 2022.

10 Helleiner, Eric. *Forgotten foundations of Bretton Woods: international development and the making of the postwar order*. Ithaca, London: Cornell University Press, 2014. ISBN 978-0-8014-5275-8.

recessão econômica a nível global, tendo em vista que poucas décadas atrás a Grande Depressão causou diversas consequências em larga escala nos quatro cantos do mundo[11].

Tais questões transparecem nos artigos que criaram o Banco Mundial ao definir, como uma de suas principais missões, a contribuição da instituição para a reconstrução, econômica e produtiva, daqueles países afetados, direta ou indiretamente, pela guerra[12]. Ademais, o Banco também deveria ser o espaço hábil a prover uma melhor transição dos conflitos armados para um âmbito de desenvolvimento econômico e instauração da paz[13].

A palavra «desenvolvimento» por si só já demonstra um âmbito muito grandioso, definido pelas Nações Unidas como:

> «[...] um processo econômico, social, cultural e político abrangente, que visa ao constante incremento do bem-estar de toda a população e de todos os indivíduos com base em sua participação ativa, livre e significativa no desenvolvimento e na distribuição justa dos benefícios daí resultantes»[14].

Outrossim, o livro Direito ao Desenvolvimento, escrito pelo jurista Fabio Fernandes Neves Benfatti, também se debruça no fato de que o desenvolvimento econômico, muitas vezes, advém de investimentos no âmbito social e no setor monetário[15].

Partindo desta contextualização, diante das mudanças no cenário internacional e considerando o fim da guerra, o Banco Mundial foi delineado para investir em projetos e iniciativas que possam, direta ou indiretamente, contribuir para o crescimento econômico de países emergentes ou locais com dificuldade financeira em virtude de conflitos armados preexistentes[16].

Entretanto, tratar sobre conflitos armados e suas consequências não é uma tarefa fácil, o pós-guerra vai muito além da destruição física, afetando

---

11 Schlemmer-Schulte, Sabine. «International Bank for Reconstruction and Development (IBRD)». In: Peters, Anne; Wolfrum, Rüdiger (org.). *Max Planck Encyclopedias of International Law* [MPIL]. [S. l.]: Oxford University Press, 2014. Disponível em: https://opil.ouplaw.com/view/10.1093/law:epil/9780199231690/law-9780199231690-e475. Acesso em: 20 maio 2022.

12 *Articles of Agreement of the International Bank for Reconstruction and Development*. 27 dez 1945.

13 *Articles of Agreement of the International Bank for Reconstruction and Development*. 27 dez 1945.

14 Resolução n.° 41/128. Assembléia Geral da Organização das Nações Unidas.

15 Benfatti, Fabio Fernandes Neves. *Direito ao Desenvolvimento*. São Paulo: Saraiva, 2014.

16 Babb, Sarah. *Behind the Development Banks: Washington Politics, World Poverty, and the Wealth of Nations*. Chicago: University of Chicago Press, 2009. https://doi.org/10.7208/9780226033679

toda a cadeia produtiva, social e econômica, além do enfraquecimento das instituições políticas[17]. Tais consequências colocam um grande fardo para a sua efetiva reestruturação, tendo em vista que:

> «Muitos países emergentes do conflito eram pobres em infraestrutura e riqueza mesmo antes de entrar em conflito, mas a violência e os embates civis destroem os fundamentos da economia, minam a previsibilidade e a confiança no futuro, e perturbar mercados, redes de distribuição e bancos e sistemas de crédito. A vida civil é substituída pela militarização generalizada. O deslocamento nega o acesso aos meios de subsistência anteriores e aos serviços básicos. Os papéis de gênero são alterados. A organização social e as unidades familiares se desfazem ou se adaptar ao novo ambiente. Falta de confiança na maioria instituições é predominante»[18] (tradução nossa).

Podemos perceber essa realidade principalmente em países como a Síria, que sofreu por muitos anos com a crescente leva de conflitos armados na região. Em 2017, no relatório *The Toll of War: the economic and social consequences of the conflict in Syria*, foi constatado que antes do período comumente denominado de Primavera Árabe o país estava em uma crescente econômica, mesmo diante de diversas atribulações sociais e políticas. Infelizmente, os danos causados pela guerra somente alargaram as inequalidades no local, sofrendo com questões como: destruição da infraestrutura, falta de capital, aumento da desigualdade de gênero e de classe social e uma onda massiva de refugiados[19].

A partir de situações como as descritas no parágrafo anterior, podemos observar o Banco Mundial como a organização hábil a mitigar tais consequências. Entretanto, é importante enfatizar que não estamos diante de um organismo que irá instaurar uma missão humanitária que visa a estabelecer a paz e prover assistência, como é o caso do Comitê Internacional da Cruz Vermelha. Partindo da sua natureza como uma instituição financeira internacional, o propósito sempre será da reconstrução sustentável desses locais.

Manuais de operações, considerados como guias para a atuação da instituição, são hábeis a demonstrar que o Banco vem seguindo com os obje-

---

17 GATES, SCOTT; HEGRE, HÅVARD; MOKLEIV NYGÅRD, HÅVARD; STRAND, HÅVARD. *Development Consequences of Armed Conflict. World Development*, [s. l.], v. 40, ed. 9, 22 maio 2022. DOI https://doi.org/10.1016/j.worlddev.2012.04.031. Disponível em: https://www.sciencedirect.com/science/article/abs/pii/S0305750X12001015. Acesso em: 20 maio 2022.

18 THE WORLD BANK. *Post-conflict reconstruction: the role of the World Bank*. Washington, DC: The International Bank for Reconstruction and Development, 1998. ISBN 0-8213-4215-0.

19 THE WORLD BANK. T*he Toll of War: the economic and social consequences of the conflict in Syria*. Washington, DC: The World Bank, 2017.

tivos pelo qual foi criado. Por exemplo, desde 1995 existe a possibilidade de conceder assistência à países que estejam passando por uma emergência ou quaisquer perturbações econômicas[20]. Não necessariamente estamos falando estritamente de um conflito, contudo, é uma evidência que o seu trabalho está voltado para a recuperação de regiões que passam por situações de iminente emergência.

Partindo do princípio de que o desenvolvimento só será possível após uma efetiva transição pós-conflito, é da natureza dessas instituições responder às crises globais[21], como bem exemplificado pelo presidente da *European Investment Bank*, Werner Hoyer. Em outras palavras, o Banco Mundial surgiu para efetivar uma melhor transição daqueles locais que sofrem com os resquícios de um conflito, implementando não somente projetos de infraestrutura, mas também reestabelecer a economia local ao investir nas instituições locais e em questões sociais. Mas será que o conflito envolvendo Rússia e Ucrânia e a falha de organismos estabelecidos para uma atuação direta em situações de ações humanitárias implicou em uma releitura da atuação do Banco Mundial?

III. A nova conjuntura do Banco Mundial em resposta à guerra na Ucrânia

O mundo tomou um outro rumo em fevereiro de 2022, após reconhecer a independência de Lugansk e Donetsk, ambas ao leste da Ucrânia, e utilizar do artigo 51 da Carta da ONU para basear seus atos de legitima defesa, a Federação da Rússia declarou, oficialmente, guerra ao país. Durante o seu pronunciamento na madrugada do dia 24/02/2022, o Presidente Vladmir Putin expressou que:

> «Os acontecimentos de hoje não estão relacionados com o desejo de infringir os interesses da Ucrânia e do povo ucraniano. Eles estão ligados à proteção da própria Rússia daqueles que fizeram a Ucrânia como refém e estão tentando usá-la contra nosso país e seu povo. Repito, nossas ações são autodefesa contra as ameaças que nos são colocadas e de um desastre ainda maior do que o que está acontecendo hoje. Por mais difícil que seja, peço-lhe que compreenda isto e exorto à cooperação para virarmos esta página trágica o mais rapidamente possível e avançarmos juntos, não para permitir que ninguém interfira nos nossos assuntos, nas nossas relações, mas para construí-los por conta própria, para que

20 THE WORLD BANK OPERATIONAL MANUAL. *Emergency Recovery Assistance* (Op 8.50).1994.

21 SALDINGER, ADVA. *No «easy instruments» but MDBs must step up on global crises: EIB head*. Devex, online, 24 abril 2022. Disponível em: https://www.devex.com/news/no-easy-instruments-but-mdbs-must-step-up-on-global-crises-eib-head-103100

crie as condições necessárias para a superação de todos os problemas e, apesar da presença de fronteiras estatais, nos fortaleça por dentro como um todo. Eu acredito nisso; neste é o nosso futuro»[22] **(tradução nossa)**.

Segundo o Escritório do Alto-comissário das Nações Unidas para os Direitos Humanos, até o dia 23 de maio de 2022, o conflito armado na região causou mais de 8 mil baixas entre civis[23]. Estima-se que mais de 12.8 milhões de pessoas tenham migrado tanto para países próximos quanto para outras regiões dentro da Ucrânia[24].

Para o Fundo Monetário Internacional, tal crise criou uma «catástrofe humanitária» em todo o mundo. Suas consequências irão muito além das questões econômicas, desencadeando uma nova onda de incertezas na região, além do aumento nos preços das *comodities* e turbulências no mercado financeiro[25].

Com o objetivo de dirimir os impactos do conflito, tendo em vista um encolhimento da economia local de quase 50 % em 2022, o Banco Mundial viabilizou um pacote emergencial de $925 milhões dos 3 bilhões esperados para os próximos meses. Para a Instituição, o pacote irá «ajudar a pagar salários para funcionários de hospitais, pensões para idosos e programas sociais para pessoas vulneráveis»[26].

Por mais que a guerra esteja localizada na parte oriental do continente Europeu, seus impactos perpassam fronteiras, podendo impactar o resto do mundo e aumentar os níveis de pobreza no país. Outra questão que também demonstra uma extrema vulnerabilidade da região, é o fato do mundo ainda estar em processo de recuperação da crise provocada pela pandemia da Covid-19[27].

---

22 **The Spectator**. Full Text: Putin's declaration of war on Ukraine. *The Spectator*, 24 de fevereiro de 2022. Disponível em: https://www.spectator.co.uk/article/full-text-putin-s-declaration-of-war-on-ukraine . Acesso em: 23 de maio de 2022.

23 **OHCHR**. Ukraine: Civilian casualty update (23 may 2022). OHCHR, 23 de maio de 2022. Disponível em: < https://ukraine.un.org/sites/default/files/2022-05/Ukraine%20-%20civilian%20casualty%20update%20as%20of%2024.00%2022%20May%202022%20ENG%20%281%29.pdf> . Acesso em: 23 de maio de 2022.

24 **OHCHR**. Ukraine: Milions of displaced traumatised and urgently need help, say experts. OHCHR, 5 de maio de 2022. Disponível em: https://www.ohchr.org/en/press-releases/2022/05/ukraine-millions-displaced-traumatised-and-urgently-need-help-say-experts . Acesso em: 23 de maio de 2022.

25 International Monetary Fund. R*egional economic outlook. Europe: war sets back the European Recovery*. Washington: International Monetary Fund, 2022. ISBN: 9798400209048.

26 **THE WORLD BANK**. *Russian Invasion to Shrink Ukraine Economy by 45 Percent this Year*. Washington: The World Bank, 10 de abril de 2022.

27 International Monetary Fund. *Regional economic outlook. Europe: war sets back the European Recovery*. Washington: International Monetary Fund, 2022. ISBN: 9798400209048.

Levando em conta tais questões, o projeto inicial de ajuda foi aprovado pelo Conselho do Banco Mundial no dia 7 de março, intitulado de *Financing of Recovery from Economic Emergency Ukraine Supplemental Development Policy Loan*, ou simplesmente *FREE Ukraine*.

Em dezembro de 2021, o país já havia recebido mais de 300 milhões de euros do Banco para «(i) fomentar instituições de desmonopolização e anticorrupção; (ii) fortalecer os mercados de terras e de crédito; e (iii) fortalecer a rede de proteção social»[28]. O projeto tinha como objetivo principal ajudar a Ucrânia na sua recuperação pós-pandemia, fortalecendo suas instituições locais e provendo maior segurança jurídica econômica.

Entretanto, segundo o país, diante dos inesperados desdobramentos do começo do ano de 2022, a implementação do projeto se tornou inviável, solicitando uma nova ajuda financeira para a reposta aos conflitos geopolíticos na região[29]. Dentre os diversos argumentos pormenorizados, a crise humanitária gerou lacunas sociais e fiscais, mesmo diante da ajuda de outros parceiros.

Segundo a vicepresidente do Banco Mundial para a região da Europa e Ásia Central, Anna Bjerde: «A Ucrânia precisa de apoio financeiro maciço imediatamente, pois luta para manter sua economia ativa e o governo funcionando para apoiar os cidadãos ucranianos que estão sofrendo e lidando com uma situação extrema»[30].

Indaga-se aqui o momento no qual o projeto foi aprovado, dado que sua concessão foi ainda nos primórdios do conflito. Diferindo, portanto, da atuação usual do Banco Mundial.

No livro «*Post-Conflict Reconstruction*» é perceptível o cuidado da organização em não interferir e ultrapassar sua missão inicial. Como um mecanismo hábil a prover recursos necessários a um Estado que esteja passando por distúrbios internos, sejam eles conflitos armados ou não, sua atuação não poderá ser nula, ao mesmo tempo que não engajará situações de insurreições.

---

28 Ukraine. *Second Economic Recovery Development Policy Loan*. Washington, D.C: World Bank Group. 21 de novembro de 2021. Disponível em: http://documents.worldbank.org/curated/en/532051641932129557/Ukraine-Second-Economic-Recovery-Development-Policy-Loan . Acesso em: 19 de maio de 2022.

29 Ukraine. Financing of Recovery from Economic Emergency Ukraine Supplemental Development Policy Loan: Supplemental Financing Document. Washington, D.C.: World Bank Group. 7 de março de 2022. Disponível em: http://documents.worldbank.org/curated/en/752081647378220940/Ukraine-Financing-of-Recovery-from-Economic-Emergency-Ukraine-Supplemental-Development-Policy-Loan-Supplemental-Financing-Document . Acesso em: 19 de maio de 2022.

30 THE WORLD BANK. *Russian Invasion to Shrink Ukraine Economy by 45 Percent this Year*. Washington: The World Bank, 10 de abril de 2022.

Segundo a publicação, sua atuação é compreendida a partir de cinco estágios:

> «Um resumo de observação em países em conflito onde não há Portfólio (de projetos). [...]Preparação de uma estratégia de apoio transitório assim que a resolução está à vista. [...] Atividades de reconstrução precoce, prosseguindo assim que as condições de campo permitir. [...] Reconstrução pós-conflito (sob procedimentos de emergência). [...] Retorno às operações normais de empréstimo»[31] (tradução nossa).

É possível compreender que a organização nunca deverá abandonar seus Estados-membros, muito pelo contrário, seus escritórios deverão analisar a atual conjuntura, mas atuar somente no melhor momento. Diante de um conflito, as instituições estão muito frágeis e, frequentemente, não conseguem trabalhar em conjunto com o Banco para implementar um projeto de recuperação.

Obviamente não devemos ser ingênuos a ponto de ponderar que o pós-conflito é uma questão fácil, haja vista que não existe uma objetividade acerca do seu encerramento, muitos demoram anos ou décadas. À título de exemplo, os conflitos que iniciaram em 2011 na Síria ainda não terminaram, presente até o dia de hoje no portal *The Rule of Law in Armed Conflicts* que sistematiza e qualifica as guerras presentes nos quatro cantos do mundo[32]. O engajamento do Banco com a região afetado tem que ser constante, principalmente para que a sua presença não diminua ou impeça a implementação de projetos de reconstrução, como foi o caso de Ruanda onde, durante o genocídio que assolou a região, a instituição rompeu a comunicação com as instituições locais[33].

Em 2011, com o desígnio em prover uma melhor transição para o novo governo, o *Post-Conflict Reconstruction and Recovery Grant* da Costa do Marfim foi concedido pelo Conselho do Banco Mundial, totalizando 150 milhões de dólares. O projeto foi considerado de alto risco, uma vez que as fragilidades políticas e economias ainda estavam presentes, entretanto, este recurso seria usado como pontapé inicial para a recuperação pós-conflito do país[34].

---

31 THE WORLD BANK. *Post-conflict reconstruction: the role of the World Bank*. Washington, DC: The International Bank for Reconstruction and Development, 1998. ISBN 0-8213-4215-0.

32 GENEVA ACADEMY OF INTERNATIONAL HUMANITARIAN LAW AND HUMAN RIGHTS, RULAC. *Non-International armed conflicts in Syria*. Disponível em: https://www.rulac.org/browse/conflicts/non-international-armed-conflicts-in-syria#collapse3accord . Acesso em: 22 de maio de 2022.

33 THE WORLD BANK. *Post-conflict reconstruction: the role of the World Bank*. Washington, DC: The International Bank for Reconstruction and Development, 1998. ISBN 0-8213-4215-0.

34 Cote d'Ivoire. *Post-Conflict Reconstruction and Recovery Grant Program*. Washington, D.C.: World Bank Group. 19 de agosto de 2011. Disponível em: http://documents.worldbank.

Após a assinatura do Acordo de Paz de Dayton que conduziu a região Bósnia e Herzegovina ao fim de um longo conflito, o Banco Mundial aprovou uma série de projetos que tinham como objetivo reconstruir a região. No dia 5 de fevereiro de 1996, foi concedido um pacote inicial de US$ 15 milhões para restaurar a infraestrutura, o setor energético, dar suporte a instituições e pequenos produtores locais tendo em vista que os conflitos afetaram em demasia a agricultura local[35].

Podemos traçar uma semelhança com os casos citados acima com os conflitos que despontaram na faixa de Gaza nas últimas décadas. Após intensos confrontos entre a Organização da Libertação da Palestina, criada no meio dos anos 60 com o objeto de recuperar a autodeterminação de seu povo, e Israel, foi assinado o histórico acordo de Paz no dia 13 de setembro de 1993. Como objetivo de reestabelecer a região que estaba passando por turbulências econômicas e sociais, foi aprovado um pacote emergencial de US$ 30 milhões para aprimorar questões como saúde, acesso à educação, água e transporte[36].

Entende-se que a atuação do Banco Mundial é de extrema cautela. O momento de aprovação dos projetos não foi mera coincidência, visto que sua efetiva concessão se deu apenas após uma certeza institucional emergir. Ora, questões como um acordo de paz ou uma promessa de eleição podem ser sinônimos de que os embates estejam em seu último estágio.

Obviamente, nada obsta que os conflitos se prologuem com o tempo, como ainda é a atual conjuntura da região de Gaza, entretanto, no momento em que o projeto foi aprovado, existia uma vontade em sedimentar a paz na região.

A intenção em transacionar para um momento de paz, ou a instauração de uma democracia se for o caso, é de extrema importância para que o Banco Mundial consiga estabelecer o seu marco temporal para uma possível atuação[37]. Além disso, o acordo que constituiu a instituição é bem claro quando profere que:

> «O Banco e seus dirigentes não devem interferir nos assuntos políticos de qualquer membro; nem devem ser influenciados nas suas decisões pelo carácter polí-

org/curated/en/197201468025495270/Cote-dlvoire-Post-Conflict-Reconstruction-and-Recovery-Grant-Program. Acesso em: 19 de maio de 2022.

35 **Bosnia and Herzegovina**. *Emergency Recovery Project*. Washington, D.C.: World Bank Group. 5 de fevereiro de 1996. Disponível em: http://documents.worldbank.org/curated/en/313511468013843580/Bosnia-and-Herzegovina-Emergency-Recovery-Project. Acesso em: 19 de maio de 2022.

36 **Gaza**. *Emergency Rehabilitation Project - Occupied Territories*. Washington, D.C.: World Bank Group. 2 de maio de 1994. Disponível em: http://documents.worldbank.org/curated/en/670901468329967756/Gaza-Emergency-Rehabilitation-Project-Occupied-Territories. Acesso em: 22 de maio de 2022.

37 THE WORLD BANK. *Post-conflict reconstruction: the role of the World Bank*. Washington, DC: The International Bank for Reconstruction and Development, 1998. ISBN 0-8213-4215-0.

tico do membro ou membros em causa. Apenas considerações econômicas devem ser relevantes para suas decisões, e essas considerações devem ser pesadas de forma imparcial em para atingir os fins previstos no artigo I.»[38] (tradução nossa).

Desta forma, compreende-se que até mesmo diante das fragilidades e incertezas que uma região enfrenta com a chegada das hostilidades, o papel principal da instituição não é o de intervir diretamente no conflito, ao contrário, deve ser traçado de modo a trabalhar sobretudo com a reconstrução.

Percebe-se que esse objetivo está presente na recente estratégia da organização, que visa mitigar o surgimento de novos conflitos a partir do investimento em regiões mais deficitárias. *O Strategy for Fragility Conflict and Violence* 2020-2025 parte do pressuposto que, nos próximos anos, adentraremos em uma situação em que mais da metade dos países pobres viverão em locais frágeis e violentos, sendo assim existe um compromisso da sociedade internacional em mitigar essa previsão a partir do fortalecimento das populações[39].

Repare que, em nenhum momento a instituição reforça sua atuação durante os auspícios da hostilidade, mas reforça que deverá prover uma segurança à população com projetos que visem dar suporte econômicos e de infraestrutura.

Focando na perspectiva de infraestrutura, se observarmos outros projetos, também será perceptível o mesmo cuidado com situações em menor escala. Por exemplo, após um combate entre o exército libanês e o grupo *Fatah al-Islam*, percebeu-se um aumento no número de refugiados após a destruição de um campo de acolhimento local. Logo, o pacote emergencial aprovado pelo Banco Mundial em 2007 teve por objetivo reerguer o local e dar suporte financeiro aquela comunidade[40].

Aqui, mesmo diante de um projeto específico, que não necessariamente englobava uma reconstrução multimilionária, podemos assimilar que a instituição teve o mesmo cuidado. Sua implementação se deu após uma diminuição considerada dos conflitos.

Ao analisarmos esse arcabouço de casos é impossível não fazer um contraste com a situação atual. O conflito na Ucrânia, por mais que tenha um grande impacto na economia global e seja reconhecido como uma das maio-

38 *Articles of Agreement of the International Bank for Reconstruction and Development*. 27 dez 1945.

39 World Bank. *World Bank Group Strategy for Fragility, Conflict and Violence 2020-2025*. 2020.

40 **Lebanon**. *Nahr al-Barid Post Conflict Emergency Fund Project*. Washington, D.C.: World Bank Group. 27 de novembro de 2007. Disponível em: http://documents.worldbank.org/curated/en/906421468055737363/Lebanon-Nahr-al-Barid-Post-Conflict-Emergency-Fund-Project. Acesso em: 24/05/2022.

res ondas de refugiados desde a segunda guerra mundial[41] é muito semelhante a outros casos emergenciais. Em outras palavras, estamos diante de um conflito armado que, em tese, receberia este tipo de apoio somente em um momento em que se vislumbra um acordo ou uma diminuição das hostilidades.

Em que pese ajudar países em situação de vulnerabilidade, o argumento analisado não deve ser compreendido simplesmente no sentido de condenar a concessão de ajudas humanitárias pelo Banco Mundial, todavia, este não é o papel para o qual o mesmo foi estabelecido. Por exemplo, desde 2014, o Comitê Internacional da Cruz Vermelha tem atuado de forma ativa na Ucrânia e seu papel após o dia 24 de fevereiro não foi diferente. Basta acessar o site da instituição para visualizar diferentes iniciativas para prover maior segurança às populações vulneráveis da Ucrânia, distribuindo alimentos, medicamentos, infraestrutura e até mesmo auxiliando na retirada desses civis[42]. Percebe-se, portanto, uma expansão da antiga atuação do Banco Mundial na reconstrução da infraestrutura e transição para a paz.

Ao analisarmos a atuação de uma instituição internacional, é imprescindível confrontá-la com sua missão inicial. Trata-se de organizações criadas pelos Estados com o intuito de servir para algo ou alguma coisa específica, logo, se sua missão não é mais cabível, ou se afastou daquilo que foi acordado no tratado internacional que lhe criou, devemos repensar sua importância no mundo atual.

No caso em questão, a concessão emergencial, diante de um momento de fragilidade institucional, nos faz repensar acerca da segurança desses recursos. Ora, se antigamente o Banco não intervia justamente com receio à segurança local[43], aqui estamos diante da mesma questão. Investir em projetos de infraestrutura no começo de conflito armado pode desencadear uma insegurança jurídica e, possivelmente, um repasse inadequado dos valores. Principalmente, na seara política, dado que, como exposto anteriormente, a instituição apenas poderia se atentar a questões econômicas.

---

41 **OHCHR**. Ukraine: *Milions of displaced traumatised and urgently need help, say experts*. OHCHR, 5 de maio de 2022. Disponível em: https://www.ohchr.org/en/press-releases/2022/05/ukraine-millions-displaced-traumatised-and-urgently-need-help-say-experts . Acesso em: 23 de maio de 2022.

42 **ICRC**. Ukraine: Massive, urgente response needed to meet soaring needs. Ukraine: ICRC. 09 de março de 2022 Disponível em: https://www.icrc.org/en/document/ukraine-massive-urgent-response-needed-meet-soaring-needs . Acesso em: 29 de maio de 2022.

43 THE WORLD BANK. *Post-conflict reconstruction: the role of the World Bank*. Washington, DC: The International Bank for Reconstruction and Development, 1998. ISBN 0-8213-4215-0.

IV. Conclusão

Em situação de caos somos compelidos a buscar adaptações de nossas funções originárias. Essa máxima não foi diferente para o Banco Mundial. A situação de conflito entre Ucrânia e Rússia trouxe a oportunidade de releitura para a atuação dessa importante instituição de desenvolvimento.

O grande diferencial da situação deste conflito em relação aos demais é o caráter geopolítico envolvido no mesmo que pode causar externalidades muito próximas a de conflitos globais. Diante dessa perspectiva e da falha de instituições projetadas para tais eventos, o Banco Mundial não poderia simplesmente cruzar os braços e ficar esperando o fim das hostilidades para agir em prol do desenvolvimento, afinal ele deve atuar também na contenção de danos maiores. Remediar as mazelas deixadas por um conflito desta envergadura pode ser muito mais dispendioso do que os prevenir.

A partir da teoria das organizações internacionais, devemos considerar que tal posicionamento é bastante arriscado para o Banco Mundial, podendo significar um «agir além dos limites estabelecidos em sua criação». Todavia, a instituição sempre trabalha com o aval de seus Estados-membros o que acarreta a legitimação de seus atos. Vale lembrar que pela teoria das capacidades e poderes implícitos, as organizações internacionais podem ir além de suas capacidades e competências desde que seja para atingir seu propósito e missão e que não invada a competência de outra organização internacional.

Partindo desse pressuposto, podemos considerar que o Banco Mundial fez uso desta teoria e inovou sua atuação para tentar complementar a missão de outros órgãos ou conter as falhas de organismos que a princípio estariam desenhados para causas humanitárias de modo específico. As relações internacionais e os desafios da interrelação entre Estados e Organizações Internacionais urge por mudanças e adaptações que acabarão extinguindo os sujeitos que não consigam se encaixar. Seria esta uma tática do Banco Mundial para continuar relevante nesse contexto de tantas incertezas? Fica a indagação e provocação para que possamos permanecer acompanhando a atuação desta importante organização internacional.

Referências bibliográficas

Articles of Agreement of the International Bank for Reconstruction and Development. 27 dez 1945.

Babb, S., *Behind the Development Banks: Washington Politics, World Poverty, and the Wealth of Nations*. Chicago: University of Chicago Press, 2009. https://doi.org/10.7208/9780226033679

Benfatti, F. F. N., *Direito ao Desenvolvimento*. São Paulo: Saraiva, 2014.

Bosnia and Herzegovina. Emergency Recovery Project. Washington, D.C.: World Bank Group. 5 de fevereiro de 1996. Disponível em: http://documents.worldbank.org/curated/en/313511468013843580/Bosnia-and-Herzegovina-Emergency-Recovery-Project. Acesso em: 19 de maio de 2022.

Cote d'Ivoire. Post-Conflict Reconstruction and Recovery Grant Program. Washington, D.C.: World Bank Group. 19 de agosto de 2011. Disponível em: http://documents.worldbank.org/curated/en/197201468025495270/Cote-dIvoire-Post-Conflict-Reconstruction-and-Recovery-Grant-Program. Acesso em: 19 de maio de 2022.

Gates, S.; Hegre, H.; Mokleiv, N., Håvard; Strand, H., *Development Consequences of Armed Conflict. World Development*, [s. l.], v. 40, ed. 9, 22 maio 2022. DOI https://doi.org/10.1016/j.worlddev.2012.04.031. Disponível em: https://www.sciencedirect.com/science/article/abs/pii/S0305750X12001015. Acesso em: 20 maio 2022.

Gaza. Emergency Rehabilitation Project - Occupied Territories. Washington, D.C.: World Bank Group. 2 de maio de 1994. Disponível em: http://documents.worldbank.org/curated/en/670901468329967756/Gaza-Emergency-Rehabilitation-Project-Occupied-Territories. Acesso em: 22 de maio de 2022.

Geneva Academy Of International Humanitarian Law And Human Rights, Rulac. *Non-International armed conflicts in Syria*. Disponível em: https://www.rulac.org/browse/conflicts/non-international-armed-conflicts-in-syria#collapse3accord. Acesso em: 22 de maio de 2022

Helleiner, E., *Forgotten foundations of Bretton Woods: international development and the making of the postwar order*. Ithaca, London: Cornell University Press, 2014. ISBN 978-0-8014-5275-8.

ICRC. *Ukraine: Massive, urgente response needed to meet soaring needs*. Ukraine: ICRC. 09 de março de 2022 Disponível em: https://www.icrc.org/en/document/ukraine-massive-urgent-response-needed-meet-soaring-needs. Acesso em: 29 de maio de 2022.

International Monetary Fund. Regional economic outlook. Europe: war sets back the European Recovery. Washington: International Monetary Fund, 2022. ISBN: 9798400209048.

Lebanon. Nahr al-Barid Post Conflict Emergency Fund Project. Washington, D.C.: World Bank Group. 27 de novembro de 2007. Disponível em: http://documents.worldbank.org/curated/en/906421468055737363/Lebanon-Nahr-al-Barid-Post-Conflict-Emergency-Fund-Project. Acesso em: 24/05/2022.

Mankoff, J., *Russia's War in Ukraine: Identify, History, and Conflict*. Washington D.C. Center for Strategic & International Studies, 2022. Disponível em: https://www.csis.org/analysis/russias-war-ukraine-identity-history-and-conflict. Acesso em: 19 de maio de 2022.

OHCHR. Ukraine: Civilian casualty update (23 may 2022). OHCHR, 23 de maio de 2022. Disponível em: < https://ukraine.un.org/sites/default/files/2022-05/Ukraine%20-%20civilian%20casualty%20update%20as%20of%2024.00%2022%20May%202022%20ENG%20%281%29.pdf>. Acesso em: 23 de maio de 2022.

OHCHR. Ukraine: Milions of displaced traumatised and urgently need help, say experts. OHCHR, 05 de maio de 2022. Disponível em: https://www.ohchr.org/en/press-releases/2022/05/ukraine-millions-displaced-traumatised-and-urgently-need-help-say-experts. Acesso em: 23 de maio de 2022.

ONU. Carta das Nações Unidas. 1945.

ONU. Security Council Fails to Adopt Draft Resolution on Ending Ukraine Crisis, as Russian Federation Wields Veto. SC/14808.

Resolução n.º 41/128. Assembléia Geral da Organização das Nações Unidas.

Saldinger, A., No «easy instruments» but MDBs must step up on global crises: EIB head. *Devex*, online, 24 abril 2022. Disponível em: https://www.devex.com/news/no-easy-instruments-but-mdbs-must-step-up-on-global-crises-eib-head-103100

Schlemmer-Schulte, S., «International Bank for Reconstruction and Development (IBRD)». In: Peters, A.; Wolfrum, R. (org.). *Max Planck Encyclopedias of International Law* [MPIL]. [S. l.]: Oxford University Press, 2014. Disponível em: https://opil.ouplaw.com/view/10.1093/law:epil/9780199231690/law-9780199231690-e475. Acesso em: 20 maio 2022.

The Spectator. Full Text: Putin's declaration of war on Ukraine. *The Spectator*, 24 de fevereiro de 2022. Disponível em: https://www.spectator.co.uk/article/full-text-putin-s-declaration-of-war-on-ukraine. Acesso em: 23 de maio de 2022.

The World Bank Operational Manual. *Emergency Recovery Assistance (Op 8.50)*. 1994.

The World Bank. *Russian Invasion to Shrink Ukraine Economy by 45 Percent this Year. Washington*: The World Bank, 10 de abril de 2022.

The World Bank. The *Toll of War: the economic and social consequences of the conflict in Syria*. Washington, DC: The World Bank, 2017.

THE WORLD BANK. *Post-conflict reconstruction: the role of the World Bank*. Washington, DC: The International Bank for Reconstruction and Development, 1998. ISBN 0-8213-4215-0.

Ukraine. *Financing of Recovery from Economic Emergency Ukraine Supplemental Development Policy Loan: Supplemental Financing Document*. Washington, D.C.: World Bank Group. 7 de março de 2022. Disponível em: http://documents.worldbank.org/curated/en/752081647378220940/Ukraine-Financing-of-Recovery-from-Economic-Emergency-Ukraine-Supplemental-Development-Policy-Loan-Supplemental-Financing-Document. Acesso em: 19 de maio de 2022.

Ukraine. Second *Economic Recovery Development Policy Loan*. Washington, D.C: World Bank Group. 21 de novembro de 2021. Disponível em: http://documents.worldbank.org/curated/en/532051641932129557/Ukraine-Second-Economic-Recovery-Development-Policy-Loan. Acesso em: 19 de maio de 2022.

United States. Department of State. «Volume I» in *Proceedings and Documents of the United Nations Monetary and Financial Conference, Bretton Woods, New Hampshire, July 1-22, 1944* (July 1-22, 1944). Disponível em: https://fraser.stlouisfed.org/title/430#7570. Acesso em: 22 de maio de 2022.

World Bank. *World Bank Group Strategy for Fragility, Conflict and Violence 2020-2025*. 2020.

24 DE FEBRERO DE 2022: ¿UN NUEVO VIEJO ORDEN MUNDIAL?

Daniel Amin Ferraz[1]

Palabras Clave: Orden Mundial. Globalización. Unipolaridad. EE.UU. URSS.

Resumen: El Orden Mundial sufrió profundas transformaciones en las últimas décadas. Así, se salió de una sociedad multipolar con el término de la Segunda Guerra Mundial, para una sociedad bipolar, con dos polos de influencia: EE.UU. por su parte, y su liderazgo de las Democracias Liberales; y URSS (Unión Soviética) a su vez, y su liderazgo de los Estados de Economía Planeada. Nació así la Guerra Fría, y con ella la creación de la estructura de reparto de poder e influencia en el mundo. Con la reunificación de la Alemania (1989) y el derrumbe de la URSS (1991), pasase a una nueva fase: la constitución de la Unipolaridad, entendida como el liderazgo absoluto de EE.UU. en la sociedad global. Todavía, tal liderazgo fue, por todo el tiempo, contestado: sea por la UE, en virtud de sus constantes profundizaciones y alargamientos; sea por China, con su desarrollo económico y, hoy por hoy, su posicionamiento internacional más asertivo en los organismos internacionales; sea por la actuación de grupos terroristas que, de cierta forma, contestan la inviolabilidad de la potencia única (véase los atentados del 11 de septiembre de 2001). Finalmente, parece ser que la actual invasión de Ucrania por Rusia estaría consustanciada en este contexto. Parece ser que

1 Mestre en Derecho Empresarial por la Universidade de Coimbra, Portugal; Doctor en Derecho Internacional por la Universidad de Valencia, España; Profesor Catedrático de Derecho Empresarial en el UniCEUB – Brasilia, Brasil; abogado.

intenta Rusia rediscutir, con el conflicto de Ucrania, no solamente aspectos territoriales, pero, podría parecer que pretendería discutir el modelo mismo de organización de las relaciones internacionales, constituyéndose, más una vez, como una potencia internacional, redefiniendo el Orden Mundial de la Unipolaridad. Así, la guerra de Ucrania, iniciada por Rusia el 24 de febrero de 2022, ¿pretendería crear un Nuevo Viejo Orden Mundial? El presente artículo busca contestar exactamente a esta pregunta.

Abstract: The World Order has suffered profound transformations in the last decades. Thus, a multipolar society was left with the end of the Second World War, for a bipolar society, with two poles of influence: US for its part, and its leadership of the Liberal Democracies; and USSR (Soviet Union) in turn, and its leadership of the Planned Economy States. The Cold War was born, and with the creation of the structure for sharing power and influence in the world. With the reunification of Germany (1989) and the collapse of the USSR (1991), it moved on to a new phase: the constitution of Unipolarity, understood as the absolute leadership of the US in global society. However, such leadership was, for all time, contested: either by the EU by virtue of its constant deepening and lengthening; or China, with its economic development and, nowadays, its more assertive international position in international organizations; or due to the actions of terrorist groups that, in a certain way, contest the inviolability of the single power (see the attacks of September 11, 2001). Finally, it seems that the current invasion of Ukraine by Russia would be consubstantiated in this context. It seems that Russia intends to re-discuss, with the Ukraine conflict, not only territorial aspects, but it could seem that it intends to discuss the very model of organization of international relations, constituting itself, once again, as an international power, redefining the World Order of Unipolarity. Therefore, would the war in Ukraine, started by Russia on February 24, 2022, seek to create a New Old World Order? This article seeks to answer exactly this question.

Key-words: World Order. Globalization. US. USSR.

I. Introducción

En 24 de febrero de 2022 el mundo ha pasado por un importante cambio: la invasión de Ucrania llevada a cabo por Rusia.

Mientras son escritas estas líneas, aún se está en los momentos muy *calientes* del conflicto. Se estarán viviendo posibles violaciones de los derechos humanos y del Derecho Internacional Humanitario[2], con un claro sufrimiento de la población civil de Ucrania[3].

---

2 Para los fundamentos del Derecho Internacional Humanitario, de entre muchos, véase: SWINARSKI, CHRISTOPHES. *A Norma e a Guerra*, Sergio Antonio Fabris Editor, Porto Alegre, 1991, pp. 11 y ss.

3 Afirmase posibles ya que, a su tiempo, las pretensas violaciones tendrán que ser apuradas y, si y cuando confirmadas, deberán ser sancionadas por el órgano competente, desde que el Orden Internacional actual consiga resistir, pasado el conflicto.

Todavía, el conflicto ya ha generado una modificación del orden internacional. Así, el período de la posible *Pax Americana*, si es que ha existido[4], no ha resistido al paso del tiempo, quedando patente que la idea de unipolaridad ya no más representa el reparto del poder político/militar/económico en las relaciones internacionales.

Además, la división interna de las propias sociedades en las democracias liberales, con la radicalización del discurso de la extrema derecha, no facilitaría, para nada, una tentativa de construcción de un modelo de paz social entre las Naciones[5].

Por otro lado, es interesante notar que occidente, desde la caída de la URSS, siempre ha buscado una relación con Rusia que se basara no en una continuidad institucional de las relaciones internacionales, pero, más bien fundamentada en las relaciones personales, con el dirigente que estuviera en el comando, manteniendo con él una relación de acercamiento. Claro está que todas las eventuales instabilidades de Rusia, en ese sentido, podrían venir a ser transportadas para Occidente[6].

En el presente artículo se pretende analizar al Orden Internacional hasta aquí vigente, además de promocionar un análisis, aunque incipiente, de la situación en las relaciones internacionales en la actualidad, justo en el medio de la invasión de Ucrania por Rusia[7].

---

4 Refiérase a una probable no existencia de la *Pax Americana* ya que, por más que EE.UU. pretendiera, después del anunciado fin de la *guerra fría*, presentarse como el garante de la paz mundial, no ha conseguido, ya que los conflictos internacionales siguieron ocurriendo y agravándose en el período. Para justificar lo dicho recuérdese, solamente a título de ejemplo, de las dos guerras de Irak, además de la guerra de Siria o de Afganistán. Para un análisis de la guerra de Irak, en especial la actuación de EE.UU. en Irak «justificada» por las desigualdades de la globalización, véase: ALONSO ZALDÍVAR, CARLOS; VALCÁRCEL, DARÍO. *Una conversación sobre Irak*, Estudios de Política Exterior, Editorial Biblioteca Nueva, Madrid, 2003, p. 69 y ss. A su vez, para un interesante análisis de la intrincada relación entre EE.UU., Europa y Rusia en los conflictos de Irak y Siria, véase: MONJARDINO, MIGUEL. «O quebra-cabeças da Síria e do Iraque», en: *XXI, Ter Opinião*, n.º 6, Jan-Jun 2016, Fundação Francisco Manuel dos Santos, Lisboa, pp. 116 y ss.

5 GALLEGO, FERRAN. «El malestar de una subcultura: la incomodidad teórica de la extrema derecha nacional-populista en Europa», en: *Archipiélago - Cuadernos de Crítica da la Cultura*, n.º 72/2006, octubre, Editorial Archipiélago, Madrid, pp. 21 y ss.

6 DELPECH, THÉRÈSE. *L'ensauvagement*, Editions Grassett & Fasquelle, Paris, 2005, pp. 195 y ss.

7 En las líneas abajo, en ocasiones, se tendrá que hacer un abordaje de la situación de Rusia en la actualidad, pero también, de su transformación, sea en el espectro político, como jurídico, así como económico, de la anticúa URSS en la Rusia actual. El mismo ocurrirá para permitir una mejor contextualización de la situación actual de conflicto entre Rusia, Ucrania y, quizás, EE.UU. y la UE. Para la cuestión de la convertibilidad de la economía central o planificada de la URSS en la economía de Rusia, véase: UNGER, ROBERTO MANGABEIRA. *Democracia realizada: a alternativa progressista*, Boitempo Editorial, São Paulo, 1998, p. 76 y ss. Para un interesante análisis del desarrollo de la URSS y de su acerca-

En suma, lo que se pretende es contestar la provocación que ha sido hecha en el título del artículo mismo: con la invasión de Ucrania actual, ¿nasce un Nuevo Viejo Orden Mundial?

II. El mundo a finales del siglo XX e inicio del siglo XXI

II.1. El entorno económico y social del siglo XXI

La elaboración de la actual estructura internacional no es algo de los años noventa, como se podría suponer. Al término de la II Guerra Mundial nacieron los organismos internacionales que determinarían el orden mundial que ha sido característico hasta finales del siglo XX/inicio del siglo XXI. Por esta razón, es precisamente a finales de los noventa, cuando se han ido cumpliendo los cincuentenarios de organismos internacionales tales como Naciones Unidas en 1995, la OTAN[8] en 1999, y los veinticinco años de la firma del Acta de Helsinki encarnada hoy por hoy en la OSCE[9] (en el año 2000).

---

miento a la América Latina menos desarrollada, así como a la Asia, en detrimento de su aproximación con la Europa Central, entendiéndose tal elección como uno de los motivos para su caída, véase: SADER, EMIR. *El nuevo topo: los caminos de la izquierda latinoamericana*, Siglo XXI Editores, Buenos Aires, 2009, pp. 185 y ss.

8 «La situación española de cooperación en materia de defensa presenta interés por el esquema mantenido con los Estados Unidos, desde el Convenio Defensivo de 26 de septiembre de 1953, continuado con los convenios de 6 de agosto de 1970, 24 de enero de 1976, 2 de julio de 1982, y culminado en el vigente Convenio entre el Reino de España y los Estados Unidos de América sobre Cooperación para la Defensa, hecho en Madrid el 1 de diciembre de 1988, y en vigor desde el 4 de mayo de 1989, cuya aplicación por un año acaba de ser prorrogada. Sin embargo, frente a los instrumentos anteriores, el Convenio vigente se inserta en el contexto estratégico más global de las alianzas defensivas occidentales. En efecto, el Preámbulo del Convenio se encarga de señalar que ambos países son parte "en el Tratado del Atlántico Norte", y precisamente los artículos 3 y 8 del Tratado del Atlántico Norte prevén la posibilidad de intensificar la cooperación defensiva entre los Estados parte a través de particulares convenios entre algunos de ellos». En ese sentido: GONZÁLEZ CAMPOS, JULIO D.; SÁNCHEZ RODRÍGUEZ, LUIS I.; y, SÁENZ DE SANTA MARÍA, PAZ ANDRÉS: *Curso de Derecho Internacional Público*. Editorial Civitas, Sexta Edición, Madrid, 1998, p. 561.

9 En el contexto de la Europa de los quince, la política común de seguridad y defensa (PECSD) ha sido desarrollada. Así, el Consejo Europeo celebrado en Colonia los días 3 y 4 de junio de 1999 marcó el primer paso importante dentro de la UE hacia la situación actual. Ello vino determinado por la entrada en vigor del Tratado de Ámsterdam y por el agrado con que el Consejo de Viena de 1998 había acogido la declaración franco-británica de Saint Malo. Estas circunstancias llevaron a los socios a declarar que la UE debería tener una capacidad de acción autónoma, respaldada por unos recursos (incluidos los militares) dignos de crédito, medios para emplearlos y disposición para hacerlo, de forma que pudiera responder a las crisis internacionales de forma autónoma. En el Consejo Europeo de Helsinki, celebrado en los días 10 y 11 de diciembre de 1999, se fijó el objetivo general: la Unión debía ser capaz de mantener en el terreno entre 50.000 y 60.000 soldados

Si bien estos organismos tuvieron el mérito de sobrevivir a la turbulenta *Guerra Fría* y no desaparecieron, de cara al comienzo del siglo XXI les ha llegado el momento de rendir cuentas a la comunidad internacional. El aniversario de las Naciones Unidas vino acompañado de un profundo debate sobre la necesidad de cambios en dicho organismo, que en su existencia sólo fue capaz de mantener la paz mundial de forma ininterrumpida por muy poco tiempo; o respecto a su Consejo de Seguridad que ya no representa el reparto del poder en el mundo. A su vez, la Cumbre de Washington que conmemoró el nacimiento de la Alianza Atlántica se desplegó con una revisión del Nuevo Concepto Estratégico, que pretende sobrepasar incluso los límites de la ONU[10], dada su demostrada incapacidad para cumplir los fines para los cuales fue creada.

El mundo está en constantes cambios, además, en el tiempo de la internacionalización de la tecnología, de los medios de comunicación de masa, de la Internet, de las redes sociales. El hombre vive una nueva era y el inicio del siglo actual ha demostrado que pasará por períodos de incertidumbre. La presente globalización hace reflexionar acerca de los desequilibrios exis-

para la realización de operaciones de ayuda humanitaria y rescate de nacionales, tareas de mantenimiento de la paz, etc., siempre con la participación voluntaria de los Estados miembros. En el Consejo Europeo de Santa Maria de Feira celebrado los días 19 y 20 de junio de 2000 se avanzó en un primer diseño de relaciones con la OTAN y con terceros Estados. Finalmente, el Consejo Europeo de Niza, celebrado los días 7, 8 y 9 de diciembre de 2000, fijó las competencias definitivas de los órganos que han de conducir el proceso de la PECSD, así como el esquema de las futuras relaciones entre la UE y la Alianza. Beneyto, J. M.: «La PESCD ante la presidencia española», en: *Política Exterior*. Madrid, Vol. XVI, enero/febrero 2002, Núm. 85, p. 69 y ss. Para un entendimiento de la PECSD en el contexto de la política exterior y la seguridad común (PESC) véase, entre otros: Serra, Narcís: «El progreso de la política de defensa europea», en: *Política Exterior*. Madrid, Vol. XV, septiembre/octubre de 2001, Núm. 83, p. 95 y ss. Para un análisis del desarrollo de la construcción reciente de la política europea de defensa, véase: Julià Barceló, Maria. *Las misiones de paz de la Unión Europea*, Tirant lo Blanc, 2015, pp. 55 y ss.

10 Reunidos en San Francisco (EE.UU.), cincuenta países aprobaron la Carta de las Naciones Unidas, en 25 de junio de 1945. La victoria sobre el Eje era inminente ya que Alemania había capitulado en 08 de mayo de 1945. Se tornaba imprescindible institucionalizar las relaciones internacionales. Además de la fuerte presencia del Nuevo Mundo (veintidós Estados), la Conferencia de San Francisco contó con representantes europeos, algunos asiáticos y pocos africanos, ya que solamente África del Sur, Egipto, Etiopía y Liberia eran países independientes. Aclamada por unanimidad y saludada como el adviento de un nuevo tiempo para las relaciones internacionales, la Carta de San Francisco, creando la Organización de las Naciones Unidas, fue firmada de forma solemne el 26 de junio de 1945. En ese sentido: Seitenfus, Ricardo, y Ventura, Deisy: *Introdução ao Direito Internacional Público*. Ed. Livraria do Advogado, Porto Alegre, 1999, pp. 101 y ss. La ONU tiene seis órganos fundamentales. Ellos son: Consejo de Seguridad; Asamblea General; Consejo Económico y Social; Consejo de Tutela; Secretariado y Corte Internacional de Justicia. En ese sentido: Mello, Celso Duvivier de Albuquerque: *Curso de Direito Internacional Público*. 10.ª edición, Ed. Renovar, Rio de Janeiro, 1994, pp. 543 y ss.

tentes en un mundo no más dividido en ideologías de producción, pero sí diferenciado por las discrepancias entre Occidente y Oriente, entre norte y sur, entre países pobres y ricos.

Es necesario definir la nueva agenda de desarrollo, buscando un nuevo equilibrio entre el mercado libre y el interés público, entendidas las políticas públicas como todas las formas de acción organizada tras objetivos de interés común (incluso de la organización de la sociedad civil), no sólo las acciones estatales.

La liberalización económica fue presentada al mundo como la respuesta a estrategias ineficientes asociadas a la protección comercial y a los altos niveles de intervención estatal. Fue presentada también como una forma de aprovechar plenamente las oportunidades que ofrecía la globalización. Esta visión representó un cambio significativo frente a la idea que sirvió de base a las estrategias de desarrollo durante varias décadas, según la cual la industrialización tardía exigía una amplia intervención del Estado. Así, el Consenso de Washington[11] fue uno de los mejores resúmenes de esta agenda de reformas.

En los últimos años se ha producido un intenso cuestionamiento de esta visión. La crisis asiática ya había sido un gran revés (hasta los atentados de Nueva York del 11 de septiembre de 2001[12], o la crisis del 2008[13]), o quizás la invasión de Ucrania del 24/02/2022[14], al hacer patente que la liberaliza-

---

11 Originariamente, el Consenso de Washington trataba diez áreas específicas, las cuales son: a) materia fiscal; b) control de los gastos públicos; c) reforma tributaria; d) liberalización financiera; e) régimen de cambio; f) liberalización mercantil; g) inversión extranjera directa; h) privatizaciones; i) desregulación; j) propiedad intelectual. El documento, actualizado por sus gestores en 1993, añade el control en el sistema bancario bien como califica la educación como bases del desarrollo. En ese sentido: SILVA, CÉSAR AUGUSTO SILVA DA: *O Direito Econômico na Perspectiva da Globalização*. Ed. Renovar, Rio de Janeiro, 2000, p. 115.

12 Los conflictos apuntados son, claro está, de matices completamente distintos. Así, con relación a los atentados del 11 de septiembre de 2001, y los conflictos derivados de ello (Irak, Afganistán) la matriz es religiosa, fundada en una organización de la sociedad que no tenga la laicidad en su génesis. Véase, en ese sentido: FERRAZ, DANIEL AMIN; PINTO, LEONARDO ARÊBA. «A Laicidade da União Europeia em face ao islamismo: o eventual conflito religioso e sua repercussão jurídica», en: CALDAS, ROBERTO CORREIRA DA SILVA GOMES, *et al.*, *Guerra e Paz no século XXI*, Almedina, Coimbra, 2018, pp. 133 y ss.

13 Para un análisis de la crisis del 2008, véase, de entre otros: ÁLVAREZ URÍA, FERNANDO. «Regreso a Bretton Woods», en: *Archipiélago - Cuadernos de Crítica da la Cultura*, n.° 83-84/2008, diciembre, Editorial Archipiélago, Madrid, pp. 13 y ss.

14 La invasión de Ucrania ya está generando una profunda crisis de inmigración en Europa, con la expectativa de necesidad de acogida, con el desarrollar de los conflictos, de más de 4 millones de refugiados para el territorio de la UE. Para un análisis de las tres oleadas anteriores, recientes, de inmigración para Europa y sus reflejos, véase: SIMONE, RAFFAELE. ¿La inmigración puede disolver Europa?, en: *Claves de Razón Práctica*, número 244, enero/febrero 2016, Madrid, pp. 33 y ss.

ción financiera puede ser fuente de una profunda inestabilidad económica cuando no está acompañada de un marco institucional apropiado. La fuerte reacción de la sociedad civil global a partir de Seattle[15] revela que la globalización está siendo cuestionada, lo que refleja básicamente el descontento existente en el mundo desarrollado. En los países en vías de desarrollo, la desilusión con las reformas es creciente, pero sus manifestaciones políticas son menos organizadas y su agenda está todavía por definir.

En términos generales, la insatisfacción como consecuencia de los resultados de las reformas es cada vez mayor. El comercio y la inversión extranjera directa han crecido notablemente[16], pero la promesa de altas tasas de crecimiento no se concretó.

La necesidad de *civilizar* la economía global[17], o de conseguir que la mundialización se convierta en una fuerza positiva para todos los habitantes del planeta[18] es, sin duda, el tema más importante. Aunque la globalización res-

---

15 Para el final de 1999 estaba prevista una nueva rodada de negociación de la OMC, que ocurriría en Seattle - EE.UU. La insatisfacción, principalmente por parte de los países en vías de desarrollo, era creciente. Los mismos entendían que las reformas estructurales y la liberalización mercantil no habían generado una mejora en la calidad de vida y crecimiento económico, al menos a corto plazo. Por otra parte, el acúmulo de tensiones entre los principales actores del comercio internacional (EE.UU., UE y Japón) demostraba como las normas, aunque específicas, no eliminaban la adopción de mecanismos proteccionistas por los Estados, los cuales reflejaban la presión de los productores nacionales en contra de la liberalización comercial. Como se sabe, la Conferencia de Seattle no logra su objetivo principal que es la estipulación de una pauta para las negociaciones. Barral, Welter: *O Brasil e a OMC*. Ed. Diploma Legal, Florianópolis, 2000, p. 28 y ss.

16 El fuerte incremento de los flujos mundiales de inversión extranjera directa (IED) es uno de los aspectos centrales del fenómeno de la globalización. Si bien los países en vías de desarrollo (PVDs) han incrementado su participación como receptores de IED (de 19 a más de 30 % entre los períodos de 1994 y 1999), sólo un puñado de ellos ha absorbido la mayor parte de esos flujos. De hecho, cuatro países explican casi el 50 % de toda la IED recibida por los PVDs en el período, siendo los mismos Argentina, Brasil, China y México. En el MERCOSUR, el ingreso de IED se concibió como un aporte fundamental para el éxito de los programas de reforma estructural adoptados en los años 1990, tanto por su capacidad de favorecer la modernización tecnológica como por la mejora de la competitividad de las economías de la región. De hecho, los grupos transnacionales se han convertido en este espacio como los agentes más dinámicos de las economías domésticas. Finalmente, cumple subrayar que la región ya está habituada al recibimiento de IED como factor determinante de su desarrollo. Así, durante las décadas anteriores a los noventa, los grupos transnacionales fueron protagonistas decisivos en la industrialización sustitutiva de las importaciones. Todavía, el contexto en el cual se da el incremento de las IED ahora es muy distinto. Así, los Estados de la región operaron profundas reformas estructurales en sus economías nacionales, al estilo del Consenso de Washington, incluyendo liberalización comercial, desregulación de mercados y privatización de empresas públicas.

17 Helleiner, G.K.: *Markets, politics and globalisation: can the global economy be civilized?* UNCTAD, Geneva, December de 2000, p. 15.

18 Naciones Unidas, *Declaración del Milenio*, Cumbre del Milenio 2000, Nueva York, 6 a 8 de septiembre, 2000, p. 3.

ponda a procesos tecnológicos y económicos dinámicos, no cabe duda de que puede y debe ser moldeada. De hecho, la forma que ha ido adoptando ha estado determinada, en gran medida, por decisiones políticas[19].

El rasgo más preocupante es el carácter incompleto, e incluso desequilibrado, del actual proceso de globalización, y de la agenda internacional de políticas que lo acompañan, que reproduce antiguas asimetrías de la economía mundial y crea otras, como por ejemplo la cuestión laboral internacional[20].

II.2. La globalización y la crisis del Estado Moderno

El atormentado final del siglo pasado e inicio del actual ha llevado a consolidar la crisis del Estado moderno: por un lado, el Estado-Nación[21] amenazado en su soberanía; por otro lado, el Estado-Social, cuestionado por el liberalismo económico.

---

19 El movimiento de globalización está compuesto de una vertiente pública y otra privada. En su vertiente privada es desarrollada por las estrategias empresariales de expansión en el mercado, a través de la adopción de los instrumentos de concentración empresarial. En su vértice público está la mundialización consubstanciada en la formación de los bloques regionales y en las políticas de desarrollo.

20 «Nos encontramos ante la realidad indiscutible de una economía cada vez más global, caracterizada por una creciente fragmentación y descentralización internacional del proceso productivo, así como un alto grado de interdependencia entre los Estados. Ello no impide que en la actualidad el mercado de trabajo internacional se encuentre fragmentado —desde una perspectiva jurídica— principalmente en Estados. Esto es, hoy por hoy y desde una óptica estrictamente legal, tan sólo los Estados conforman un mercado laboral verdaderamente integrado. A pesar de ello, el hecho es que la actividad económica se desarrolla de forma cada vez más intensa a escala mundial, superando ampliamente las fronteras estatales. No obstante, ha sido precisamente desde esta limitación territorial y la realidad de un escenario internacional normativamente fragmentado, desde el que el legislador estatal se ha tenido que enfrentar en solitario a fenómenos de alcance global. Algunos de los cuales inciden directamente en la fisonomía de este pretendido —y todavía incipiente, en su formulación jurídica— mercado laboral de alcance mundial. Manifestaciones entre las que destacan, por sus importantes repercusiones sociales y la promoción de la competitividad internacional, tanto la movilidad internacional del capital como de la mano de obra. Restricción jurídica que evidentemente ocasiona graves perjuicios y distorsiones tanto a los mercados laborales estatales, como a los propios trabajadores; al margen de los puramente económicos. Problemas que, sin embargo, no han podido ser corregidos hasta la fecha por parte de la Comunidad Internacional». En ese sentido, PALAO MORENO, GUILLERMO: «La Ley 45/1999, de 29 de noviembre, sobre el desplazamiento de trabajadores en el marco de una prestación de servicios transnacional. Un nuevo paso hacia la consolidación de un mercado de trabajo integrado en Europa», en: *Gaceta Jurídica de la Unión Europea y de la Competencia*. n.° 208, julio/agosto de 2000, Madrid, pp. 43 y ss.

21 El concepto de Nación siempre fue problemático, vez que dos grandes corrientes doctrinales intentan determinar su definición. Así, para la primera corriente de pensamiento, la idea de nación estaría presente tan solamente donde esté presente el principio de soberanía nacional. De esta forma, la nación sería un elemento derivativo de la propia idea de Estado-Nacional, con el debido reconocimiento legal. Esta posición, claro, determina

Ambos sufren con la crisis política, con la supremacía de la guerra sobre la negociación, con el escapismo de las Naciones Unidas y la virtual pérdida de influencia de las relaciones internacionales y el consecuente fortalecimiento del régimen de la potencia única.

De hecho, al lado de la mundialización[22], el final del siglo pasado e inicio del actual determinó la vigencia de un orden internacional, caracterizado por la unipolaridad política, económica, militar, tecnológica e cultural[23], entendida la vida como la sociedad del consumo[24]. Además, no se podría hablar de la inexistencia de las ideologías en esta sociedad, pero, tan sólo, de la existencia de una ideología única, que es la ideología del consumo.

> «El primero del objetivo del pensamiento único fue, según sus críticos, construir el marco intelectual que justificara las políticas neoliberales contra el Estado del bienestar»[25].

En cuanto a la extinción del Estado-Nación y de su soberanía en los cánones clásicos, es una consecuencia de la transición del mundo del polipoder (con la bipolaridad de la guerra fría) a la unipolaridad. La marca de ese orden

---

como nacimiento de la nación tan solamente un período muy reciente de la historia de Occidente. A su vez, la otra corriente de pensamiento determina la idea de nación como algo derivado de la organización de un grupo humano considerable, que tenga elementos comunes de arraigo, consustanciados en elementos culturales compartidos, tales como la lengua, la religión, las tradiciones, la comida, etc. Véase, de entre muchos: BALLESTER RODRÍGUEZ, MATEO. «La Nación Premoderna», en: *Claves de Razón Práctica*, número 256, enero/febrero 2018, Madrid, pp. 52 y ss.

22 FERRAZ, DANIEL AMIN: *Joint Venture e Contratos Internacionais*. Editora Mandamentos, Belo Horizonte, 2001, pp. 163 y ss.

23 Es de muy difícil determinación el marco temporal de inicio de la unipolaridad. Así, si no hay una fecha precisa, algunos acontecimientos fueron, a su manera, generando tal situación. Podría entenderse como un importante hecho que ayudó a desembocar en la unipolaridad la declaración de la OTAN en la cumbre de Londres de 06 de junio de 1990, en la cual se declara que la URSS ya no se considera como enemiga, permitiendo la firma del pacto germano-soviético que, a su vez, permitió la reunificación de Alemania, ya que la URSS retiró, a partir de la firma del pacto, sus tropas de la anticúa RDA. Para un desarrollo de las relaciones de Rusia con la OTAN y el marco general de seguridad de la UE, tan relevante en estos momentos, véase: BLANC ALTEMIR, ANTONIO. «Rusia y la arquitectura de seguridad europea», en: RAMÓN CHORNET, CONSUELO. *La acción colectiva del uso de la fuerza*, Tirant lo Blanc, València, 2012, pp. 375 y ss.

24 La unipolaridad permitió la construcción de ideales hegemónicos, basados en los conceptos neoconservadores. Véase, en ese sentido: MORA MOLINA, JUAN JESÚS. Neoconservadurismo y construcción hegemónica, en: *Archipiélago - Cuadernos de Crítica da la Cultura*, n.º 72/2006, octubre, Editorial Archipiélago, Madrid, pp. 73 y ss.

25 GARCÍA SEGURA, CATERINA: «La globalización en la sociedad internacional contemporánea: dimensiones y problemas desde la perspectiva de las relaciones internacionales», en *Cursos de Derecho Internacional Vitoria Gasteiz*. Editorial Tecnos – Servicio Editorial Universidad del País Vasco, Madrid, 1999, p. 342.

mundial sería la autonomía de la OTAN frente a la ONU, auto proclamándose y actuando en el escenario mundial como una fuerza *erga*-Estado, *erga*-Derecho[26,27].

El desmantelamiento del bloque soviético[28,29], pasando el orden internacional a la unipolaridad, llevó a la multiplicación de pequeños entes políticos, sin

---

26 Como fase del polipoder se denominan los años que intermedian las dos grandes guerras mundiales, construyendo varios polos de poder económico, político y militar, tanto en Europa (Alemania, Italia, Francia, Inglaterra, Unión Soviética), cuanto en Asia (Japón), cuanto en América (EE.UU.). La bipolaridad es el período que sigue a la derrota del nazi-fascismo, con los reflejos de ahí derivados, tales como: A) control político-militar sobre la Alemania dividida; B) desmilitarización de Japón bajo control de los EE.UU.; C) construcción del imperio soviético; D) liderazgo ideológico, cultural y militar del sistema occidental por los EE.UU.; E) finalmente la guerra fría. El desmantelamiento de la Unión Soviética, con el exterminio del bloque soviético, lleva a la unipolaridad. Así, hoy los EE.UU. se presentan como la única potencia económica, militar y política. Tal unipolaridad genera el monopolio de la intervención en los negocios e intereses de otras soberanías, constituyendo la nueva geopolítica en la repetición de los intereses inmediatos de los EE.UU. Interesante observar que los países de la periferia capitalista se constituyen, en la bipolaridad, como un tercer vértice, funcionando como un péndulo, estando vinculados por períodos a las economías liberales, por otros a los países de economía planificada. Véase, en este sentido, con análisis respecto a las excolonias europeas en África, de entre otros: Flores Olea, Víctor; Mariña Flores, Abelardo. *Crítica de la globalidad: dominación y liberación en nuestro tiempo*, Fondo de Cultura Económica, México – DF, 1999, p. 192 y ss. Véase, para un mejor entendimiento del concepto de periferia: MacDonald, Paul K. «Distancia y resistencia: las relaciones entre el centro y la periferia en la política internacional», en: Hirst, Monica. *Crisis del Estado y Intervención Internacional*, Edhasa, Buenos Aires, 2009, pp. 131 y ss.

27 «Fue después de la Segunda Guerra Mundial cuando se planteó por primera vez a nivel jurídico internacional la necesidad y posibilidad real de establecer las bases que deberían regir la economía mundial, tanto por lo que se refiere a la producción como al comercio internacional. Y cuando, también por primera vez, se percibe a este nivel la dimensión internacional de los problemas económicos. Esta aprehensión de las relaciones económicas como un fenómeno de alcance mundial, encuentra su expresión jurídica en la Conferencia Económica y Financiera de las N. U. celebradas en Bretton Woods en 1944, con la creación del Banco Mundial (B.I.R.D.) y el Fondo Monetario Internacional (F.M.I.), y la adopción posterior en 1947 del Acuerdo General sobre Aranceles y Comercio (G.A.T.T.); así como en la propia carta de la Organización de las Naciones Unidas, uno de cuyos propósitos se refiere a la solución de problemas internacionales de carácter económico». En ese sentido: Diez de Velasco, Manuel: *Instituciones de derecho internacional público*. Duodécima edición, Editorial Tecnos, Madrid, 1999, p. 588.

28 En la anticúa URSS, al contrario de lo que ocurre en Occidente, el Derecho es entendido como mero instrumento, es decir, ocurriría una negativa de todo y cualquier valor intrínseco para el Derecho. Así, al contrario de los sistemas jurídicos occidentales que valoran el Derecho como ciencia y, por eso mismo, acercándolo a un Derecho Ideal, el sistema soviético promociona su reducción a un mero conjunto de normas que sirve, de manera instrumental, tan solamente para facilitar el progresivo advenimiento del comunismo. En ese sentido, véase: Bellon, Jacques. *Le droit soviétique*, Press Universitaires de France, Paris, 1974, pp. 9 y ss.

29 En los años 80 del siglo pasado la competencia de las Democracias liberales, en especial EE.UU. es ampliada con la URSS. Así, el bloque soviético necesita pasar por reformas políti-

autonomía económica y seguridad militar[30], los cuales vivían bajo el manto protector de la unidad ideológica-económica pro-soviética[31].

Sumada a la desaparición de esa estructura social y de poder político[32], perfeccionada durante los años de la bipolaridad (guerra fría)[33], renacen

---

cas, económicas y sociales para intentar seguir con un modelo de desarrollo propio, que no fuera una mera copia del sistema occidental. De esta forma, la asunción de Gorbachov permitió la institución de la glásnost (liberalización, apertura, transparencia) y de la perestroika (reconstrucción). Todavía, tales estrategias no lograron éxito, culminando con el derrumbe de la URSS algunos años después. Para una mirada respecto a los sistemas implementados por la URSS en estas fechas, véase: GLADYSHEV, VLADIMIR. «La URSS en la nueva era de Gorbachov», en: GIRÓN GARROTE, JOSÉ. *La transición democrática en el centro y este de Europa*, Tomo II, Publicaciones Universidad de Oviedo, 1997, pp. 313 y ss.

30 La URSS englobaba múltiples naciones, con dimensiones totalmente dispares. Así, 130 millones eran rusos; 41 millones eran ucranianos; 9 millones eran uzbekos; 9 millones eran bielorrusos; además de 18 naciones que contaban con una populación de variaba de 1 a 6 millones de personas, y las demás con población que iba de 1 millón a poco más de eso, cada una de ellas. Eran, en totalidad, 130 naciones distintas que convivían bajo el manto de la URSS, organizadas en 15 países, los cuales componían las Repúblicas Socialistas Soviéticas. Véase, en ese sentido: LESAGE, MICHEL. *Les institutions soviétiques*, Press Universitaires de France, Paris, 1975, pp. 33 y ss.

31 Importante subrayar que la integración económica no tiene que confinarse a las economías de mercado. Así, las economías planificadas de Europa Oriental también concluyeron acuerdos de integración. La integración socialista operase bajo los auspicios del COMECON (Consejo para la Ayuda Económica Mutua). El COMECON fue creado en 1949 e incluyó URSS, Bulgaria, Checoslovaquia, República Democrática de Alemania, Hungría, Polonia, Rumania, Cuba y Mongolia. Sus objetivos eran los de acelerar el desarrollo económico y establecer una división racional del trabajo entre los países miembros. En ese sentido: ROBSON, PETER: *The Economics of International Integration*. Second Edition, George Allen & Unwin, London, 1984, p. 21 y ss. Respecto a la crisis del COMECON y de su insuficiencia, véase: BEHR, HEINZ PETER. «El cambio económico en la Europa del Este», en: GIRÓN GARROTE, JOSÉ. *La transición democrática en el centro y este de Europa*, Tomo I, Publicaciones Universidad de Oviedo, 1997, pp. 169 y ss.

32 La Rusia siempre ha tenido una clara dificultad de definición de su identidad propia, con un proyecto político definido. Así, parece ser que siempre ha enfrentado una cierta dislexia por ser parte de Europa y parte de Asia, convirtiéndose en el eje de unión de dos territorios tan alargados y, a la vez, tan dispares. Tal división, casi entendida como una disfunción, quizás explicaría su casi continua historia de procesos de poder político poco o nada democráticos, por lo menos bajo los ojos y conceptos adoptados en occidente. Para una profundización en los modelos de constitución de una identidad nacional rusa, véase: CABEZAS BARCELÓ, CRISTINA. «Rusia, a la constante búsqueda de su identidad», en: FLORES JUBERÍAS, CARLOS. *Actas del I Encuentro Español de Estudios sobre la Europa Oriental*, Volumen Segundo, Universidad de Valencia, Valencia, p. 5 y ss. Para un análisis de los supuestos de conflicto económico y social, con los ideales marxista y anarquista en contraposición en la era pre-bolchevique, que fueron tan determinantes para la constitución de la URSS como se quedó conocida, véase: LEHNING, ARTHUR. *Marxismo y Anarquismo en la Revolución Rusa*, Anarres, Buenos Aires, 2004, pp. 41 y ss.

33 «El final de la guerra fría y la desaparición del mundo comunista constituyen marcos significativos de ruptura y transición en términos de civilización. El mundo atraviesa una profunda crisis que se ha visto agravada desde el final de la guerra fría». En ese sentido: L.

las reivindicaciones de las nacionalidades, con sus conflictos territoriales, religiosos y étnicos de difícil control[34].

Por otro lado, la crisis del Estado podría entenderse como la crisis de la soberanía, ya que no sólo es imposible el mantenimiento del Estado carente de soberanía, así como inconcebible el mantenimiento de la soberanía en el régimen de la unipotencia. Para el mantenimiento de ese *status quo*, todavía es fundamental la actuación de los medios de comunicación de masa, así como de las medias sociales.

> «Una de las herramientas decisivas de este cambio planetario, de su rapidez y universalidad es la comunicación instantánea. Los intentos globalizadores ya existieron en otras épocas. Todos los grandes imperios se lo propusieron, pero ahora se vislumbra, por primera vez, como tecnológicamente posible. Sus efectos colaterales —permítanme la pequeña ironía— en forma de pillaje global, desigualdades, crisis ecológicas, son graves pero si tuviera que destacar alguno pondría en el vértice a ese rodillo homogeneizador, de culturas, lenguas, pautas de comportamiento, hábitos y tradiciones artísticas que tras mil genocidios culturales, nos dará como resultado esas escuadras de ciudadanos, tibios, repetitivos, sin pulso, adaptados a la obediencia instantánea de las instrucciones de uso común y planetario»[35].

La unipolaridad genera, aún, la ideología única (de consumo), el discurso único, la economía única, el mercado (globalizado) como religión[36].

Da Cunha, Guilherme: «Reflexiones sobre el Derecho Humanitario y la práctica actual del Alto Comisionado de las Naciones Unidas para los Refugiados», en *Cursos de Derecho Internacional de Vitoria Gasteiz*. Editorial Tecnos – Servicio Editorial Universidad del País Vasco, Madrid, 1995, p. 89.

34 La desaparición de la URSS originó 15 nuevos Estados, con grados variables de soberanía efectiva pero dotados de representación internacional propia, fuerzas militares y sistemas de leyes particulares. La creación de la CEI (Comunidad de Estados Independientes) no fue capaz de evitar la deflagración de guerras en las repúblicas ex-soviéticas. Los conflictos latentes entre pueblos, etnias y nacionalidades que formaban el Estado soviético degeneraran en conflictos militares, instalándose una inestabilidad estructural en la región. En se sentido: Magnoli, Demetrio: *Questões internacionais contemporâneas*, Fundação Alexandre Gusmão, Brasilia, 1995, p. 84.

35 Colomer Viadel, Antonio: «La globalización y el nuevo orden jurídico. La soberanía de los Estados y las nuevas relaciones internacionales», en *El nuevo orden jurídico internacional y la solución de conflictos*. Instituto Intercultural para la Autogestión y la Acción Comunal, Centro de Estudios Políticos y Constitucionales, Madrid, 2000, p. 15.

36 Ferraz, Daniel Amin: «A nova ordem internacional», en: *A nova ordem mundial e os conflitos armados*, Ferraz, Daniel Amin y Hauser, Denise (coordinadores). Editora Mandamentos, Belo Horizonte, 2002, p. 23.

Por lo tanto, el fundamento de este orden internacional es la libertad de los individuos[37]. De esta forma, el reinado del mercado genera el reinado del consumidor, sustituto comercial (despolitizado) del ciudadano: el bien público es el bien privado[38].

Punto importante es el de los flujos de empresas y capitales en el nuevo orden internacional. De esta forma, se impone desde fuera del país la producción del mismo, la circulación y la distribución de las mercancías, anarquizando la división interna del trabajo y determinando, por medio de la esfera internacional, la producción del Estado, el empleo y sus políticas contra el paro, en suma, el poderío económico y político del Estado soberano[39].

> «La articulación del Sur como grupo de presión a escala global, sea en el medio político (al movimiento de los no alineados) como en el económico (grupo de los 77) ha sufrido las consecuencias del fin de la confrontación entre Este y Oeste, de la que obtuvieron oportunamente notables beneficios. Ahora la cuestión estriba, sobre todo, en la medida que el Sur (o parte de él) se proyecta o es percibido como amenaza para la seguridad del Norte. Primero, porque algunos de sus más graves problemas —miseria, altas tasas de natalidad— se transformaron en mundiales, al plantearse en términos de flujos de migración, población y desarrollo humano. Segundo, porque otros —como la conservación del medio natural— son por su misma naturaleza planetarios. Tercero, porque hay problemas compartidos (y hasta problemas del Norte con un escenario Sur), como el narcotráfico, que aprovecha la debilidad estructural de muchos países del Tercer Mundo para el cultivo y tráfico de drogas. Cuarto, porque la misma posesión de recursos estratégicos (energía, reservas biológicas) afecta intereses que el Norte considera vitales. Y quinto, porque la conciencia de confrontación de algunos países del Sur, al rechazar el papel servil que les ofrece el Norte, se traduce en políticas armamentísticas y terroristas que no hacen sino aumentar la ansiedad de los países desarrollados, dispuestos a pasar de las políticas de no-proliferación a las de contraproliferación»[40].

---

37 Es interesante percibir como, a partir de la unipolaridad, con el derrumbe de la URSS, el derecho de Rusia pasa a recibir infiltraciones del Derecho Occidental, el cual permitiría la construcción de un nuevo marco regulatorio fundamentado en los cañones del mercado. Véase, en ese sentido: ALVARADO PÉREZ, EMILIO. «Derechos, libertades y democracia en Rusia», en: FLORES JUBERÍAS, CARLOS. *Actas del I Encuentro Español de Estudios sobre la Europa Oriental*, Volumen Segundo, Universidad de Valencia, Valencia, pp. 133 y ss.

38 BURDIEU, PIERRE: *Contre-feux. Propos pour servir à la résistence contre l´invasion néo-liberale*. Liber-Raisons d´Agir. Paris, 1998, p. 8.

39 SANTOS, MILTON: *Guerras dos lugares*. FSP, 1999, São Paulo, p. 13.

40 REMIRO BROTONS, ANTONIO: «Civilizados, bárbaros y salvajes en el nuevo orden internacional», en *Cursos de Derecho Internacional de Vitoria Gastéiz*. Servicio Editorial Universidad del País Vasco, Madrid, 1995, p. 73.

Así, parece ser que el conflicto que explotó el 24 de febrero de 2022 sea resultado no solamente de una situación de conflicto territorial, pero, más bien, derivado de una insuficiencia de modelos de desarrollo del poder central, entendido este como los países desarrollados, con la periferia capitalista.

II.3. La periferia capitalista y el nuevo orden mundial

El proceso de industrialización en la periferia capitalista ocurrió de forma tardía. Cuando empieza este movimiento de industrialización en la periferia, las economías centrales ya habían alcanzado estructuras de oligopolio en varios sectores.

Así, en los países de la periferia, en un primer momento se implantan industrias técnicamente competitivas, valiéndose del capital local. Entretanto, en ese período, la inversión en los sectores más complejos era inalcanzable. Lo mismo ocurría en virtud de una baja capacidad local tecnológica y financiera.

Todavía, con el avance y la diversificación de la industrialización, es necesaria la implantación del oligopolio, en la tentativa de evitar el estrangulamiento del crecimiento económico. Otro factor determinante del crecimiento de las inversiones y de la concentración del capital es el nacimiento de la competencia internacional[41]. Los países periféricos no tendrán la posibilidad de promover la implantación gradual de estos sectores, con la transformación de las pequeñas y medianas empresas en grandes corporaciones, como lo que habría ocurrido en los países centrales.

De esta forma, sería casi imposible que las empresas poseedoras de la tecnología avanzada, así como de la economía de escala, surgiesen en la periferia en función del crecimiento y diversificaciones de las empresas locales.

El Estado, entonces, tenía tres alternativas de actuación como agente central de esta implantación:

A) Posibilitar la implantación de empresas locales, a través de financiamientos subsidiados, reservas de mercados y otros incentivos

Se mostró como una estrategia muy utilizada por los Estados periféricos, aunque presentó profundos problemas de ejecución. Había una fuerte variante política cuando existía la decisión de implantar una esfera productiva, predominando intereses regionales e individuales en detrimento de los intereses colectivos. La reserva del mercado (práctica común) también se mostró desastrosa, ya que provocó la obsolescencia de los parques industriales y el retraso tecnológico.

41 Es la misma decurrente del propio proceso de globalización, con la necesidad de actuación de las empresas en el mercado internacional y, para tal, la búsqueda de integración del capital y actuación en nuevos mercados.

B) Estimular la implantación de las multinacionales

Como factor perjudicial habría el desinterés de estas empresas por las cuestiones sociales de los países en los cuales se instalaron. El capital extranjero debe ser bienvenido, pero no puede ser la única estrategia de actuación del Estado para la promoción del desarrollo.

C) Promoción por el Estado, directamente, de la implantación de esferas productivas por medio de la creación o implantación de las empresas estatales

Finalmente, la técnica de la promoción por el Estado de la implantación de esferas productivas fue largamente utilizada en los PVD's. Hoy por hoy, sin embargo, se encuentra poco presente ya que se entiende que el Estado no es un buen gestor. Una vez más se observa la fuerte actuación de intereses políticos individuales en detrimento de los intereses sociales. De esta forma, se acepta que el Estado tenga una actuación fiscalizadora en la economía del mercado, teniendo un papel gestor solamente en sectores estratégicos, de elevado interés social, tales como la educación, la salud, la seguridad pública, etc[42].

La insuficiencia de las posibilidades de actuación del Estado en los países periféricos, incapaces de generar un desarrollo económico estable, creó una dependencia aún más profunda de los países centrales. El paso siguiente fue la adopción del sistema neoliberal para la solución de los problemas económicos y sociales existentes[43].

Además de los problemas sociales existentes en estos países periféricos como consecuencia de distintos factores históricos internos y externos, esta adopción del modelo neoliberal generó para los países de la periferia una total dependencia tecnológica de los países desarrollados.

---

42 Ferraz, Daniel Amin: *Joint Venture e Contratos Internacionais*, Editora Mandamentos, Belo Horizonte, 2001, pp. 185 y ss.

43 Así, el neoliberalismo es el programa comprometido con la estabilización macroeconómica ortodoxa, especialmente por intermedio del a) equilibrio fiscal, obtenido más por la contención del gasto público que por el incremento de la recaudación de los tributos; b) por la liberación económica, bajo la forma de integración con el sistema del comercio mundial y con sus reglas preestablecidas; c) por la privatización, entendida de forma más estricta como la retirada del Estado de la producción y de forma más amplia, con la adopción de los padrones occidentales internacionales; y d) por el desdoblamiento de las políticas sociales compensatorias creadas para minimizar los efectos de la desigualdad social generada. En ese sentido, Unger, Roberto Mangabeira. *Democracia realizada: a alternativa progressista*, Boitempo Editorial, São Paulo, 1998, p. 49.

III. El papel del Estado y sus crisis ante la nueva realidad del mercado mundial

El Estado debería ser, al que parece, el principal agente de la promoción de las políticas de desarrollo económico y social.

> «Promover el bienestar de los pueblos, el crecimiento económico, y mayores cotas de desarrollo, ha sido tradicionalmente una tarea propia de los gobiernos de cada Estado, y su consecución se ha establecido como objetivo en los respectivos ordenamientos internos; en la actualidad este objetivo aparece en un primer plano de la política estatal, hasta el punto de que la ideología del desarrollo es quizás en nuestra época una de las más fomentadas a nivel interno de los Estados»[44].

Sin embargo, el Estado pasa por una crisis de legitimidad. Una de las principales causas de esa crisis es la adopción de estrategias como la globalización, que reduce la autonomía de los Estados en los aspectos jurídico, económico[45], político y militar, afectando a su soberanía[46].

Así, el Estado estaría limitado en sus políticas fiscales e intervencionistas[47], ya que ocurrirían los siguientes factores:

a) Coacción del orden económico mundial para su no intervencionismo;

b) Internacionalización pública (con la participación de los Estados en más organismos internacionales (ONU, FMI, UE, MERCOSUR, etc.), obligándoles a la coordinación de sus políticas y a la sumisión de los

---

44 Diez de Velasco, Manuel: *Instituciones de derecho internacional público*. Duodécima edición, Editorial Tecnos, Madrid, 1999, p. 589.

45 A partir de la segunda guerra mundial las empresas, involucradas en los ideales de construcción de la globalización, empezaron a saltar fronteras, no más en meras operaciones de importación/exportación más sí realizando, ahora, la deslocalización productiva. El objetivo era la búsqueda de nuevos mercados, de fuentes de suministro, de condiciones fiscales y laborales más favorecidas. Así se desarrolló China, además de otros emergentes (India, Brasil, etc), que se beneficiaron de la globalización, a la medida que la misma se iba implementando. Todavía, la Pandemia del COVID-19 ya fue una importante debacle para ese modelo, pues dificultó, sobremanera, las fuentes de suministro para los países centrales. Por otro lado, la invasión de Ucrania y la posición no tan clara de China cuanto a la guerra hace, en estos momentos, con que los grandes grupos económicos empiecen a replantear su forma de actuación global. Para un análisis de la deslocalización productiva y el Derecho, véase: Galgano, Francesco. *La globalizzazione nello specchio del diritto*, Società editrice il Mulino, Bologna, 2005, pp. 30 y ss.

46 Entre otros, como uno de los mayores representantes de esa corriente doctrinal en Latinoamérica: Faria, José Eduardo: *Direito e Globalização Econômica*. Editora Malheiros, São Paulo, 1996, p.19.

47 Laroche, Josepha: *Politique Internationale*. Librarie Générale de Droit et de Jurisprudence, Paris, 1998, p. 148.

problemas, al principio, particulares (como serian el medio ambiente, tasas de interés, valor de convertibilidad de la moneda, liberalización financiera[48], etc...) a una gestión global;

c) Desarrollo del Derecho Internacional como principio normativo ordenando las actividades internas de cada país.

A su vez, la adopción de políticas liberales promovió la mayor inserción de los Estados en el escenario político y económico internacional. Mientras tanto, las grandes dificultades de aplicación de programas estatales, desregulación e imposiciones legislativas más flexibles generaron un mayor desequilibrio en el escenario económico y social mundial.

Las ideas de autocontrol del poder privado, de la irreversible crisis estatal y del alejamiento de su actuación del mercado parecen ahora generar una búsqueda de mecanismos más modernos de actuación del Estado, que permitan cumplir y resguardar los principios y garantías de una mayor paz social.

En ese sentido, el Estado debe presentarse como factor de restauración del equilibrio social, sin llegar a condenar, *a priori*, la globalización, pero procurando preservar la competencia en el mercado, además de su papel como regulador de la actuación del sector privado.

La protección de la libre competencia tendría como objetivo la defensa de los principios de libertad de comercio e industria y libertad contractual. El derecho de la competencia constituiría el soporte jurídico del Estado, permitiendo reglamentar el mercado y hacer valer sus intereses y los intereses colectivos[49].

La legislación *antitrust* tiene como objetivo proteger e intensificar la competencia, siendo éste un importante mecanismo para alcanzar la innovación tecnológica y la eficiencia productiva, así como la distribución de riquezas. Siendo así, las eficiencias productivas, distributivas y tecnológicas son los aspectos a ser estimulados prioritariamente por el Estado para la consecución de su política pública de desarrollo económico y social.

IV. ¿Un Nuevo Viejo Orden Internacional? Breves conclusiones

Es llegado el momento de buscarse unas palabras a título de conclusión para lo que fue, hasta aquí, dicho en este breve relato de la situación de la globalización y del conflicto de Rusia y Ucrania.

---

48 La integración internacional exige la revisión de la liberalización financiera, ya que esta ha sido uno de los principales factores de la inestabilidad y crisis en los países de Latinoamérica. En ese sentido: PANNUNZIO, ANTONIO CARLOS; SATO, EIITI; ALMEIDA, PAULO ROBERTO DE; GONÇALVES, REINALDO; y, LOHBAUER, CHRISTIAN: *O Brasil no Cenário Internacional*. Fundação Konrad Adenauer, Cadernos Adenauer, n.° 2, São Paulo, 2000, p. 73.

49 FERRAZ, DANIEL AMIN: *Joint Venture e Contratos Internacionais*, Editora Mandamentos, Belo Horizonte, 2001, pp. 195 y ss.

Así, claro está que el conflicto, por sí solo, ha cambiado el orden internacional hasta entonces vigente.

Es patente que las relaciones de poder y de fuerza, además de las relaciones comerciales, fueron alteradas por el conflicto. De esta forma, no solamente Rusia, pero también China, con su posición dubitativa en cuanto a la invasión, representan, hoy por hoy, una tentativa de rediscusión del orden internacional hasta entonces vigente de una posible *Pax Americana*, con la preponderancia de las «democracias liberales a los moldes occidentales».

En estos momentos, China amenaza con una invasión de Taiwán si esta se pretende independiente. Mientras, Rusia sigue promoviendo la invasión y busca anexionarse parte de Ucrania, además de generar un desequilibrio en Europa por el suministro del gas.

A su vez, las democracias liberales tendrán, cada día más, que acercarse, con el objetivo de promocionar una garantía de avances en la integración no solamente regional, pero también global, permitiendo la constitución de un desarrollo más equitativo y con justicia, siempre plasmado en la paz social. Además, las empresas parecen iniciar una nueva deslocalización productiva, dando la marcha atrás y volviendo parte de sus esferas de producción para Occidente, intentando disminuir su dependencia de Asia y del Pacífico.

Finalmente, pasase a contestar la pregunta provocativa del inicio del texto, con la convicción del elevado riesgo de asunción de una posición en el momento mismo de los hechos, pero, por eso mismo, creyéndose ser aún más relevante estas pequeñas líneas. De esta forma, la contestación es SÍ. Parece ser que se empieza a vivir un Nuevo Viejo Orden Mundial, con el posible regreso de la guerra fría, no en sus modelos clásicos de la bipolaridad (EE.UU, URSS de su tiempo), pero con la constitución de una posible nueva multipolaridad, que pasaría por una reagrupación de los países de Asia/Pacífico y una incrementada cooperación Sur Sur. Además, ocurriría una mayor integración de Occidente, que pasaría por el Pacto del Atlántico, con la posible ampliación y profundización de la OTAN. Es necesario aguardar un poco más para ver lo que se confirma, lo que no.

Bibliografía

Alonso Zaldívar, C.; Valcárcel, D., *Una conversación sobre Irak*, Estudios de Política Exterior, Editorial Biblioteca Nueva, Madrid, 2003.

Alvarado Pérez, E., «Derechos, libertades y democracia en Rusia»; en: Flores Juberías, C., *Actas del I Encuentro Español de Estudios sobre la Europa Oriental*, Volumen Segundo, Universidad de Valencia, Valencia, 1999.

Álvarez Uría, F., «Regreso a Bretton Woods», en *Archipiélago - Cuadernos de Crítica da la Cultura*, n.° 83-84/2008, diciembre, Editorial Archipiélago, Madrid.

Ballester Rodríguez, M., «La Nación Premoderna», en: *Claves de Razón Práctica*, número 256, enero/febrero 2018, Madrid.

Barral, W., O Brasil e a OMC. Ed. Diploma Legal, Florianópolis, 2000, p. 28 y ss. Helleiner, G. K.: *Markets, politics and globalisation: can the global economy be civilized?* UNCTAD, Geneva, December de 2000.

Behr, H. P., «El cambio económico en la Europa del Este», en: Girón Garrote, J., *La transición democrática en el centro y este de Europa*, Tomo I, Publicaciones Universidad de Oviedo, 1997.

Bellon, J., *Le droit soviétique*, Press Universitaires de France, Paris, 1974.

Beneyto, J. M., La PESCD ante la presidencia española, en: *Política Exterior*. Madrid, Vol. XVI, enero/febrero 2002, Núm. 85.

Blanc Altemir, A., «Rusia y la arquitectura de seguridad europea», en: Ramón Chornet, C., *La acción colectiva del uso de la fuerza*, Tirant lo Blanc, València, 2012.

Burdieu, P., *Contre-feux. Propos pour servir à la résistence contre l´invasion néo-liberale. Liber-Raisons d´Agir*. Paris, 1998.

Cabezas Barceló, C., «Rusia, a la constante búsqueda de su identidad», en: Flores Juberías, C., *Actas del I Encuentro Español de Estudios sobre la Europa Oriental*, Volumen Segundo, Universidad de Valencia, Valencia, 1999.

Colomer Viadel, A., «La globalización y el nuevo orden jurídico. La soberanía de los Estados y las nuevas relaciones internacionales», en *El nuevo orden jurídico internacional y la solución de conflictos*. Instituto Intercultural para la Autogestión y la Acción Comunal, Centro de Estudios Políticos y Constitucionales, Madrid, 2000.

Delpech, T., *L'ensauvagement*, Editions Grassett & Fasquelle, Paris, 2005.

Diez de Velasco, M., *Instituciones de derecho internacional público*. Duodécima edición, Editorial Tecnos, Madrid, 1999.

Faria, J. E., *Direito e Globalização Econômica*. Editora Malheiros, São Paulo, 1996.

Ferraz, D. A.; Pinto, L. A., «A Laicidade da União Europeia em face ao islamismo: o eventual conflito religioso e sua repercussão jurídica», en: Correira da Silva Gomes Caldas, R., *et al., Guerra e Paz no século XXI*, Almedina, Coimbra, 2018.

Ferraz, D. A., «A nova ordem internacional», en: *A nova ordem mundial e os conflitos armados*, Ferraz, D. A. y Hauser, D. (coordinadores). Editora Mandamentos, Belo Horizonte, 2002.

Ferraz, D. A., *Joint Venture e Contratos Internacionais*. Editora Mandamentos, Belo Horizonte, 2001, p. 163 y ss.

Flores Olea, V.; Mariña Flores, A., *Crítica de la globalidad: dominación y liberación en nuestro tiempo*, Fondo de Cultura Económica, México - DF, 1999.

Galgano, F., *La globalizzazione nello specchio del diritto*, Società editrice il Mulino, Bologna, 2005.

Gallego, F., «El malestar de una subcultura: la incomodidad teórica de la extrema derecha nacional-populista en Europa», en: *Archipiélago - Cuadernos de Crítica da la Cultura*, n.º 72/2006, octubre, Editorial Archipiélago, Madrid.

García Segura, C., *La globalización en la sociedad internacional contemporánea: dimensiones y problemas desde la perspectiva de las relaciones internacionales*, en Cursos de Derecho Internacional Vitoria Gasteiz. Editorial Tecnos - Servicio Editorial Universidad del País Vasco, Madrid, 1999.

Gladyshev, V., «La URSS en la nueva era de Gorbachov», en: Girón Garrote, J., *La transición democrática en el centro y este de Europa*, Tomo II, Publicaciones Universidad de Oviedo, 1997.

González Campos, J. D.; Sánchez Rodríguez, L. I.; y, **Sáenz de Santa María, P. A.**, *Curso de Derecho Internacional Público*. Editorial Civitas, Sexta Edición, Madrid, 1998.

Helleiner, G.K., *Markets, politics and globalisation: can the global economy be civilized?* UNCTAD, Geneva, December de 2000.

Julià Barceló, M., *Las misiones de paz de la Unión Europea*, Tirant lo Blanc, 2015.

L. da Cunha, G., *Reflexiones sobre el Derecho Humanitario y la práctica actual del Alto Comisionado de las Naciones Unidas para los Refugiados*, Cursos de Derecho Internacional de Vitoria Gasteiz. Editorial Tecnos - Servicio Editorial Universidad del País Vasco, Madrid, 1995.

Laroche, J., *Politique Internationale*. Librarie Générale de Droit et de Jurisprudence, Paris, 1998.

Lehning, A., *Marxismo y Anarquismo en la Revolución Rusa*, Anarres, Buenos Aires, 2004.

Lesage, M., *Les institutions soviétiques*, Press Universitaires de France, Paris, 1975.

Macdonald, P. K., «Distancia y resistencia: las relaciones entre el centro y la periferia en la política internacional», en: Hirst, M., *Crisis del Estado y Intervención Internacional*, Edhasa, Buenos Aires, 2009.

Magnoli, D., *Questões internacionais contemporâneas*, Fundação Alexandre Gusmão, Brasilia, 1995.

Duvivier de Albuquerque Mello, C., *Curso de Direito Internacional Público*. 10.ª edición, Ed. Renovar, Rio de Janeiro, 1994.

Monjardino, M., *O quebra-cabeças da Síria e do Iraque, en: XXI*, Ter Opinião, n.º 6, Jan-Jun 2016, Fundação Francisco Manuel dos Santos, Lisboa.

Mora Molina, J. J., «Neoconservadurismo y construcción hegemónica», en: *Archipiélago - Cuadernos de Crítica da la Cultura*, n.º 72/2006, octubre, Editorial Archipiélago, Madrid.

Naciones Unidas, *Declaración del Milenio*, Cumbre del Milenio 2000, Nueva York, 6 a 8 de septiembre, 2000.

Palao Moreno, G., La Ley 45/1999, de 29 de noviembre, sobre el desplazamiento de trabajadores en el marco de una prestación de servicios transnacional. Un nuevo paso hacia la consolidación de un mercado de trabajo integrado en Europa, en: *Gaceta Jurídica de la Unión Europea y de la Competencia*. n.º 208, julio/agosto de 2000, Madrid.

Pannunzio, A. C.; Sato, E.; De Almeida, P. R.; Gonçalves, R.; Y, Lohbauer, Ch., *O Brasil no Cenário Internacional*. Fundação Konrad Adenauer, Cadernos Adenauer, n.º 2, São Paulo, 2000.

Remiro Brotons, A., Civilizados, bárbaros y salvajes en el nuevo orden internacional, en *Cursos de Derecho Internacional de Vitoria Gastéiz*. Servicio Editorial Universidad del País Vasco, Madrid, 1995.

Robson, P., *The Economics of International Integration*. Second Edition, George Allen & Unwin, London, 1984.

Sader, E., *El nuevo topo: los caminos de la izquierda latinoamericana*, Siglo XXI Editores, Buenos Aires, 2009.

Santos, M., *Guerras dos lugares*. FSP, São Paulo, 1999.

Seitenfus, R., y **Ventura, D.**, *Introdução ao Direito Internacional Público*. Ed. Livraria do Advogado, Porto Alegre, 1999.

Serra, N., *El progreso de la política de defensa europea, en: Política Exterior*. Madrid, Vol. XV, septiembre/octubre de 2001, Núm. 83.

Silva Da Silva, C. A., *O Direito Econômico na Perspectiva da Globalização*. Ed. Renovar, Rio de Janeiro, 2000.

Simone, R., «¿La inmigración puede disolver Europa?», en: *Claves de Razón Práctica*, número 244, enero/febrero 2016, Madrid.

Swinarski, C., *A Norma e a Guerra*, Sergio Antonio Fabris Editor, Porto Alegre, 1991.

Unger, R. M., *Democracia realizada: a alternativa progressista*, Boitempo Editorial, São Paulo, 1998.

O PAPEL DA PESC E DA PCSD NA NOVA ORDEM MUNDIAL

Elizabeth Accioly[1]

Palavras chave: União Europeia; Política Externa e de Segurança Comum; Política Comum de Segurança e Defesa; Cláusula de Ajuda e Assistência Mútua; Cooperação Estruturada Permanente; Cláusula de Solidariedade.

Palabras clave: Unión Europea; Política Exterior y de Seguridad Común; Política Común de Seguridad y Defensa; Cláusula de Asistencia Mutua; Cooperación Estructurada Permanente; Cláusula de Solidaridad.

Abstract: O presente artigo pretende analisar o papel do pilar intergovernamental da União Europeia: a Política Externa e de Segurança Comum (PESC) e da Política Comum de Segurança e Defesa (PCSD), na nova ordem mundial, recortada a partir de 24 de fevereiro de 2022, que trouxe um torbelino no continente europeu.

Destacaremos as inovações trazidas pelo Tratado de Lisboa acerca da PESC e da PCSD, nomeadamente quanto à Cláusula de Assistência Mútua (art. 42, n.° 7 do TUE), da Cooperação Estruturada Permanente (art. 46 do TUE) e da Cláusula de Solidariedade (art. 222 do TFUE). Abordaremos ainda a Decisão (PESC) 2021/509, do Conselho[2], que criou o Mecanismo Europeu de Apoio a Paz (MEAP), com o objetivo de prevenir conflitos, consolidar a paz e reforçar a segurança internacional, permitindo o financiamento de ações operacionais no âmbito da PESC e no domínio militar e da defesa.

---

1 Doutora em Direito Internacional pela Universidade de São Paulo. Diplomada em Estudos Europeus pelo Instituto Europeu da Faculdade de Direito de Lisboa. Professora do Curso de Direito da Universidade Europeia de Lisboa. Professora do Curso de Mestrado do UNICURITIBA. Exerce a advocacia no Brasil e em Portugal.

2 In *60 Anos de Europa – os grandes textos da União Europeia*. Publicação do Gabinete em Portugal do Parlamento Europeu. Lisboa, 2008, p. 30.

Será que a Europa conseguirá falar a uma só voz diante do conflito armado que está a abalar o velho continente em termos de segurança e de defesa? A diversidade de posicionamentos geopolíticos permitirá o reforço da PESC e da PCSD, que ainda permanecem num pilar intergovernamental? A UE conseguirá ter um papel relevante no xadrez global que está a ser redesenhado?

Resumen: Este artículo pretende analizar el papel del pilar intergubernamental de la Unión Europea: la Política Exterior y de Seguridad Común (PESC) y la Política Común de Seguridad y Defensa (PCSD), en el nuevo orden mundial, a partir del 24 de febrero de 2022, que supuso un torbellino en el continente europeo.

Destacaremos las innovaciones aportadas por el Tratado de Lisboa sobre la PESC y la PCSD, en particular en lo que respecta a la cláusula de asistencia mutua (artículo 42, apartado 7 del TUE), la cooperación estructurada permanente (artículo 46 del TUE) y la cláusula de solidaridad (artículo 222 del TFUE). También abordaremos la Decisión del Consejo (PESC) 2021/509, por la que se crea el Fondo Europeo de Paz (FEP), con el objetivo de prevenir conflictos, consolidar la paz y reforzar la seguridad internacional, permitiendo la financiación de acciones operativas en el marco de la PESC y en el ámbito militar y de defensa.

¿Será Europa capaz de hablar con una sola voz ante el conflicto armado que sacude al viejo continente en materia de seguridad y defensa? ¿Permitirá la diversidad de posiciones geopolíticas reforzar la PESC y la PCSD, que siguen siendo un pilar intergubernamental? ¿Podrá la UE desempeñar un papel relevante en el ajedrez global que se está redibujando?

I. Introdução

O Tratado da União Europeia (TUE), assinado em Maastricht, em 07 de fevereiro de 1992, em vigor desde 1 de novembro de 1993, conseguiu resgatar a Política Externa e de Segurança Comum (PESC) e a Política Comum de Segurança e Defesa (PCSD), políticas que foram rejeitadas na década de 50 do século passado, após a criação da Comunidade Europeia de Carvão e do Aço (CECA), com o Tratado de Paris, assinado em 18 de abril de 1951, e antes do nascimento da Comunidade Económica Europeia (CEE), com a assinatura do Tratado de Roma, em 25 de março de 1957, que contou com os seis emblemáticos sócios fundadores: França e Alemanha, dois países que estiveram de costas voltadas durante a II Guerra Mundial, a Itália, responsável por convencer a Alemanha a entrar na CECA, e os três países que já formavam uma união aduaneira desde 1944 – o BENELUX, com Bélgica, Holanda e Luxemburgo.

Foi em 1954/1955, com a CECA já em pleno funcionamento, que houve a tentativa de se criar a Comunidade Europeia de Defesa (CED), e a Comunidade Política Europeia (CPE). O Tratado da CED foi firmado em 27 de maio de 1952, ratificado por cinco Estados-membros e chumbado pelo Parlamento francês dois anos após a sua assinatura. Com o falhanço da CED e da CPE nasce a proposta de se criar uma integração pela via económica - a CEE.

Argumentava o prestigiado deputado francês Édouard Henrriot, que já tinha ocupado o cargo de primeiro-ministro daquele país, sobre a CED, no debate travado no parlamento francês, no fatídico dia 30 de agosto de 1954:

> «Temos motivos para nos opormos ao Tratado, sendo o principal a perda da soberania e independência do nosso país. O Tratado CED visa restaurar a soberania da Alemanha, mas representa um passo atrás para a França no que respeita à sua própria soberania. Eu sei que as nações têm que fazer sacrifícios para que cresça o progresso europeu. Tantos quantos conhecem bem a história da lei sabem que esta evolução se faz através dos séculos. Apercebo-me de que será necessário, mais cedo ou mais tarde, empreender novos esforços para atingir este objetivo —mas tais esforços devem ser feitos por todas as nações europeias em conjunto (...) eu aviso-vos do fundo do meu coração— não cometam um ato que lamentarão mais tarde, e que não estarão então, em condições de desfazer(...) dir-me-ão: "Se não acredita na CED, não acredita na Europa". Protesto contra tal conclusão. Vocês não encontrarão a paz, procurando o caminho da guerra. Queremos a paz pela paz, não o rearmamento de alguns países»[3].

A PESC e a PESD (Política Europeia de Segurança e Defesa) foram erguidas sob a estrutura de pilares que deram o suporte à edificação da União Europeia (UE), a partir do Tratado de Maastricht, numa Europa que já contava com o dobro de países membros[4]. Até então a Europa comunitária era estritamente supranacional, cimentada pelo Tratado de Roma, de 1957.

O TUE altera a construção de Roma, que respeitava os princípios da integração num quadro institucional único, erguendo mais dois pilares, ao lado do primeiro – o Pilar das Comunidades, que era composto por três comunidades: a Comunidade Económica Europeia (CEE), a Comunidade Europeia de Energia Atómica (CEEA) e a Comunidade Europeia do Carvão e do Aço (CECA), esta última extinta em 23 de julho de 2002, por força do que determinava o seu art. 97 sobre o prazo de cinquenta anos de vigência.

O segundo pilar criado por Maastricht foi o da PESC e da PESD, que tratava de questões de política externa e de defesa comum, tema que será objeto do presente artigo.

O terceiro pilar diz respeito à Justiça e Assuntos Internos (JAI), que nasce devido à preocupação com uma das liberdades mais caras da União – a livre circulação de pessoas, que ganha reforço no TUE, com a criação da

3 França, Alemanha, Itália, Bélgica, Holanda, Luxemburgo, Reino Unido, Irlanda, Dinamarca, Grécia, Portugal e Espanha.

4 Vide nota 2.

cidadania da União. Os então doze Estados-membros[5] pretendiam fortalecer a proteção dos cidadãos numa nova etapa da construção europeia, sendo fundamental uma maior interligação entre a polícia e a justiça dos Estados-membros, para tratar de temas prioritários para regular um espaço sem controlo das fronteiras internas, tais como o asilo, a imigração, a criminalidade organizada, o terrorismo, o tráfico de estupefacientes, o tráfico de armas, o tráfico de pessoas, entre outras questões inevitáveis numa mobilidade das pessoas que fazem parte do Espaço Schengen. Porém, este pilar não previa, naquela altura, partilha de soberania, ou seja, era um pilar intergovernamental, com as decisões tomadas por unanimidade.

Note-se que a estrutura dos três pilares, criada por Maastricht, escapa à lógica comunitária pura que se encontra no primeiro pilar, com as decisões a serem tomadas por maioria qualificada, posto que os dois outros pilares assentam numa cooperação intergovernamental, obrigando a tomada de decisões por unanimidade nas matérias referentes à PESC e à PESD (segundo pilar) e à JAI (terceiro pilar), justamente para acomodar algum desconforto «soberanófilo» e para conciliar os interesses de Estados que preferiam manter o *status quo* e outros que pretendiam um salto para uma Europa federal.

O Tratado de Amesterdão, assinado em 2 de outubro de 1997, por então quinze Estados membros, com a entrada da Áustria, da Finlândia e da Suécia, em 1995, trouxe uma comunitarização parcial do 3.º pilar, com a criação do Espaço de Liberdade Segurança e Justiça (ELSJ), conforme se depreende da leitura dos seus considerandos: «RESOLVIDOS a facilitar a livre circulação de pessoas, sem deixar de garantir a segurança dos seus povos, através da criação de um espaço de liberdade, de segurança e de justiça, nos termos das disposições do presente Tratado».

O artigo B do TUE apontava, dentre os objetivos da UE: «a manutenção e o desenvolvimento da União enquanto espaço de liberdade, de segurança e de justiça, em que seja assegurada a livre circulação de pessoas, em conjugação com medidas adequadas em matéria de controlo na fronteira externa, asilo e imigração, bem como de prevenção e combate a criminalidade».

As decisões tomadas no terceiro pilar (JAI) sofreram nova alteração com o Tratado de Nice, de 2001, que teve a missão de acomodar o maior alarga-

5 A chegada de quase o dobro de Estados-membros levou os seus Estados membros a assinar um Tratado para reestruturar as instituições da União Europeia. O Tratado de Nice, firmado aos 26 de fevereiro de 2001 pelos Quinze sócios, em vigor desde 1 de fevereiro de 2003, estava preparado para receber o maior alargamento da história da UE. Em 1 de maio de 2004 ingressam no Clube europeu a Estónia, a Letónia, a Lituânia, a Hungria, a República Checa, a Eslovénia, a Eslováquia, a Polónia, Malta e Chipre. No ano de 2007 foi a vez da Roménia e da Bulgária e em 2013 a Croácia, formando uma família de 28 Estados, na iminência de perder um de seus membros – o Reino Unido, que pediu a denúncia do Tratado.

mento de sempre da UE[6], com a comunitarização das matérias relacionadas com o mercado interno (políticas sobre vistos, asilo, imigração, e cooperação judiciária em matéria civil) que passaram a ser decididas por maioria qualificada, seguindo o método do 1.º pilar. Entretanto, a votação por unanimidade permaneceu quanto à Cooperação Policial e Judiciária em Matéria Penal (CPJP).

Um grande salto relacionado com a tomada de decisões do 3.º pilar ocorreu 13 de dezembro de 2007, com a assinatura do Tratado de Lisboa, que derrubou a construção dos três pilares, erguida por Maastricht, pois as matérias relacionadas com a CPJP também passaram a ser decididas por maioria qualificada. Lisboa foi a responsável por transformar a UE num bloco supranacional, à exceção de um pilar – PESC/PESD, este último rebatizado neste Tratado por PCSD, que se manteve intergovernamental, conforme o disposto nos arts. 24.º, n.º 1 e 42.º, n.º 4, do TUE:

> «Art. 24.º 1. A competência da União em matéria de política externa e de segurança comum abrange todos os domínios da política externa, bem como todas as questões relativas à segurança da União, incluindo a definição gradual de uma política comum de defesa que poderá conduzir a uma defesa comum. A política externa e de segurança comum está sujeita a regras e procedimentos específicos. É definida e executada pelo Conselho Europeu e pelo Conselho, que deliberam por **unanimidade**, salvo disposição em contrário dos Tratados.
>
> Art. 42.º 4. As decisões relativas à política comum de segurança e defesa, incluindo as que digam respeito ao lançamento de uma missão referida no presente artigo, são adotadas pelo Conselho, deliberando por **unanimidade**, sob proposta do Alto Representante da União para os Negócios Estrangeiros e a Política de Segurança ou por iniciativa de um Estado-membro».

Contudo, o Tratado de Lisboa inseriu algumas inovações importantes no 2.º pilar, como a Cláusula de Assistência Mútua, prevista no art. 42, n.º 7 do TUE, a Cooperação Estruturada Permanente, estabelecida no art. 42, n.º 6 e no art. 46 do TFUE e a Cláusula de Solidariedade, que se encontra no art. 222 do TFUE, que analisaremos mais adiante. Note-se que há uma estreita colaboração entre a PCSD e a NATO, que estão a sobressair a partir dos desdobramentos que tem surgido com o reacender da guerra na Europa.

II. A PCSD e a nova ordem mundial

A PCSD faz parte integrante da PESC e foi trazida por Maastricht, com a Política Europeia de Segurança e Defesa (PESD), renomeada PCSD, na revisão de Lisboa, disposta nos artigos 42 a 46 do TUE. A PCSD tem por

6 Resolução do Parlamento Europeu, de 22 de novembro de 2012, sobre as cláusulas de defesa mútua e solidariedade: dimensões políticas e operacionais (2012/2223(INI)).

objetivo a criação de uma capacidade de defesa europeia comum, e não, para já, de um exército comum. Atua, sobretudo, no domínio da gestão de crises, estabelecendo o quadro para as estruturas políticas e militares da UE, bem como para missões e operações civis e militares no estrangeiro.

Conforme já destacado acima, a PCSD está inserida no pilar intergovernamental, sob a tutela da NATO, mas inserida no âmbito da jurisdição da UE. Entretanto, o seu avanço não tem acompanhado as demais políticas que encontramos nos Tratados, sobretudo no Tratado sobre o Funcionamento da União Europeia (TFUE), pois o foco principal deste bloco regional estava voltado para economia. Todavia, as ameaças de segurança globais têm crescido, sobretudo após o 11 de setembro de 2001, alterando o eixo estrutural da UE quanto à política e a defesa.

Desde então, a UE vai desempenhando um papel mais assertivo em matéria de segurança e de defesa, para enfrentar as responsabilidades que lhe incumbem perante a comunidade internacional e para proteger o espaço político e económico que foi uma das grandes conquistas do velho continente há mais de sete décadas. Esta preocupação tem vindo a ser debatida desde que a Europa se defrontou com uma série de ataques terroristas, oriundos do Estado Islâmico, como o 11 de março de 2004, em Madrid, o 13 de novembro de 2015, em Paris, o 14 de julho de 2016, em Nice, entre tantos outros. Mas foi em 24 de fevereiro de 2022 que a Europa vive a sua fase mais instável e impensável, com o conflito entre a Rússia e a Ucrânia.

Alguns mecanismos previstos no TUE e no TFUE e outras legislações derivadas da União, bem como o Protocolo n.º 10 e a Declaração n.º 37, vem sendo acionados para que a Europa possa intervir de forma coesa e certeira face às novas ameaças que enfrenta. Veremos, a seguir, alguns deles, como a Cláusula de Assistência Mútua e de Solidariedade, a Cooperação Estruturada Permanente e a Agência Europeia de Defesa.

II.1. Cláusula de Assistência Mútua

A cláusula de assistência mútua, inserida na revisão do Tratado de Lisboa, no capítulo destinado à PCSD, inspirada no art. 5.º do Tratado do Atlântico Norte, assim dispõe: «se um Estado-membro vier a ser alvo de agressão armada no seu território, os outros Estados-membros devem prestar-lhe auxílio e assistência por todos os meios ao seu alcance, em conformidade com o artigo 51 da Carta das Nações Unidas. Tal não afeta o carácter específico da política de segurança e defesa de determinados Estados-membros» e ainda que «os compromissos e a cooperação neste domínio respeitam os compromissos assumidos no quadro da Organização do Tratado do Atlântico Norte, que, para os Estados que são membros desta organização, continua a ser o fundamento da sua defesa coletiva e a instância apropriada para a concretizar» (Art. 42, n.º 7 TUE).

Depreende-se desta cláusula algumas condições para que possa ser ativada: a primeira delas diz respeito ao art. 51 da Carta de São Francisco, com relação à legítima defesa ali consagrada, para legitimar a ação militar; a segunda é o respeito pela cláusula irlandesa, batizada com este nome porque foi naquele Estado que se decidiu fazer a ressalva de que a dimensão e o tipo de ação a ser tomada pelos Estados, em caso de agressão, deve estar em conformidade com o direito interno de cada um dos Estados membros, até porque a UE tem Estados que optaram pela neutralidade militar, como é o caso da Irlanda, da Áustria e até o despoletar da guerra em solo europeu, da Finlândia e da Suécia, que recentemente pediram a adesão à NATO; a terceira e não menos importante é o papel que desempenhará a NATO diante desta nova formação de defesa militar na Europa.

Daí se concluir que a inspiração do artigo 5.º da NATO não será automática, no caso de se acionar a cláusula de assistência mútua no seio da UE, podendo os Estados membros definir se a ajuda será militar, diplomática, financeira, humanitária, entre outras. Ainda quanto ao tipo de ataque em que esta cláusula poderá ser ativada, o Parlamento Europeu esclarece, na Resolução 2012/2223[7]:

> «Considerando que, embora os Estados-membros detenham a responsabilidade principal pela gestão de crises no seu território, as ameaças à segurança, complexas e graves, como ataques armados, terrorismo, catástrofes naturais, QBRN (contaminação química, biológica, radiológica e nuclear) ou ciberataques, têm, cada vez mais, uma natureza transfronteiriça e podem facilmente sobrecarregar as capacidades de um Estado-membro, fazendo com que seja crucial garantir uma solidariedade vinculativa entre os Estados-membros e uma resposta coordenada a essas ameaças».

Essa cláusula foi acionada pela primeira vez aquando do ataque terrorista em Paris, no dia 13 de novembro de 2015. Após o ataque ter sido reivindicado pelo Estado Islâmico, a França solicitou o apoio de todos os Estados membros, para operações no Iraque e na Síria. Porém, o atual contexto de guerra tem trazido um grande debate sobre a fragilidade da cláusula europeia em comparação à NATO, ou melhor, um debate entre o art. 5.º da NATO e o art. 42, n.º 7 do TUE.

Para reafirmar a coesão dos membros da UE, o Parlamento Europeu apresentou uma nova proposta de Resolução[8], na sequência de uma declaração do Alto Representante da União para os Negócios Estrangeiros e a Política de Segurança (ARUNEPS), sobre a agressão russa contra a Ucrânia, condenando com a maior veemência a agressão militar não provocada e injus-

---

7 Resolução do Parlamento Europeu 2022/2564(RSP), de 28 de fevereiro de 2022.

8 https://pt.euronews.com/my-europe/2022/06/11/a-clausula-de-defesa-da-ue-abafada-pela-nato, 11-06-2022.

tificada da Federação Russa contra a Ucrânia, acionando as cláusulas de assistência mútua e de solidariedade, bem como o lançamento de exercícios militares comuns (ponto 21).

Reiterou ainda o seu apelo aos Estados-membros da UE para que incrementem as despesas com a defesa e garantam capacidades mais eficazes, e para que façam pleno uso dos esforços conjuntos de defesa no quadro europeu, nomeadamente a cooperação estruturada permanente (CEP) e o Fundo Europeu de Defesa (FED), a fim de reforçar o pilar europeu no âmbito da NATO, o que aumentará a segurança da NATO e dos Estados-membros da UE (ponto 22).

O ponto 34 da referida proposta de resolução apela ainda às instituições da UE para que desenvolvam esforços no sentido de conceder à Ucrânia o estatuto de país candidato à adesão na UE, em conformidade com o artigo 49 do TUE.

A Finlândia e a Suécia dependem da cláusula de assistência mútua para os proteger, enquanto o pedido de adesão à NATO não for aprovado. É uma grande preocupação destes países que são vizinhos da Rússia e, por razões óbvias, sentem-se ameaçados. De acordo com Rafael Loss, coordenador de Projetos de Dados Pan-Europeus do Conselho Europeu Negócios Estrangeiros (ECFR), em recente entrevista à Euronews: «apesar da sua forte retórica, o artigo 42, n.º 7 é considerado pela maioria dos estados membros da UE, e muitos deles são membros da aliança da NATO, como politicamente um pouco mais fraco. Existe um tipo de acordo geral, pelo menos implícito, de que a NATO é responsável pela defesa territorial na Europa e a UE faz gestão de crises. O medo de Estocolmo e de Helsínquia é que, se a Rússia atacar, a resposta da UE seria simplesmente muito menor do que a da NATO»[9].

As questões aqui levantadas, desde a entrada da Ucrânia na UE até a adesão da Finlândia e da Suécia na NATO, passando pela interconexão entre o art. 42, n.º 7 do TUE e o art. 5.º do Tratado do Atlântico Norte, fazem parte das grandes preocupações, por ora sem respostas, que a Europa enfrenta desde 24 de fevereiro de 2022.

II.2. Cláusula de Solidariedade

A cláusula de solidariedade foi trazida pela revisão de Lisboa e pretende que os Estados membros e a UE atuem em conjunto, em caso de ataque terrorista ou de uma catástrofe natural ou de origem humana, conforme se depreende da leitura do art. 222 do TFUE.

9 Decisão (PESC) 2021/509 do Conselho de 22 de março de 2021 que cria um Mecanismo Europeu de Apoio à Paz, e revoga a Decisão (PESC) 2015/528 http://data.europa.eu/eli/dec/2021/509/oj

A cláusula de solidariedade deve ser acionada a partir de um pedido das autoridades de um Estado-membro que sofreu o ataque terrorista ou foi vítima de uma catástrofe natural ou de origem humana. Após a formalização do pedido, a Comissão e o ARUNEPS apresentam ao Conselho da UE uma proposta de ação, que deve ser aprovada por unanimidade, posto que é uma matéria que está atrelada à área da defesa, que faz parte do pilar intergovernamental, como acima já exposto.

Também é relevante destacar que compete a cada Estado-membro decidir o apoio que fornecerá ao Estado afetado, que pode ser militar, diplomático, humanitário, ou outro que se afigure necessário, de acordo com a Declaração n.º 37, anexa aos Tratados, que dispõe:

> **Declaração ad artigo 222 do TFUE:** Sem prejuízo das medidas adotadas pela União para cumprir o seu dever de solidariedade para com um Estado-membro que seja vítima de um ataque terrorista ou de uma catástrofe natural ou de origem humana, nenhuma das disposições do artigo 222 visa prejudicar o direito de outro Estado-membro de escolher os meios mais adequados para cumprir o seu próprio dever de solidariedade para com aquele Estado-membro.

Como pode-se observar, os Estados devem acionar o art. 222 do TFUE no caso de um ataque terrorista, porém a França, no fatídico dia 13 de novembro de 2015, quando Paris foi alvo de um dos ataques mais violentos no continente europeu, recorreu à cláusula de assistência mútua e não à cláusula de solidariedade, gerando um intenso debate no seio das Instituições da UE, sobre as funções específicas de cada uma delas.

II.3. Cooperação Estruturada Permanente

A Cooperação Estruturada Permanente (CEP) é um dos elementos fundamentais da PCSD. A CEP começou a funcionar em 2017 com o objetivo de criar uma estreita cooperação entre os Estados-membros no domínio da segurança e da defesa, permitindo que os Estados-membros desenvolvam conjuntamente capacidades de defesa, invistam em projetos comuns e aumentem a disponibilidade operacional e o contributo das suas forças armadas.

Para que os Estados-membros possam avançar na CEP devem notificar a sua pretensão ao Conselho da União Europeia e ao ARUNEPS. Na sequência da notificação, o Conselho adotará, por maioria qualificada, uma decisão para dar início à CEP, indicando a lista dos países participantes. As decisões e recomendações tomadas no quadro da CEP serão adotadas por unanimidade, pelos membros do Conselho dos Estados participantes.

Dos 27 membros da UE, apenas Malta e a Dinamarca não fazem parte da CEP, mas a recente guerra que assola o continente europeu trouxe uma nova posição por parte da Dinamarca, que gozava de uma cláusula de exceção quanto à PCSD, e que realizou em junho de 2022, um referendo para alterar a sua posição nesta matéria, com 70 % dos dinamarqueses a votar pela entrada do seu país na política de defesa europeia. Portanto, são 25 Estados-membros que assumiram compromissos que estão na base da CEP, conforme os artigos 42, n.º 6 e 46 do TUE, bem como no Protocolo n.º 10, anexo aos Tratados. Segundo o art. 2.º do referido Protocolo, os Estados comprometem-se a:

> a) Cooperar, desde a entrada em vigor do Tratado de Lisboa, no sentido de alcançar objetivos acordados relativamente ao nível das despesas de investimento em matéria de equipamentos de defesa, e a rever regularmente esses objetivos, em função do ambiente de segurança e das responsabilidades internacionais da União;
>
> b) Aproximar, na medida do possível, os seus instrumentos de defesa, harmonizando, nomeadamente, a identificação das necessidades militares, colocando em comum e, se for caso disso, especializando os seus meios e capacidades de defesa, e incentivando a cooperação nos domínios da formação e da logística;
>
> c) Tomar medidas concretas para reforçar a disponibilidade, a interoperabilidade, a flexibilidade e a capacidade de colocação das suas forças no terreno, identificando, designadamente, objetivos comuns em matéria de projeção de forças, o que poderá passar por uma reapreciação dos respetivos processos de decisão nacionais;
>
> d) Cooperar no sentido de garantir que os Estados-membros participantes tomem as medidas necessárias para colmatar, designadamente através de abordagens multinacionais e sem prejuízo dos compromissos que os vinculam no âmbito da Organização do Tratado do Atlântico Norte, as lacunas constatadas no âmbito do "Mecanismo de Desenvolvimento de Capacidades";
>
> e) Participar, se for caso disso, no desenvolvimento de programas comuns ou europeus de grandes equipamentos, no âmbito da Agência Europeia de Defesa.

A Agência Europeia de Defesa (AED) nasceu, em 2004, para dar suporte à PCSD, tendo como objetivo principal ajudar os Estados membros da UE. A AED auxilia os Estados a desenvolver os respetivos recursos militares, com propostas para aperfeiçoar as capacidades de defesa nacional, bem como a capacidade de defesa conjuntas. O ARUNEPS tem a função de dirigir a AED e de avaliar regularmente as contribuições dos países participantes. Há atualmente 60 projetos de colaboração em vários domínios, nomeadamente, instalações de formação, sistemas de formação terrestre, marítimo, aéreo e cibersegurança.

A guerra tem levado os Estados-membros a assumir a CEP como prioridade estratégica, com investimentos conjuntos em tecnologias inovadoras, para assegurar, sobretudo, gastos mais eficientes e coordenados na defesa do bloco europeu, envidando esforços para aumentar a mobilidade militar em toda a UE.

III. A PESC e a nova ordem mundial

A PESC tem por finalidade garantir uma Europa a uma só voz em termos de política externa, ou seja, uma voz forte e coesa na cena mundial. Os artigos 21 a 41 do TUE são os condutores deste anseio antigo que, pese embora ainda tenha modestos resultados, deu um grande passo com as inovações trazidas na última revisão de Lisboa, com a criação de um cargo de extrema importância para a Europa – o Alto Representante da União para os Negócios Estrangeiros e a Política de Segurança (ARUNEPS), conforme disposto no art. 17 do TUE, que pode ser equiparado a um ministro dos Negócios Estrangeiros da União, cargo hoje ocupado pelo espanhol Joseph Borrel, que também é o responsável por coordenar o apoio diplomático da UE em mais de uma centena de países extra-comunitários, previsto no art. 27, n.º 3 do TUE, batizado de Serviço Europeu de Ação Externa (SEAE).

Após as ameaças mais frequentes de terrorismo em solo europeu, foi elaborada, em 2016, uma estratégia global para a PESC que pretende estabelecer um quadro estratégico alargado no âmbito do qual a UE seja capaz de compreender e enfrentar os desafios internacionais da atualidade.

A PESC, por fazer parte do pilar intergovernamental, que ainda permanece intacto na UE, não pode ser conduzida em nome dos 27 Estados-membros, mas, mesmo assim, o novo quadro definido no Tratado de Lisboa, prevê duas dimensões fundamentais: a dimensão de política externa, que conforma a vertente dos Negócios Estrangeiros da União e a sua concertação com a ação externa todos os sócios, e a dimensão de segurança, aqui abrangendo a PCSD, e a sua missão de gestão de crises.

Na atual conjuntura bélica, todos os Estados-membros da UE são unânimes em colocar-se ao lado da Ucrânia, o que tem facilitado muito a missão do chefe da diplomacia europeia, Joseph Borrel, na coordenação e aprovação das sanções que vão sendo aplicadas à Rússia. Lembre-se que na guerra do Iraque, em 2003, a Europa não teve uma posição unânime, sendo que alguns países, como o Reino Unido, Polónia e Espanha apoiaram a decisão do então presidente George Bush, de invadir o Iraque, enquanto França e Alemanha entre outros condenavam a invasão. Este é um dos exemplos das dificuldades no sentido de transformar a PESC numa política supranacional, que dependeria apenas da vontade da maioria dos Estados-membros.

A Decisão (PESC) 2021/509, do Conselho criou o Mecanismo Europeu de Apoio a Paz (MEAP), um dos mais recentes instrumentos da PCSD, que irá contribuir para o aumento da eficácia da ação externa da UE. Este mecanismo tem a finalidade de financiar os custos das missões militares da PCSD, reforçando a solidariedade e a repartição de encargos entre os Estados membros, contribuindo para o aumento da eficácia da ação externa da UE.

Outra iniciativa recente foi a criação da «Bússola Estratégica», um documento que traça a futura política de defesa e segurança da UE, que foi aprovada no Conselho Europeu de 24 e 25 de março de 2022, em consequência da guerra, e visa dar o suporte fundamental aos vários instrumentos que já estão em andamento, como a CEP, o MEAP e a AED, definindo os objetivos e metas a prosseguir até 2030 para fortalecer a capacidade de defesa da UE.

IV. Conclusão

O grande desafio que a Europa enfrenta será manter a coesão da política externa diante do conflito entre a Ucrânia e a Rússia. Alguns dos partners do bloco europeu dependem mais da Rússia, em termos políticos, energéticos, alimentares e petrolíferos, do que outros. E esta é uma as razões pelas quais a PESC não conseguirá, pelo menos a curto prazo, dar o salto para a supranacionalidade, pois se assim fosse, bastaria 55 % dos Estados membros da UE que somem 65 % da sua população aprovar uma medida, para que todos se vejam obrigados a respeitar. É a chamada maioria qualificada, que vem explícita no art. 16, n.º 4 do TUE. Diante deste impasse, caberá aos maestros da UE, o presidente do Conselho Europeu, Charles Michel, a Presidente da Comissão Europeia, Ursula Von der Leyen e ao Chefe da diplomacia europeia, Joseph Borrel, conduzir este concerto que, até ao presente momento, está afinado, mas a orquestra poderá vir a ter alguns dissidentes à medida em que a pressão por novas sanções contra a Rússia vão sendo tomadas, face à diversidade de posicionamentos económicos e políticos entre os países membros.

Uma divisão no seio europeu seria muito prejudicial para o desfecho do conflito. Os próximos desenvolvimentos, como a Cimeira da NATO, em Madrid, e as conclusões do Conselho Europeu, que decorrerão no final do primeiro semestre de 2022, serão determinantes para traçar os novos rumos da UE e da Aliança Atlântica, sendo que esta última tem anunciado que a Cimeira de Madrid trará grandes transformações naquela organização, a começar pela aguardada adesão da Finlândia e da Suécia.

Quanto à defesa, a PCSD tem discutido a necessidade de aumentar o reforço do orçamento da defesa no espaço europeu, fortalecida com a recente aprovação da Bússola Estratégica, que trará maior interoperabilidade na parceria UE e a NATO.

Já o debate sobre a criação de um exército europeu tem crescido, sobretudo após o BREXIT, com a perda da UE de uma das maiores potências militares neste continente, mas este tema ainda está longe de se tornar realidade.

Um novo xadrez global vai sendo redesenhado com regresso da guerra na Europa, no dia 24 de fevereiro de 2022, data que, pelas piores razões, entrará para a história deste século. O papel da NATO e da UE é primordial para a definição da posição dominante nesse tabuleiro. A entrada de novos sócios na NATO e na UE será determinante para a proteção da fortaleza europa.

Ao completar, em 23 de julho de 2022, sete décadas da entrada em vigor da CECA - Comunidade Europeia do Carvão e do Aço, que deu início a trajetória de paz e prosperidade neste continente, a Europa é novamente posta a prova, a enfrentar o maior dilema de sempre, como afirmou a presidente da Comissão Europeia, Ursula Von der Leyen: «O alvo dos russos não é apenas o Donbass, o alvo não é apenas a Ucrânia, o alvo é a estabilidade na Europa e toda a ordem internacional de paz»[10]. Daí que o papel da PESC, da PCSD e da NATO será decisivo para a configuração da nova ordem mundial.

Bibliografía

Tratado sobre o Funcionamento da União Europeia, de 25 de março de 1957.

Tratado da União Europeia, de 7 de fevereiro de 1992.

Tratado de Lisboa, de 13 de dezembro de 2007.

60 Anos de Europa – os grandes textos da União Europeia. Publicação do Gabinete em Portugal do Parlamento Europeu. Lisboa, 2008.

Resolução 2012/2223(INI) do Parlamento Europeu, 22.11.2012.

Resolução 2022/2564(RSP) do Parlamento Europeu, 28.02.2022.

Decisão (PESC) 2021/509 do Conselho de 22 de março de 2021.

https://pt.euronews.com/my-europe/2022/06/11/a-clausula-de-defesa-da-ue-abafada-pela-nato (consulta em 11-06-2022).

https://www.tsf.pt/mundo/parlamento-europeu-com-sessao-urgente-para-resposta-europeia-sem-precedentes-14619965.html (consulta em 16/06/2022).

10 https://www.tsf.pt/mundo/parlamento-europeu-com-sessao-urgente-para-resposta-europeia-sem-precedentes-14619965.html (consulta em 16/06/2022).

EL MULTILATERALISMO FRENTE A UN RENOVADO POPULISMO: UN RETO PARA LA UNIÓN EUROPEA

Ronan Cirefice[1]

Palabras clave: Unión Europea, democracia, populismo, Estado de Derecho, futuro de la UE.

Sumario: I. El difícil panorama político europeo: entre desafíos de los partidos hacia la UE y desentendimiento de los ciudadanos del aparato institucional. II. El continuo ataque a los valores de la UE. III. Evitar un desastre europeo anunciado: renovar las bases de la democracia participativa de la UE. A-. Educar acerca de la Unión Europea y de sus funciones B. El aspecto político-territorial de la UE: llamado a favor de un cambio de paradigma. IV Conclusiones.

Resumen: Mucho se puede decir (a favor o en contra) acerca del carácter democrático de la Unión Europea. Lo que no deja lugar a dudas es que el modelo original elegido por los padres fundadores, ciertamente imperfecto, mucho ha avanzado a través de su corta pero decidida historia, hasta convertirse en lo que conocemos hoy en día: una democracia participativa, que —supuestamente— representa a todas y cada una de las partes interesadas por el proyecto común, de manera directa o indirecta.
Sin embargo, desde el principio de este siglo XXI, hemos podido asistir a un progresivo deterioro democrático dentro de los Estados miembros, el cual se ha ido materializando también dentro del propio aparato comunitario. Es así como Estados tal como Polonia o Hungría progresivamente se han adentrado en una peligrosa vía, quedando muchas veces al límite de lo aceptable para los demás miembros de la UE. Incluso la línea roja fue alcanzada por Polonia el pasado 7 de octubre de 2021, al declarar el Tribunal Constitucional del país que ciertas partes de los Tratados eran incompatibles con su texto fundamental.

Desafortunadamente, si bien decisiones de esta índole son fuertemente criticadas, podemos afirmar que hasta la fecha la respuesta europea es débil, lo que abre la vía a una gran acogida por parte de los ciudadanos de la UE,

1 Doctor en Derecho. Profesor colaborador de la UOC

cansados de sufrir crisis a repetición sin casi respuestas institucionales a sus preocupaciones cada vez más grandes, de discursos agresivos y hostiles a un ente supranacional que apenas entienden. De esta manera, parece que estamos asistiendo a una dramática repetición de la Historia, con una subida imparable de un renovado populismo europeo, totalmente desacomplejado, pero con un encaje popular indiscutible frente a los partidos tradicionales.

I. El difícil panorama político europeo: entre desafíos de los partidos hacia la UE y desentendimiento de los ciudadanos del aparato institucional

Pensamos absolutamente necesario reiterar, una vez más, que, dentro de los mayores avances en materia de paz y democracia que la Humanidad ha conocido hasta la fecha, se encuentra el proceso de integración regional europeo. Si bien es cierto que se trata de un sistema criticable sobre muchos puntos y en gran medida perfectible, los beneficios que ha traído para los ciudadanos del continente son innumerables, empezando por una indudable mejora del «bienestar de sus pueblos», finalidad expuesta desde la creación de las entonces Comunidades Europeas.

A pesar de lo anterior, también creemos necesario recordar que, si bien el mundo se va transformando a una velocidad cada vez más rápida, especialmente desde los inicios del siglo XXI y el auge de las tecnologías de la información, es sin embargo una realidad que, a duras penas, las instituciones a través del planeta se renuevan / reforman con demasiada lentitud. Es así como más que innovar, intentan al contrario desesperadamente no quedarse tanto atrás en el tren del cambio. De esta forma, con el paso del tiempo, el desface entre las necesidades de los ciudadanos y el poder va afianzándose un poco más, hasta la aparición de una sensación insuperable de desentendimiento completo entre los primeros y sus gobernantes (Esquivel Sánchez; Jiménez Bautista; Esquivel Guerrero, 2021).

Es precisamente lo anterior descrito lo que ha convertido a la Unión Europea en un renovado terreno de juego para toda clase de «populismo» (entendido en su sentido más amplio como oposición entre el pueblo y la élite). Desde Austria hasta Polonia, Reino Unido, Italia o Francia, la brecha entre ciudadanos y dirigentes se hace cada vez mayor, permitiendo la aparición y el fortalecimiento de partidos nacionalistas, radicales, autoritarios, lejos de los ideales de apertura y de democracia planteados por el proyecto común europeo[2].

---

2 Véase Martín y Pérez de Nanclares (2019).
Un buen ejemplo es la recién campaña presidencial francesa, que vio la casi desaparición de los dos partidos tradicionales (derecha: 4,78 % de los sufragios; izquierda: 1,75 % de

Ciertamente, uno de los principales responsables de esta situación es el propio sistema —supuestamente democrático[3]— que se ha ido desarrollando a través de los años, en detrimento a veces del sentido común y, sobre todo, de las aspiraciones ciudadanas, relegando al pueblo como «mero elector» de un proceso electoral y decisorio ya preconocido (ALONSO BENITO, 2017). En este sentido, ¿cómo explicar, por ejemplo, la entrada en vigor del Tratado de Lisboa a unos electores franceses o irlandeses que habían votado por referéndum (máximo mecanismo democrático de participación ciudadana) en contra del proyecto de Tratado constitucional poco antes?

Si queremos decirlo de manera sencilla, la respuesta sería la siguiente: no se puede. Incluso cuando sabemos perfectamente que dicha reforma de los Tratados era muy necesaria para no asistir a un bloqueo institucional con la entrada dentro del bloque comunitario de doce nuevos Estados. Simplemente, el sentido común democrático habría sido revisar y armonizar con anterioridad a ambos escrutinios los mecanismos de reforma de los textos fundacionales dentro de la UE, viéndola como un ente territorial original y único con normas organizativas diferenciadas, permitiendo así evitarnos el calificativo de «desastre democrático» en este caso.

Así las cosas, más de 20 años después de la publicación del Libro Blanco de la Comisión Europea titulado «La gobernanza europea – Un Libro Blanco»[4], la observación realizada por el ejecutivo comunitario sigue casi idéntica, a pesar de la sucesión de crisis que el continente ha (y sigue) atravesando desde entonces: «Por una parte, los europeos esperan de los dirigentes políticos de toda Europa que encuentren soluciones a los grandes problemas que acucian a la sociedad. Pero, al mismo tiempo, esos mismos ciudadanos tienen cada vez menos confianza en las Instituciones y en los políticos, o simplemente no están interesados en ellos».

Desde ese entonces, podemos decir que las instituciones europeas han intentado proponer algunas soluciones para remediar a esta crisis, aunque sin gran éxito hasta la fecha. Dentro de las últimas propuestas que podemos resaltar, se encuentra el *Libro Blanco sobre el Futuro de Europa. Reflexiones y escenarios para la Europa de los Veintisiete en 2025*, de 1 de marzo de 2017[5]. En él, el antiguo presidente de la Comisión Europea, Jean-Claude Juncker, proponía cinco escenarios para Europa de cara a 2025: seguir igual; solo el mercado único; los que desean hacer más, hacen más; hacer menos, pero de forma más

los sufragios) a favor de 3 partidos populistas, representando la preocupante cifra de 52,17 % de los sufragios en la primera vuelta (23,15 % para el partido de Marine Le Pen; 21,95 % para el partido de Jean-Luc Mélenchon; 7,07 % para el partido de Éric Zemmour).

3 Véase INNERARITY (2015), acerca de la complejidad democrática de la UE.

4 DOUE n.º 287 de 12 de octubre de 2001, p. 1.

5 COM (2017) 2025. https://ec.europa.eu/info/sites/default/files/libro_blanco_sobre_el_futuro_de_europa_es.pdf

eficiente; hacer mucho más conjuntamente. Sin embargo, sin realizar mucha autocritica acerca de los acontecimientos europeos (y especialmente acerca de la salida del Reino Unido o de la crisis de los migrantes), el jefe del ejecutivo comunitario va hasta proponer un inédito retroceso en la construcción europea, contrario, según nuestra opinión, al significado de Unión Europea.

Esta falta de visión, o de ambición, por parte de los dirigentes a favor del proyecto europeo no permite dar a los ciudadanos la visibilidad que debería tener: la de una gran unión de pueblos y naciones a favor de la paz, del crecimiento mutuo y del bienestar. Al contrario, asistimos a un peligroso repliegue nacionalista, acentuado con las dos últimas crisis de mayor alcance que está conociendo el continente: la Covid-19 y la guerra en Ucrania.

Tampoco fue el discreto lanzamiento de la «Conferencia sobre el futuro de la Unión Europea»[6], que concluyó hace unas semanas, la que permitirá dar un salto hacia el cambio. Organizada casi a escondidas, su objeto era escuchar a la ciudadanía[7]. Nuevamente, la sensación de lejanía que existe entre la UE y los ciudadanos es total. Sin querer restar importancia a tal acto, ni el momento elegido, ni la forma de tal evento parecen estar a la altura de las esperanzas depositadas en las instituciones. Y, dado que desde el primer momento, los Jefes de Estado, poco entusiasta a la organización de tal Conferencia, habían acordado no modificar los Tratados, podemos temer que los resultados alcanzados[8] no sean de mucha utilidad.

Esperamos equivocarnos sobre lo anterior señalado. Sin embargo, a la fecha, la consecuencia directa de esta falta de visión y ambición para el proyecto comunitario y la democracia es casi apocalíptica: partidos políticos de todo tipo aprovechan de manera desleal esta realidad para hacer suyo el descontento generalizado ciudadano y echar la culpa de todos los males sobre este ente supranacional que todos conocen, sin saber precisamente de que se trata. Este peligroso juego, en un momento tan delicado como el que el planeta atraviesa en la actualidad, lleno de incertidumbres y conflictos, no hace más que debilitar la democracia y la confianza en las instituciones.

II. El continuo ataque a los valores de la UE

Una dificultad, quizás de las más preocupantes, observada desde algunos años es el menosprecio por parte de algunos Estados miembros de los

6 Para una visión optimista de la Conferencia, véase MOLINA DEL POZO y SALDAÑA ORTEGA (2021).

7 La Conferencia se desarrolló del 9 de mayo de 2021 al 9 de mayo de 2022. Véase: https://futureu.europa.eu/?locale=es

8 Véase, para un análisis institucional de sus resultados, COM (2022) 404 final, de 17 de junio de 2022. Transformar la visión en acciones concretas. https://eur-lex.europa.eu/legal-content/ES/TXT/?uri=CELEX%3A52022DC0404&qid=1656317270874

valores fundamentales de la UE, y en particular del Estado de Derecho[9]. Ya lo hemos señalado en otra oportunidad (Cirefice, 2019), gobiernos de Estados como Polonia y Hungría, para citar algunos de ellos, se han convertido en agresores directos del sistema comunitario, adoptando normas jurídicas abiertamente en contra del espíritu europeo, y en concreto del artículo 2 TUE.

En este sentido, varias veces Polonia ha sido condenado por el Tribunal de Justicia de la Unión Europea (TJUE) por violación de los valores de la UE. Por ejemplo, en su sentencia C-619/18, de 24 de junio de 2018[10], el TJUE conoció de la nueva Ley del Tribunal Supremo, la cual preveía, en violación del principio de independencia judicial y, en particular del principio de inamovilidad del juez, la aplicación de una medida de reducción de la edad de jubilación de los jueces del Tribunal Supremo a los jueces de dicho Tribunal en ejercicio nombrados antes del 3 de abril de 2018, fecha de entrada en vigor de esa ley. Asimismo, la Ley en litigio atribuía al Presidente de la República la facultad discrecional para conceder dos prórrogas, de tres años cada una, del mandato de los jueces del Tribunal Supremo una vez alcanzada la nueva edad de jubilación.

En su sentencia C-192/18, de 5 de noviembre de 2019[11], la Alta Jurisdicción declaró contraria al Derecho de la UE la Ley polaca por la que se modifican la Ley de Organización de los Tribunales Ordinarios y otras leyes de 12 de julio de 2017, en lo que prevé una edad de jubilación diferente para las mujeres y los hombres que desempeñan el cargo de juez en los tribunales ordinarios y en el Tribunal Supremo, o el cargo de fiscal. También estimó que Polonia había incumplido sus obligaciones al facultar al ministro de Justicia para autorizar o denegar la prórroga del ejercicio del cargo de los jueces de los tribunales ordinarios una vez alcanzada la nueva edad de jubilación de estos, reducida por esta misma Ley.

En su sentencia del 15 de julio de 2021 (asunto C-791/19), la Gran Sala del TJUE tuvo que recordar que «el respeto por un Estado miembro de los valores consagrados en el artículo 2 TUE constituye un requisito para poder disfrutar de todos los derechos derivados de la aplicación de los Tratados a dicho Estado miembro. Por lo tanto, un Estado miembro no puede modificar su legislación de modo que dé lugar a una reducción de la protección del valor del Estado de Derecho, valor que se concreta, en particular, en el artículo 19 TUE, Así pues, los Estados miembros deben velar por evitar, en relación con este valor, cualquier regresión de su legislación en materia

---

9 Véase, para un análisis acerca del papel del Estado de Derecho en la UE: Arenas García (2020).

10 Véase: https://curia.europa.eu/juris/document/document.jsf?text=&docid=215341&pageIndex=0&doclang=es&mode=lst&dir=&occ=first&part=1&cid=5640954

11 Véase: https://curia.europa.eu/juris/document/document.jsf?text=&docid=219725&pageIndex=0&doclang=es&mode=lst&dir=&occ=first&part=1&cid=5640954 (violación, entre otros, de los principios de inamovilidad y de independencia judicial).

de organización de la Administración de Justicia, absteniéndose de adoptar medidas que puedan menoscabar la independencia judicial» (apartado 51)[12].

El 19 de noviembre de 2019[13], a raíz de una cuestión prejudicial planteada por la Sala de lo Laboral y de la Seguridad Social del Tribunal Supremo, el TJUE estimó que «el artículo 47 de la Carta de Derechos Fundamentales de la UE, así como la Directiva 2000/78/CE (...) relativa al establecimiento de un marco general para la igualdad de trato en el empleo y la ocupación, deben interpretarse en el sentido de que se oponen a que unos litigios relativos a la aplicación del Derecho de la Unión puedan ser de competencia exclusiva de un órgano que no constituye un tribunal independiente e imparcial». En este caso, la controversia fue planteada por un juez del Tribunal Supremo de lo Contencioso-Administrativa que había cumplido sesenta y cinco años antes de la fecha de entrada en vigor de la nueva Ley del Tribunal Supremo. Pues bien, había presentado una declaración en la que manifestaba su deseo de continuar ejerciendo sus funciones. Sin embargo, el Consejo Nacional del Poder Judicial emitió un dictamen desfavorable a esta solicitud.

Según la opinión del TJUE, estamos frente un órgano que no constituye un tribunal independiente e imparcial «cuando las condiciones objetivas en las que se creó, sus características y la manera en que se ha nombrado a sus miembros puedan suscitar dudas legítimas en el ámbito de los justiciables en cuanto a

12 En dicho caso, el TJUE declaró que la República de Polonia había incumplido las obligaciones que le incumben: 1/: al no garantizar la independencia y la imparcialidad de la Sala Disciplinaria del Tribunal Supremo, a la que corresponde el control de las resoluciones dictadas en los procedimientos disciplinarios contra los jueces; 2/ al permitir que el contenido de las resoluciones judiciales pueda ser calificado como infracción disciplinaria respecto a los jueces de los tribunales ordinarios; 3/ al atribuir al presidente de la Sala Disciplinaria del Tribunal Supremo la facultad discrecional de designar al tribunal disciplinario de primera instancia competente en los asuntos relativos a los jueces de los tribunales ordinarios y, de ese modo, no garantizar que conozca de tales asuntos el tribunal «establecido por la ley», y 4/ al no garantizar que los asuntos disciplinarios seguidos contra los jueces de los tribunales ordinarios se resuelvan en un plazo razonable y al establecer que las actuaciones relativas a la designación de un defensor y la asunción de la defensa por parte de este no tienen como efecto la suspensión del procedimiento disciplinario y que el tribunal disciplinario debe dar curso al procedimiento aun en caso de incomparecencia justificada del juez inculpado que haya sido citado o de su defensor, y, de ese modo, no garantizar el respeto del derecho de defensa de los jueces de los tribunales ordinarios que hayan sido inculpados.
Asimismo, el TJUE estimó que Polonia había incumplido las obligaciones que le incumben al permitir que la posibilidad de incoar un procedimiento disciplinario limite el derecho de los órganos jurisdiccionales a plantear al Tribunal de Justicia de la Unión Europea peticiones de decisión prejudicial.
Véase: https://curia.europa.eu/juris/document/document.jsf?text=&docid=244185&pageIndex=0&doclang=es&mode=lst&dir=&occ=first&part=1&cid=5640954

13 Véase, TJUE, A.K., 19 de noviembre de 2019, asuntos acumulados C 585/18, C 624/18 y C 625/18: https://curia.europa.eu/juris/document/document.jsf?text=&docid=220770&pageIndex=0&doclang=ES&mode=lst&dir=&occ=first&part=1&cid=10408960

la impermeabilidad de este órgano frente a elementos externos, en particular frente a influencias directas o indirectas de los poderes legislativo y ejecutivo, y en cuanto a su neutralidad con respecto a los intereses en litigio, y por lo tanto pueden dar lugar a una falta de apariencia de independencia o de imparcialidad de dicho órgano susceptible de menoscabar la confianza que la Administración de Justicia debe inspirar en los justiciables en una sociedad democrática».

Además de lo anterior, el TJUE estimó que «el principio de primacía del Derecho de la UE debe interpretarse en el sentido de que obliga al órgano jurisdiccional remitente a dejar inaplicada la disposición del Derecho nacional que reserva la competencia para conocer de los litigios principales a dicho órgano, de modo que puedan ser examinados por un órgano jurisdiccional que satisfaga las mencionadas exigencias de independencia y de imparcialidad y que sería competente en el ámbito en cuestión si dicha disposición no se opusiera a ello».

Como consecuencia de dicha sentencia, el Parlamento polaco modificó las disposiciones legislativas en cuestión. Sin embargo, observando que el nuevo régimen introducido por la Ley modificativa seguía infringiendo las disposiciones del Derecho de la UE, y en particular la independencia de los jueces, la Comisión decidió solicitar al TJUE la imposición de medidas provisionales, las cuales fueron acordadas por la Vicepresidenta del Tribunal en un auto histórico de 14 de julio de 2021 (asunto C-204/21 R)[14]. El 27 de octu-

14 Véase: https://curia.europa.eu/juris/document/document.jsf?text=&docid=244199&pageIndex=0&doclang=es&mode=lst&dir=&occ=first&part=1&cid=5640954.
En concreto, el TJUE ordena a Polonia, con carácter inmediato y hasta que se dicte la sentencia que ponga fin al procedimiento: 1/ a suspender, por un lado, la aplicación de las disposiciones en virtud de las cuales la Sala Disciplinaria del Tribunal Supremo es competente para pronunciarse, tanto en primera como en segunda instancia, sobre las solicitudes de autorización para incoar un procedimiento penal contra jueces o jueces auxiliares, para decretar su prisión preventiva, para detenerlos o para emplazarlos, así como, por otro lado, los efectos de las resoluciones ya adoptadas por la Sala Disciplinaria sobre la base de este artículo que autorizan la incoación de un procedimiento penal contra un juez o su detención, y abstenerse de trasladar los asuntos a que se refiere dicho artículo a un tribunal que no satisfaga las exigencias de independencia definidas, en particular, en la sentencia de 19 de noviembre de 2019; 2/ a suspender la aplicación de las disposiciones sobre cuya base la Sala Disciplinaria del Tribunal Supremo es competente para pronunciarse sobre los asuntos relativos al estatuto y al ejercicio de las funciones de juez del Tribunal Supremo, en particular sobre los asuntos en materia de Derecho laboral y de la seguridad social y sobre los asuntos relativos a la jubilación forzosa de estos jueces, y abstenerse de trasladar estos asuntos a un tribunal que no satisfaga las exigencias de independencia definidas, en particular, en la sentencia de 19 de noviembre de 2019; 3/ A suspender la aplicación de las disposiciones que permiten que los jueces puedan incurrir en responsabilidad disciplinaria por haber examinado el cumplimiento de las exigencias de independencia y de imparcialidad de un tribunal establecido previamente por la ley a los efectos del artículo 19 TUE, apartado 1, en relación con el artículo 47 de la Carta de los Derechos Fundamentales de la Unión Europea; 4/ a suspender la aplicación de las disposiciones que prohíben a los tribunales nacionales comprobar el cumplimiento de las exigencias de la Unión Europea relativas a un tribunal independiente e imparcial establecido previamente por la ley a los efectos del artículo 19 TUE, apartado 1, en relación con

bre de 2021, y dada la falta de actuación de Polonia para volver dentro del rango del orden jurídico de la UE, el TJUE decidió «reforzar la eficacia de las medidas provisionales ordenadas», decretando la imposición de una multa coercitiva de 1.000.000 de euros diarios desde la fecha en que se le notifique el auto hasta el día en que dé cumplimiento a las obligaciones derivadas del auto de 14 de julio de 2021, o, en su defecto, hasta el día en que se dicte la sentencia que ponga fin al procedimiento en dicho asunto.

Obviamente, este enfrentamiento entre las instituciones europeas, los demás Estados miembros y la posición que tiene Polonia, entre otros, no es aceptable de ninguna manera. Lastimosamente, la falta de reacción efectiva frente a esta situación no hace más que fomentar un clima de desafío por parte de algunos ejecutivos populistas hacia la UE, poniendo en peligro directo sus fundamentos. Si bien, debemos saludar, una vez más, el papel esencial que juega el juez comunitario como guardián del Derecho de la UE y ferviente defensor del proceso de integración, los hoy en día reiterados ataques hacia los valores de la UE deberían preocupar al más alto nivel, dado que es el conjunto de la democracia europea que está tambaleando.

Increíblemente, no es que la UE no dispone de ningún mecanismo para hacer frente a esas emergencias. Todo lo contrario, desde la entrada en vigor del Tratado de Ámsterdam, el artículo 7 TUE establece una «opción nuclear»[15], al poder llegar hasta la suspensión del derecho de voto del Estado involucrado en el seno del Consejo. Además de ello, la Comisión Europea adoptó en 2014 un nuevo Marco para afrontar las amenazas sistemáticas al Estado de Derecho en cualquiera de los 28 países de la UE[16], complementando así los procedimientos por incumplimiento y el artículo 7 TUE. Y en 2019, publicó una nueva Comunicación dirigida a «Reforzar en mayor medida el Estado de Derecho en la Unión»[17]. Desde esta fecha, cada año se va publicando un informe sobre el Estado de Derecho que resume la situación en cada uno de los Estados miembros[18]. Sin embargo, se trata de un importante avance en la materia, aunque todavía en un estado embrionario.

---

el artículo 47 de la Carta de los Derechos Fundamentales; 5/ a suspender la aplicación de las disposiciones que atribuyen competencia exclusiva a la Sala de Control Extraordinario y de Asuntos Públicos del Tribunal Supremo para examinar las imputaciones basadas en la falta de independencia de un juez o de un tribunal.

15 Términos empleados por el entonces presidente la Comisión Europea, José Manuel Durao Barroso. Véanse los *Discursos del antiguo presidente sobre el estado de la Unión para los años 2012 y 2013*.

16 COM (2014) 158 final, de 11 de marzo de 2014.

17 Véase: COM (2019) 163 final, de 3 de abril de 2019. *Reforzar el Estado de Derecho en la Unión. Situación y posibles próximas etapas*.

18 Véase: COM (2019) 343 final, de 17 de julio de 2019. *Refuerzo del Estado de Derecho en la Unión. Propuesta de actuación*. Véase, asimismo, COM (2021) 700 final, de 20 de julio de 2021. *Informe sobre el Estado de Derecho en 2021*.

Más contundente fue la adopción del Reglamento 2020/2092 de 16 de diciembre de 2020, sobre un régimen general de condicionalidad para la protección del presupuesto de la Unión[19], adoptado a raíz de las conclusiones presentadas por el Consejo Europeo el 21 de julio de 2020 en plena crisis de Covid-19. Dicho texto, adoptado para salvaguardar la correcta ejecución del plan de recuperación NextGeneration EU, se dirige expresamente en contra de Hungría y Polonia[20]. En Pleno, el TJUE, el 16 de febrero de 2022, desestimó precisamente las pretensiones de Hungría (apoyada por Polonia) y de Polonia (apoyada por Hungría) en contra de dicho texto en dos sentencias[21], dejando claro para ambos países que no pueden seguir burlándose de un valor tan fundamental como el Estado de Derecho si quieren recibir financiamientos de la UE.

No podemos dejar de lado de este apartado las dos sentencias del Tribunal Constitucional polaco, de 14 de julio y de 7 de octubre de 2021, tomadas en consecuencia de los distintos procedimientos anteriormente señalados, en donde los jueces consideran que las disposiciones de los Tratados de la UE son incompatibles con la Constitución polaca, poniendo en duda el principio fundamental de la primacía del Derecho de la Unión. Frente a esta situación, la Comisión Europea tomó riendas en el asunto[22], al estimar, en particular, que estas sentencias vulneran los principios generales de autonomía, primacía, eficacia y aplicación uniforme del Derecho de la Unión, así como el efecto vinculante de las sentencias del Tribunal de Justicia de la Unión Europea.

---

19 DOUE L 433I, de 22 de diciembre de 2020, p. 1.

20 En este sentido, véanse los considerandos 12 y 13 del Reglamento: «(12) El artículo 19 del TUE, que es la expresión concreta del valor del Estado de Derecho establecido en el artículo 2 del TUE, obliga a los Estados miembros a proporcionar una tutela judicial efectiva en los ámbitos cubiertos por el Derecho de la Unión, incluidos los referentes a la ejecución del presupuesto de la Unión. La existencia misma de un control judicial efectivo destinado a garantizar el cumplimiento del Derecho de la Unión es inherente a un Estado de Derecho y requiere órganos jurisdiccionales independientes. Resulta primordial preservar la independencia de los órganos jurisdiccionales, como lo confirma el artículo 47, párrafo segundo, de la Carta. Tal afirmación es especialmente cierta respecto del control judicial de la validez de las medidas, los contratos u otros instrumentos que den lugar a gastos o deuda públicos, en el contexto, entre otros, de los procedimientos de contratación pública que también pueden someterse al control de los órganos jurisdiccionales. (13) Existe por lo tanto una clara relación entre el respeto del Estado de Derecho y la ejecución eficiente del presupuesto de la Unión de conformidad con el principio de buena gestión financiera».

21 Véanse: TJUE, 16 de febrero de 2022, Hungría c. Parlamento y Consejo (asunto C-156/21; https://curia.europa.eu/juris/document/document.jsf?text=&docid=254061&pageIndex=0&doclang=ES&mode=lst&dir=&occ=first&part=1&cid=10459078) y Polonia c. Parlamento y Consejo (asunto C-157/21; https://curia.europa.eu/juris/document/document.jsf?text=&docid=254062&pageIndex=0&doclang=ES&mode=lst&dir=&occ=first&part=1&cid=10466514).

22 Véase el comunicado de la Comisión: https://ec.europa.eu/commission/presscorner/detail/es/IP_21_7070

Cabe resaltar que, una vez más, esta manipulación por parte de políticos autoritarios poco escrupulosos permite a populistas de toda Europa sacar beneficio de dichos acontecimientos, sombrado dudas en los ciudadanos de la UE, muchas veces poco o mal informado acerca de la realidad comunitaria[23]. Esta situación constituye sin duda alguna el mejor desafío al que se enfrenta el club comunitario desde su creación, sobre todo si miramos a la Historia como un espejo de lo que vivimos. Lastimosamente, pensamos que los demás Estados, así como las propias instituciones de la UE, prefieren mirar con frecuencia hacia otro lado[24], lo que no hace más que añadir confusión en un continente ya dividido, y además nuevamente golpeado por una guerra en sus fronteras.

III. Evitar un desastre europeo anunciado: renovar las bases de la democracia participativa de la UE

Sin duda alguna, la democracia tal como la conocemos necesita un renuevo sin precedente. Sin él, es el destino del continente europeo en su conjunto que podría verse comprometido. En este sentido, estamos convencidos que la innovación democrática debe servir como referente para la Unión Europea, de cara a devolver un verdadero sentido al proyecto común, tantas veces dejado de lado en detrimento de su objetivo fundamental: promover la paz, los valores de la UE y el bienestar de sus pueblos.

Sobre este punto, hay que reconocer que innovar significa sobre todo repensar la democracia, utilizando los medios modernos que tenemos a nuestro alcance. El sistema post-segunda guerra mundial aplicado hasta la fecha llegó a sus límites, y debemos entrar de plano en una nueva era democrática, mucho más acorde con las nuevas realidades que estamos viviendo. La Unión Europea, ente *sui generis* por excelencia, debería precisamente servir como «laboratorio democrático» planetario, dado su naturaleza tan original y las garantías jurídicas existentes en caso de dificultades.

Pues bien, de lo anterior señalado, proponemos tres principales modificaciones, que consideramos fundamentales de cara al futuro de la democracia europea: un cambio narrativo acerca de la UE (apartado A), un cambio en la perspectiva político-territorial de la UE (apartado B); y un cambio en la manera de participación del ciudadano a la democracia europea (apartado C).

---

23 Véase, por ejemplo, las propuestas de Marine Le Pen durante la campaña presidencial de 2022 sobre Francia y la UE: https://www.lemonde.fr/les-decodeurs/article/2022/04/18/derriere-le-programme-europeen-de-marine-le-pen-de-lourdes-sanctions-financieres-ou-un-frexit-deguise_6122681_4355770.html.

24 Véase, por ejemplo: https://www.publico.es/internacional/guerra-rusia-ucrania-polonia-villano-heroe-ue-gracias-guerra-ucrania.html.

A. Educar acerca de la Unión Europea y de sus funciones

Antes de entrar en el grueso de nuestra propuesta (los apartados B y C), nos parece fundamental recordar que una de las principales falencias que existen hoy en día dentro de los distintos procesos de integración regional es la falta de educación acerca de esos mismos procesos. Parece obvio que, si no se explica a los ciudadanos la finalidad y las funciones del proceso, poco luego servirá los esfuerzos llevados a cabo por las autoridades para fortalecerlo. El daño será irreparable y cualquier voluntad política a favor del mismo será vista como un ataque de las élites / gobernantes en contra de las poblaciones.

En la práctica, es lo que podemos observar a lo largo del continente europeo. La progresiva subida del populismo viene acompañada por la falta y/o mala comunicación por parte de las instituciones europeas. En algunos países, esta situación es el resultado de una inexistente presencia institucional europea; en otros, a raíz de una voluntad deliberada de los dirigentes nacionales de desacreditar a la Unión Europea, con fines electorales propios.

En todos los casos, resulta esencial educar a la población acerca de lo que es la Unión Europea, por qué existe, cuáles son sus funciones, etc., para desarrollar una cierta conciencia ciudadana, necesaria para el establecimiento de una verdadera democracia europea. En esta óptica, estamos a favor de la creación de una asignatura específica sobre la temática dentro de los propios sistemas educativos. Dicha asignatura podría desarrollarse a través de un MOOC[25] con contenidos interactivos, lo que permitiría un aprendizaje lúdico del sistema.

Asimismo, y tal como lo veremos más adelante, estamos a favor de una mayor implicación y rendición de cuentas por parte de los políticos electos. Por este motivo, pensamos conveniente que la creación de una asignatura de esta índole venga acompañada de debates periódicos dentro de los establecimientos de enseñanzas, animados por los propios actores del proceso de integración y con la participación activa de los profesores, alumnos y padres. Por supuesto, no se trata de realizar una apología de la Unión Europea, sino fomentar el interés, el conocimiento, la discusión y la crítica acerca de ella, piedra fundamental si queremos fortalecer nuestro proceso democrático.

En el mismo orden de ideas, creemos absolutamente necesario fortalecer aún más a uno de los pilares y más exitosos proyectos de la construcción europea: el programa Erasmus. Sobre este punto, podemos decir que, en sus

25 Massive Open Online Course.

más de 30 años de existencia, el programa se ha convertido en un referente mundial en materia de movilidad estudiantil, ampliándose, además, con el paso del tiempo a otro tipo de proyecto educativo, de formación, a favor de la juventud y del deporte. Pues bien, dentro de los puntos de reforma posible, insistimos en la posibilidad de incluir de manera mucho más sistemática estancias estudiantiles en otros países de la Unión Europea dentro de los propios programas universitarios, bajo el presupuesto de la Unión. En este caso, las condiciones económicas —mayor freno a la hora de participar en el programa— deberían armonizarse, lo que permitiría un mayor acceso de los jóvenes. De la misma forma, un verdadero reconocimiento de la experiencia profesional adquirida durante el ejercicio, por parte de un ciudadano, de su libertad de circulación, a través de un sistema automático de validación de experiencia equivalente a un título, podría crearse, favoreciendo así la movilidad y formación profesional a lo largo de toda la vida —todavía residual—.

Como podemos apreciar, el mayor peligro que corre la Unión Europea es la ignorancia que existe dentro de la población acerca del papel fundamental que juega a favor del desarrollo del continente. Lastimosamente, a pesar del conjunto de instrumentos que tienen a su disposición, muchos de los ciudadanos de la Unión no tienen información suficiente, lo que debilita fuertemente las decisiones adoptadas. Peor aún, con frecuencia todavía existen trabas administrativas nacionales que imposibilita lo que debería ser el derecho de todo ciudadano de la UE a acceder en igualdad de condiciones a las ayudas formativas.

En este sentido, creemos necesario explorar nuevas pistas. Una de ellas podría ser la creación, a partir de los 12 años de edad, de una cuenta europea de formación a favor de todos los ciudadanos de la UE, financiada sobre una base anual conjuntamente por la Unión Europea, los Estados miembros, las entidades territoriales y las empresas, que permitiría a los ciudadanos acumular un crédito formativo que se podría utilizar de manera igualitaria a lo largo de todo el territorio europeo con fines educativas y de formación continua. Realizar un Erasmus, asistir a una formación profesional en otro país, etc. ya se convertiría en un derecho de cada uno de los ciudadanos.

Finalmente, no podemos dejar de lado la cuestión de la responsabilidad que deberían tener los miembros de las instituciones europeas (nombrados, electos, funcionarios, contractuales, etc.) de organizar y participar activamente en actividades de divulgación acerca de la Unión Europea, no solamente en las grandes capitales europeas sino, una vez más, a lo largo de todo el territorio de la UE, lo que incluye necesariamente la Europa rural y la Europa insular. Podría traducirse en la participación directa y obligatoria de dichos agentes en eventos organizados por asociación, escuelas, universidades, centros culturales, etc., sobre una base de horas anuales de dedicación. La sensación generalizada de falta de transparencia institucional hacia los ciudadanos y de sus problemas podría, en consecuencia, reducirse drásticamente, a favor de un intercambio permanente entre los distintos actores de la construcción europea y un entendimiento mucho mayor acerca del importante trabajo realizado desde Bruselas, Luxemburgo o Estrasburgo.

B. El aspecto político-territorial de la UE: llamado a favor de un cambio de paradigma

La Unión Europea constituye un ente *sui generis* que se ha ido construyendo a través de sus particularidades. Dentro de ellas, podemos afirmar que, para ciertas políticas, han ido despareciendo las fronteras interiores, mientras que, para otras, se han mantenido y hasta a veces se han reforzado. Esta situación constituye una paradoja que no debería tener lugar en la Europa del siglo XXI. Recordamos, en efecto, que según el artículo 3.2 TUE, «la Unión ofrecerá a sus ciudadanos un espacio de libertad, seguridad y justicia sin fronteras interiores, en el que esté garantizada la libre circulación de personas (...)».

Este espacio sin fronteras interiores debe aplicarse no únicamente al cruce de fronteras, sino debe ser una realidad en la cotidianidad de los ciudadanos. Sobre este punto, debemos aclarar que mucho se ha hecho hasta la fecha en esta dirección: moneda única, cooperación reforzada en materia civil y penal, fin del *roaming* en materia de comunicaciones, para citar algunos ejemplos. Sin embargo, mucho queda por hacer para que el ciudadano se sienta en un verdadero espacio común, sin trabas entre un Estado y otro.

En este sentido, estamos convencidos que la lógica estrictamente nacional debe dejar lugar a una perspectiva político-territorial europea, base para el fortalecimiento de la democracia europea, así como de las políticas públicas europeas. Sobre este punto, pensamos que la figura de las Agrupaciones Europeas de Cooperación Territorial (AECT) podría servir como punto de partida para este cambio de paradigma.

Recordamos que la figura de las AECT fue instituida por el Reglamento 1082/2006[26], modificado por el Reglamento 1302/2013[27]. Su creación respondía a la necesidad de plasmar en los Tratados, tras la reforma de Lisboa, la reciente incorporación de la dimensión territorial al objetivo de cohesión.

26 Reglamento (CE) n.° 1082/2006 del Parlamento Europeo y del Consejo, de 5 de julio de 2006, sobre la Agrupación europea de cooperación territorial (AECT) (DOUE L 210, 31 de julio de 2006, pp. 19-24).

27 Reglamento (UE) n.° 1302/2013 del Parlamento Europeo y del Consejo, de 17 de diciembre de 2013, por el que se modifica el Reglamento (CE) n.° 1082/2006 sobre la Agrupación Europea de Cooperación Territorial (AECT) en lo que se refiere a la clarificación, a la simplificación y a la mejora de la creación y el funcionamiento de tales agrupaciones (DOUE L 347, 20 de diciembre de 2013, pp. 303-319).

Por ello, se decidió dar cabida a este nuevo tipo de ente, dándole como objetivo «facilitar y fomentar en sus miembros (...) la cooperación transfronteriza, transnacional e/o interregional, denominada en lo sucesivo cooperación territorial, con el fin exclusivo de reforzar la cohesión económica y social» (art. 1.2 Regl. 1082/2006)[28]. A la fecha, existen unos 80 AECT a través del continente, siendo su implementación y posterior desarrollo un éxito de la construcción europea[29].

Dentro de sus miembros, los textos han previsto que una AECT pueda estar formada por miembros situados en el territorio de al menos dos Estados miembros (o un Estado miembro y uno o varios países terceros) y pertenecientes a uno o más de las siguientes categorías: Estados miembros o autoridades de ámbito nacional; autoridades regionales; autoridades locales; empresas públicas u organismos de Derecho público; empresas encargadas de la gestión de servicios de interés económico general; autoridades nacionales, regionales o locales, u organismos o empresas de terceros países; asociaciones formadas por organismos pertenecientes a una o más de las categorías anteriores (art. 3 Regl. 1082/2006).

Pues bien, estamos convencidos que más que un mero gestor de los fondos europeos (y en particular para gestionar el programa INTERREG), las AECT constituyen una verdadera oportunidad para la democracia europea renovada. Mezclando varios niveles de gobernanza, desde el nivel local hasta el nivel nacional[30], su actuación se centra sobre las problemáticas concretas de los territorios y, por ende, de los ciudadanos (salud, educación, transporte, etc.). Por ello, abogamos para que la UE utiliza este formidable instrumento para desarrollar una democracia de terreno distinta a la que conocemos.

El cambio de paradigma debería ser total: la democracia y, en consecuencia, la elaboración de las políticas públicas europeas, deberían basarse mucho más sobre la realidad de las AECT, en su calidad —aunque implícita— de ente administrativo europeo *sui generis*. Gracias a la fuerte experiencia que tenemos desde su aparición, y a los logros obtenidos que han sido muy prometedores (armonización de los sistemas de seguridad social para la gestión de un hospital transfronterizo[31], creación de euro-distritos[32] y macro-re-

---

28 Véase, sobre la política de cohesión de la UE, MOLINA DEL POZO (2019).

29 Véase el registro de las AECT: https://portal.cor.europa.eu/egtc/CoRActivities/Pages/egtc-list.aspx

30 Véase BELTRÁN GARCÍA (2007), relativa a la experiencia española.

31 Véase, por ejemplo, el Hospital transfronterizo de la Cerdanya (https://portal.cor.europa.eu/egtc/CoRActivities/Pages/Cerdanya-Cross-Border-Hospital.aspx).

32 Véase, por ejemplo, el euro distrito Estrasburgo Ortenau (https://portal.cor.europa.eu/egtc/CoRActivities/Pages/Eurodistrict-Strasbourg-Ortenau.aspx).

giones[33], creación de parques naturales[34] y marinos[35], etc.), sabemos que las AECT podrían convertirse en el motor local de la democracia europea. Creadas desde su origen para las problemáticas transfronterizas, hemos asistido a un uso insospechado de este instrumento, innovador, y esplendido por su espíritu europeo, que podría ampliarse aún más hasta cubrir el conjunto del territorio de la UE.

La diversidad local y regional en el seno de la UE encuentra con esta figura por fin una voz casi a la altura de sus pretensiones, sin de ninguna manera modificar la organización interna de cada Estado. Y es precisamente sobre esta base, de índole eminentemente europeo, y cercana a los ciudadanos y a sus realidades, que el conjunto de la acción de la UE podría pensarse y ejecutarse. Empezando, según nuestra opinión, con la delimitación de nuevas circunscripciones electorales para las elecciones al Parlamento Europeo, que podrían coincidir con las AECT (en una configuración un poco armonizada para la ocasión, eso sí). A modo de ejemplo, fácilmente podríamos imaginar la circunscripción Galicia – Norte de Portugal, o bien la circunscripción Nouvelle Aquitaine-Euskadi-Navarra, al lugar de circunscripciones de ámbito estrictamente nacionales. Con total seguridad, podemos afirmar que, en estas condiciones, la construcción europea tomaría un nuevo rumbo, mucho más acorde a las realidades de los ciudadanos[36].

C. El ciudadano de la UE frente a la crisis democrática europea

La democracia sufre una grave crisis a través del planeta, y especialmente en el continente europeo. Corrupción, malas prácticas, maniobras electorales, discursos de odio: asistimos desde algunos años a una crisis sin precedente de confianza por parte de los ciudadanos de todos los Estados de la UE hacia el aparato institucional, tanto nacional como supranacional. Según nuestra opinión, no es que los ciudadanos se han desinteresado por com-

33 Véase, por ejemplo, la eurorregión Pirineos - Mediterráneo (https://portal.cor.europa.eu/egtc/CoRActivities/Pages/Euroregion-Pyrenees-Mediterranean.aspx).

34 Véase, por ejemplo, el Parque Europeo Alpi-Marittime – Mercantour (https://portal.cor.europa.eu/egtc/CoRActivities/Pages/Parc-europ%c3%a9en-Parco-europeo-Alpi-Marittime---Mercantour.aspx).

35 Véase, por ejemplo, el Parque Marino Internacional de las «Bouches de Bonifacio» (https://portal.cor.europa.eu/egtc/CoRActivities/Pages/PMIBB.aspx).

36 En este sentido, el Parlamento Europeo ya lamentó, en su Resolución PA_TA(2018)0327 de 11 de septiembre de 2018, titulada «Impulso al crecimiento y la cohesión en las regiones fronterizas de la UE», que «no se aproveche plenamente el potencial de la AECT, lo que podría deberse, por una parte, a ciertas reservas de las autoridades locales y regionales y, por otra, a su temor a una transferencia de competencias, y también a la falta persistente de conocimiento de sus competencias respectivas» (párr. 31).

pleto del hecho político. Al contrario, estamos convencidos que los ciudadanos reclaman mayor implicación en la vida pública, pero de manera distinta a la que conocemos en la actualidad.

Se tiene que reinventar una democracia mucho más acorde a los nuevos tiempos: digital, cercana de la población y de sus problemáticas, y con un sistema de rendición de cuentas eficaz. Ya no basta con unas elecciones cada 4 o 5 años, en donde se enfrentan candidatos que nadie conoce y que debaten (cuando existen debates) acerca de temas que nadie entiende. Pensamos, en particular, en la difícil problemática de las elecciones europeas. En efecto, si bien es cierto que se trata de la mayor elección transnacional del mundo, resulta paradójico que se celebre el incremento de la participación en 2019 en un 8 % sobre las cifras de 2014, cuando con duras penas se llega a una ridícula cifra de apenas 50 % de participación[37].

Algo va mal en nuestra tan querida democracia europea. Sin embargo, no podemos decir que la culpa la tendría los ciudadanos y sus problemas cotidianos lejos de las preocupaciones de Bruselas. Lucha contra el cambio climático, transformación digital, economía al servicio de las personas, situación geopolítica global: son temas que preocupan seriamente a todos los europeos. No, el problema viene de la supuesta representación democrática, que ya no representa tan bien a los ciudadanos de la UE.

En este sentido, creemos urgente la participación mucho más sistemática de los ciudadanos al proceso decisorio de la UE. Una de las posibilidades que planteamos sería permitir el voto para las elecciones europeas utilizando plataformas digitales. El reto tecnológico que deriva de la adopción de tal medida no resultaría insuperable, dado la experiencia que existe en algunos países miembros de permitir el voto electrónico en algunos de sus procesos electorales[38]. Mucho más acorde a las nuevas realidades democráticas, esta nueva posibilidad permitiría, sin duda alguna, superar con el tiempo esta abstención que lastra la legitimidad del proceso.

En otro orden de ideas, la instauración de un incentivo ciudadano para apoyar al voto —físico o digital— podría fomentar el espíritu democrático europeo. La experiencia ya existe en otros países del globo, y si bien los resultados por sí solos analizados no luchan en contra de la abstención[39], sí constituyen un elemento interesante para tomar en cuenta a la hora de removilizar el electorado. Descuentos en la matrícula universitaria para los jóvenes, descuentos para la obtención de documentos administrativos

37 Véase: https://es.euronews.com/2019/05/20/por-que-la-participacion-en-las-elecciones-europeas-es-tan-baja

38 Pensamos, por ejemplo, a Francia, que permite el voto electrónico para las elecciones consulares.

39 Véase, por ejemplo, https://www.globaldev.blog/es/blog/la-efectividad-de-los-incentivos-monetarios-para-votar

(pasaporte, etc.), reducción de una fracción del impuesto sobre la renta, etc., podríamos pensar en un abanico de incentivos monetarios o de otra índole en pro de la democracia.

La digitalización del voto podría abrir la puerta para otro tipo de experiencias democráticas mucho más innovadoras, en la que el ciudadano podría situarse en el corazón permanente de la acción pública europea. Por ejemplo, cada eurodiputado recién electo debería utilizar aplicaciones móviles especialmente diseñadas para poder estar en contacto mucho más directo con sus administrados. Un algoritmo, basado sobre las preferencias previamente definidas de los ciudadanos de su circunscripción, procedería a informar inmediatamente a cualquier persona inscrita acerca de las propuestas legislativas de su interés que se presentan o que estén en preparación. Cada uno de los interesados podría emitir una opinión directa sobre el texto, fortaleciendo así los lazos, así como la confianza, entre los distintos actores – políticos y ciudadanos. Lo anterior descrito también podría resultar especialmente útil a la hora de justificar la adopción o no de un texto por parte del electo frente a su electorado.

Uno de los mayores problemas —la falta de cercanía con los ciudadanos— podría progresivamente disminuir, a medida del interés creciente por parte de los actores de la implementación de tal tecnología. Además, el uso contemplado en las líneas más arriba es casi ilimitado: organización de referéndum ciudadanos, propuestas ciudadanas, encuestas, etc. y es, además, aplicable tanto a escala europea como nacional y local.

Reapropiarse el debate europeo por parte de los ciudadanos es una estricta necesidad, especialmente en los momentos de inestabilidad que vivimos. Un debate activo, productivo, que sea la base para un renuevo democrático en la UE, cercano de las preocupaciones cotidianas de los ciudadanos, permitiría reinventar a la UE, otorgarle un nuevo objetivo a la que dirigirse, conforme a sus aspiraciones originarias, al mismo tiempo que adaptado a la sociedad del siglo XXI, conectada, interesada, informada, pero muy preocupada por su futuro y por la falta de actual ambición política.

Finalmente, nos parece especialmente importante apuntar hacia una reforma inmediata del sistema de rendición de cuentas. En un mundo en el que evaluamos todo (un alojamiento para un fin de semana, la atención recibida en un restaurante, la calidad de la atención médica, etc.), no cabe duda de que queda espacio para mejorar la atención democrática de los políticos que han recibido el voto popular y, por tanto, la confianza de los ciudadanos para representarlos. Sin llegar, obviamente, a ningún tipo de extremismo en la materia, sí nos resulta esencial la posibilidad de poder evaluar sistemáticamente el desempeño democrático de esos actores, de la misma manera que un profesor o cualquier otro profesional.

Esta rendición de cuentas puede resultar en una obligación de entregar información clara, en la elaboración de un sistema de transparencia absoluto, y/o bien en un sistema de revocación sencillo del mandato, en caso de ciertos incumplimientos. En este sentido, estimamos que los representantes tienen una responsabilidad que legitima y posibilita la acción pública. Las inasistencias reiteradas e injustificadas durante las sesiones del Parlamento, la falta de preparación o, simplemente, el desinterés hacia la máxima institución democrática de la UE, constituyen acciones que van desacreditando poco a poco las propias funciones de este órgano, en detrimento de la UE.

IV. Conclusiones

Podemos observarlo, existe toda una serie de medidas que podrían adoptarse para volver a situar el ciudadano de la UE en el corazón de la acción comunitaria. La urgencia democrática es real y significativa y debe tomarse como un tema prioritario por parte de todos los actores involucrados. La dramática subida del populismo a través del continente debería servir como una señal de alarma. Sin embargo, poco se está haciendo en este ámbito, permitiendo una peligrosa polarización y fragmentación de la sociedad europea, con un aumento sin precedente en los discursos políticos de mensajes de odio y de rechazo hacia toda una parte de la población.

Esta situación, acompañada por la inacción de las distintas autoridades, no puede permitirse en una Unión Europea abierta, defensora de los Derechos Humanos y de la paz, y supuestamente democrática. La creación de un «laboratorio democrático europeo», uniendo innovación y tecnología, debería ser una prioridad absoluta, devolviendo al ciudadano el papel que nunca habría tenido que dejar: el de máximo defensor de la construcción europea.

Bibliografía

Alonso Benito, L. E. (2017). *La crisis de la ciudadanía social y el malestar de la democracia en Europa*. Mélanges de la Casa de Velázquez, 47-2. https://journals.openedition.org/mcv/7693?gathStatIcon=true&lang=en

Arenas García, R. (2020). «El Estado de Derecho en la UE: significado, desafíos y perspectivas de futuro». Araucaria. *Revista Iberoamericana de Filosofía, Política y Humanidades*, vol. 22, n.º 45, pp. 51-79. https://www.redalyc.org/journal/282/28268121004/html/

Beltrán García, S. (2007). «Qué esperar de la figura de la Agrupación Europea de Cooperación Territorial (AECT) en relación a los organismos de cooperación creados por las Comunidades Autónomas». *Revista General de Derecho Europeo*, n.º 14.

Cirefice, R. (2019). «El respeto del Estado de Derecho en la UE: el caso de Polonia. Comentario a la STJUE, Comisión / Polonia (Independencia del Tribunal Supremo) de 24 de junio de 2019 (asunto C-619/18)». *Derecho*

y Economía de la Integración n.º 7, pp. 129-141. https://juri-dileyc.com/el-respeto-del-estado-de-derecho-en-la-ue-el-caso-de-polonia-comentario-a-la-stjue-comision-polonia-independencia-del-tribunal-supremo-de-24-de-junio-de-2019-asunto-c-619-18/

Esquivel Sánchez, J. A.; Jiménez Bautista, F. y **Esquivel Guerrero, J. A.** (2021). «La crisis de la democracia». *Revista de Direito Brasileira*, v. 29, n.º 11, pp. 106-124.

https://www.indexlaw.org/index.php/rdb/article/download/8040/5809

Innerarity, D. (2015). «La Unión Europea como democracia compleja». *Recherches* n.º 15, pp. 11-38. https://journals.openedition.org/cher/3439

Martín y Pérez de Nanclares, J. (2019). «La Unión Europea como comunidad de valores: a vueltas con la crisis de la democracia y del Estado de Derecho». *Teoría y Realidad Constitucional*, n.º 43, pp. 121-159. https://doi.org/10.5944/trc.43.2019.24401

Molina del Pozo, C. F. y **Saldaña Ortega, V.** (2021). *La ciudadanía europea y el nuevo impulso de la democracia participativa con motivo de la celebración de la Conferencia sobre el futuro de Europa 2021*. Unión Europea Aranzadi, n.º 12.

Molina del Pozo, C. F. (2019). «La política de cohesión de la Unión Europea como impulsora del desarrollo de las regiones». *Revista de Derecho Urbanístico y Medio Ambiente*, año n.º 53, pp. 277-298.

Made in United States
North Haven, CT
05 November 2026

21766150R00109